堀田捨次郎著

劍道講話

東京
國文館

緒言

余の劍道界に入りてより既に四十歳、此間數種の劍道著書を公にしたることとあり、然るところ昨昭和四年畏くも　今上陛下におかせられては聖慮斯道隆盛の爲にいたく御軫念遊ばされ尙質實剛健忠實勇武の我が民族精神涵養の爲に全國武道界の選士をして瑞雲たなびく千代田城苑に其眞技を競はしむるの壯擧を行はせられたのである。幸にして余も多士濟々の全國專門劍道家中より選ばれて東京府指定選士としての榮譽を擔ひ然かも數百人中八人の中に伍して晴れの天覽試合に出演し大過なく全力の發揮を爲し得たるは偏へに聖慮の恩惠に浴したるものと感激するところあり聖慮の有するところを慮りて邦家社會に對する至誠奉公の念慮より茲に本書を公にするに至つたものである、幸ひにして余の微衷斯道愛好研究家の參考の一助ともならば望外の光榮である。

本書は概論冒頭言にもあるが如く特に斯道精進の若き學徒及び滿天下の少壯愛劍士の爲に上梓したものであつて書中說くところの業の妙諦原理或は術理の組織的研究等は余の劍道界生活四十年の體驗に斯道先覺者の體驗眞理を參考としてものしたるものなれば聊か自負するところあり又眞個の武士道共權化淵源たる劍道本質の面目解剖と理解の爲めには微力ながら余の全力を傾倒し飽く迄も眞摯に飽く迄も忠實に世の誤傳誤解を解きて劍道眞如の影を描寫した心算である。

本書は便宜上これを分ちて概論編、實理論編、試合法編、術理研究編、古實論の五部に分ち各論各編共に遺憾なく會得するところあらんかと思はる。

昭和五年五月

著者識

目次

第一章　剣道概論……一
第一節　若き學徒、少壮剣道家に與ふ
剣道は奴隷道に非ず……一
第二節　近世剣道隆興史……四
第三節　武士道の解剖……八
第四節　剣道哲理と道徳……一五
第五節　時代と練習の變遷……一九
一、體育、德育訓練　幼年時代
二、同　同　少年時代
三、體育、智育、德育練磨　青年時代
第六節　剣道の本義と體得……二四
第二章　剣道初心者の心得……二八
第一節　禮儀作法……二八
一、道場禮法
二、神に禮を行ふ所以
第二節　練習始終の禮法……三〇
一、神殿禮
二、師拜禮
三、練習後の禮
四、相互禮
第三節　刀の拔き方。納め方……三三
一、刀の拔き方
二、刀の納め方
第四節　正座の修業……三三
第五節　剣道作法……三四
一、道具の整理
二、起居の禮法
第六節　防具の取扱ひ方……三七
一、防具の整頓

二、防具の置き方
三、防具の着け方及順序
四、甲手
第七節　攻防視隙法(眼視法)……四三
一、直線眼視
二、放射線眼視
第八節　正確に突撃すべき箇所……四五
第九節　構方詳解……四九
一、青眼構
二、平青眼
三、右青眼
四、左青眼
五、中段構
六、下段構
七、左片手上段
八、右片手上段
九、諸手上段

十、左諸手上段
十一、右諸手上段
十二、相對構詳解
1. 相下段　2. 相中段
3. 相上段　4. 相青眼
第十節　竹刀の握り方及運動法……五一
一、握り方正法
二、指の矯正
三、兩手運動の順序
1. 眞直運動　2. 左斜面運動
3. 右斜面運動　4. 左右回轉運動
5. 前伸運動
第十一節　兩足踏込み方及運動法…五六
一、自然足と不自然足
二、練習の順序
1. 進め　2. 退れ
3. 右斜に進め　4. 左斜に進

5. 右横に送れ　6. 左横に送れ
7. 左斜に退れ　8. 右斜に退れ
三、足踏八方向及詳解
1. 進行　2. 退れ
第十二節　手脚一致練習の要領……六〇
第十三節　打ち込み練習の要領……六一
一、要領
二、打ち込み練習
三、素振り練習
四、體當り要領
第三章　基本練習法（寫眞圖解）……六六
第一節　基本動作法……六六
一、神殿禮式
二、對向
三、相互の禮式
四、1. 拔け刀　2. 拔け刀
3. 拔け刀
五、對向間合
六、青眼構
1. 青眼刀と其刀尖　2. 刀の効用
七、中段構
八、上段構
第二節　基本突擊法……七八
一、1. 正面の打方　2. 正面の打方
3. 附記　4. 突擊練習の概要
二、右横面の打ち方
三、左横面の打ち方
四、甲手の打ち方
五、諸手突きの突き方
1. 附記　突き方概要
a. 表諸手突き　b. 裏諸手突き
c. 送り突き　d. 利生突き

e. 片手突き　f 突進三法
六、右胴の打ち方
七、左胴の打ち方
第三節　防拂の説明と基本練習……八七
一、甲手の防ぎ方
二、面の防ぎ方
三、右胴の防ぎ方
四、左胴の防ぎ方
五、附記　防禦の効果
第四節　突擊連續の練習……九〇
一、順刀七法
二、要領
三、圖解
四、附記　號令
第四章　試合法……九六
第一節　試合の目的と眞價……九六
第二節　劍道と一般競技……一〇三
一、劍道試合と競技の差異
二、我國民性と劍道及競技
第三節　試合と氣分……一〇八
第四節　試合準備心得……一一三
第五節　勝敗決定の正法……一一四
一、試合者の心得
二、審判者の心得
第六節　順體と逆體……一一八
一、順體
二、逆體
第七節　試合心得と引上げ方……一二三
一、試合心得
二、試合練習要項
三、引上げ方
第八節　間の原理……一二六

第九節　間合進退の原則……………………一二九
一、原則
二、攻撃と同時に退き外ずし敵を破る
1、突撃或は防禦して接近したる時
2、青眼の兩手を兩折して
3、間にて青眼を中心とし
4、敵が掛り稽古の如く打ち來る時
5、構へて間を切り
6、小業には
7、青眼中段にて堅く守る時
三、試合中散見する惡癖
第十節　間の必勝法…………………一三九
一、相青眼より中段下段に變化して進退すること
二、敵の間を詰め來る刹那の先攻
三、敵の下段追込みに對する先攻
四、突撃三法
1、間の隙を突撃する方法
2、打たせぬ方法と誘ひ打つ方法
3、應じ返しにて突撃する方法
五、間の强弱による業の應用と其必勝法
1、敵中段に攻め來る時
2、我が下段に對し
3、刀腹にて攻め
4、敵刀の上に攻めて胴或は甲手を打つ
5、胴を防ぎ面甲手を打つ
6、敵刀尖を左右上下に廻し
7、敵突きに來れば
8、甲手及面の打ち方
9、甲手外ずれば
10、敵の甲手業を外ずして變擊
六、兩手を屈折し無理なる打込みをなし來る時は迎へ擊て

七、構へ嚴重にして變刀上手なりと雖も
虛心虛體に脆く破る
八、間詰めと外し業に强くなる方法
九、相氣の術
十、勝敗の分れる一刹那
十一、進退刹那の心勝法
十二、間の掛引き
1、敵接近し來りて業を施す時
2、鍔搨り合ひになりたる時
3、遠間より中段攻めに來る時
4、中段にて攻擊する時
5、甲手を防ぎたる時
第十一節　起りを制する業……一六四
一、構への起りを制する業
二、構刺擊の起り刀を制す
三、攻めより起りを制す
第十二節　和は心の對照、變は邪……一七〇
第十三節　無想の劍心と心……一七三
第十四節　攻守の誘引による刺擊……一七八
第十五節　追込又は退却打ち……一八二
一、要領概說
1、面甲手の打ちは
2、青眼刀を振り上げたる時は
3、突きの時は
4、青眼より稍々上にて返す時は
5、彼我接觸したる時は
二、業の窺知と變化
1、青眼の刀尖を稍々右に變じ
2、下段にて追込む時
3、上段構への時は
4、青眼刀を組み合せたる時
5、鍔搨り合となりたる時
6、中結の所に組合せ
第十六節　隙を敵に與へざる秘法……一九一

一、變形による業
二、實を外して虚を制す
三、敵の構へを崩して一氣に攻撃する
四、我が變化刀の隙
第十七節 業は腕力及悪氣を制す……一九七
一、概説
二、應じ返し業にて敵氣を制す
三、小業にて敵勢を亂し大業にて撃つ
四、先手及び後手必勝法
五、變化の必勝
六、先々の必勝
第十八節 氣にて業を業にて氣を制す……二一〇
一、業と氣
二、充氣と攻撃
三、逆手と順手
四、順手と業の變化
五、上體の伸びと手脚一致
六、心眼一致
第五章 術理研究……二一六
第一節 防禦力の威……二一六
第二節 業と心的行動……二二三
第三節 業を施す機宜と其の研究……二二五
第四節 間隙と空隙。間隙の生ずる場合……二三四
1、變刀して刀を留めたる瞬時
2、撃突の外ずされたる瞬時
3、攻め合刀の止まる瞬時
4、撃突せんとして躊躇したる瞬時
5、追込みて止まる瞬時
第五節 變化力の原理研究……二三九
一、倒れたる場合の處置

二、敵力に應じて退擊す
三、竹刀を落した時の處置
四、敵の足搦みの時は變體せよ
五、足の運動で强體を作れ
六、間に拘泥せず機を捕へよ
七、攻め方を誤るな

第六章　指導敎養と査定……二四八
第一節　指導の方法……二四八
指導敎養者の特に留意すべき事項
第二節　劍道練習の順序……二五四
一、步合稽古（五分間）
二、掛り稽古（二分間）
三、打ち込み稽古（三十秒）
第三節　敎養科目と時間標準……二五九
一、敎養科目の標準
二、每週敎養科目の配當表
三、試合練習配當（有級、有段者其他選手を主とする）練習者の注意。兒童訓練に就いて
第四節　試合練習の方法……二六七
一、試合練習法
二、五人掛りの練習
三、紅白試合と個人勝負
四、リーグ戰練習
第五節　受稽古の要領……二六九
第六節　余の修業體驗……二七三
第七節　受査定者の注意……二七五
受査定者心得第二例
元立の心得
第八節　査定練習法……二七八
第九節　査定評語……二八一
第十節　審判者の留意事項……二八三

第十一節　査定資料參考問題集……二八六
第十二節　査定問題集……二八八
第十三節　劍道試合審判規定……二九二
一、大日本武德會規定
二、警視廳劍道試合審判規定
第十四節　審判者に對する希望……二九七
第七章　古實論……三〇三
第一節　日本劍道史と其流派……三〇三
一、一刀流略傳　二、忠也派
三、梶　派　四、天心獨名流
五、凉天覺淸流　六、神陰流
七、新陰流　八、神影流
九、眞新陰流　一〇、新陰直心流
一一、直心正統流　一二、直心影流
一三、直心影流　一四、直心影流
一五、直心影流　一六、卜傳流
一七、疋田陰流　一八、心貫流
一九、柳生流　二〇、天眞正傳神道流
二一、一羽流　二二、有馬流
二三、中條流　二四、富田家流
二五、鐘捲流
二六、二天一流(二刀流)
二七、巖流　二八、憲法流
二九、無明流　三〇、貫心流
三一、念流　三二、東軍流
三三、庄田流　三四、神明無想東流
三五、拔刀田宮流　三六、丹石流
三七、將監鞍馬流　三八、自源流
三九、小田流　四〇、願流
四一、京流　四二、拔刀中興之祖
四三、戶田流　四四、三和流
四五、拔刀伯耆流　四六、甲源一刀流
四七、神道一心流　四八、愛州陰流

一、神道無念流　齋藤篤信齋
神道無念流演劍場壁書
塾中懸令
神道無念流免許
無上劍の卷
神道無念流順免許
神道無念流目錄
二、神道無念流　渡邊昇
三、神道無念流　齋藤新太郎
四、神道無念流　齋藤歡之助
五、直心影流　榊原健吉
六、理心流　近藤勇
七、北辰一刀流　千葉周作
八、鏡新明智流　桃井春藏
九、無刀流　山岡鐵舟
十、直心影流　島田虎之助
十一、直心影流　勝海舟

四九、眞陰流　五〇、克己流
五一、無外流　五二、機迅流
五三、心形刀流　五四、當流
五五、無眼流　五六、義明知流
五七、天然理心流　五八、富田無悔流
五九、小田變應流　六〇、神道無念流
六一、無形流　六二、辻無外流
六三、鐵心流　六四、集成流
六五、無敵流　六六、荒木流
六七、新陰去水流　六八、鑑新明智流
六九、二階堂流　七〇、和田流(鑑極流)
七一、柳剛流　七二、弘流
七三、無滞體心流　七四、太平眞鏡流
七五、正天狗流　七六、鈴木無念流
七七、今川流　七八、徽塵流
七九、神道無念流

第二節　近世幕末劍豪傳……………三九

十二、小野派一刀流　淺利又七郎義信
十三、同　二代目　淺利又七郎義明
第八章　劍禪一致の妙諦……………三五八
第一節　劍道と禪の妙味……………三五八
第二節　劍心と心想……………三六二
第三節　妄想を排除し心力の徒費を避けよ……………三六三
第四節　氣膽の剛……………三六四
第五節　進退戒愼……………三六四
第六節　萬有一體觀と劍法……………三六五
第七節　死生透脫觀……………三六九

劍道講話

第一章　劍道概論

第一節　若き學徒、少壯劍道家に與ふ

劍を學ぶは劍の爲めに、と云ふやうな劍道熟達を主目的とする修業法も勿論道に志す者にとりては必要缺くべからざるものではあるが、今日の劍道は往時の夫に比して自ら多少の差異ある如く、目的に對する主及從の關係は是又自ら異らざるを得ないものである、即ち今日の社會狀勢に於て劍道を學ぶは、例外は別として其の主目的は體育とか德育とかにある事を先づ考へなければならない、而して劍の修業によりて得たる眞精神即ち劍の道を如何にして我々の實生活にとり入れるかと云ふ事が將來邦家、社會に對する重責を擔ふ若き學徒及び少壯劍道家の忘れてはならない重大案件である、此の應用的活用は何によつて生れるか、これは劍術に精進すると共に術の中心を一貫する劍道精神の妙諦を把握し、其の價値判斷即ち眞價を知りてからの劍道でなくてはならないのである。何故なれば、如何に

業に精通熟達し、剣氣抗壯能く敵心に喰ひ入ると雖もそれは劍をとりてのみ有する力の表現であつて人其のものの實生活即ち人間としての生活内容とはあまり深く關係を持たぬが故である。尙言を換ゆれば、劍道が單に道場内のみの劍道である場合は、それは劍道と云ふよりも寧ろ劍術と云つた方が適當であつて、今日劍道を學ぶ主目的の大半は失はれ場合によりては知りたるが故に陥る罪惡的弊害、或は人間的苦惱に陥るのである。試みに今玆に近世史實に徴するに、幕末の劍豪にして有名なる偉人山岡鐵舟にしろ清川八郎にしろ叉我が神道無念流中興の祖たる齋藤彌九郎大先生或は恩師渡邊昇先生叉先輩桂小五郎（後の木戸孝允）等の傑士は、道場内にて一劍とれば天下無敵の氣慨ありしのみならず活社會に於ける處世術の達士であつた。然かも尙後世に至るも世人に尊敬せらるる所以は劍道の眞精神即ち眞個の武士道を活社會に活用した結果に外ならないのである。

劍道は奴隷道に非ず

世の如何なる道に精進するにまれ、對者或は競爭者に對して勝つことは喜ばしきことはあり又目的の一つではある、然し一方勝つことが全目的でない以上、場合によりて敗くることあるも敢へて恥とするには足りないものである、殊に劍道に於ては單純なる竹刀業の强弱は、其人の劍道眞價を評價し或は價値づけるものではない、勝たんが爲めの劍道、敗けないが爲めのみの劍道である時は、勢ひ其修業は一方に偏して跛行的のものとなり、劍道價値即ち其眞價は殆ど失はれて所謂棒振り劍術となり亂暴劍道となつて、果ては玆に云ふ所の奴隷道とまでなり下つてくるのである。世の劍道家と稱する輩の多くが此の棒振り劍道、善く云へば單純なる一技術者であるが故にデモ劍術家相應ブル階級の要心棒化したり或は他の階級に頤使されるに至るものである。現に云ふ所の劍道大家と稱する道場内のみの覇者は、世の權勢家富豪の門下に阿諛迎合し、物慾と色慾の爲めに精神的奴隷道化さんとするの有樣である、從つて一方ブルヂョア階級の爲めには莊嚴なる劍道價値も單純且つ安價に評價されんとし否されつゝある現狀であつて國民道義の中核であり我光輝ある武士道の權化たる劍道は極度に蹂躪されつゝあるの有樣である。

斯の如き人達によつてなされる劍道が果して眞の劍道であらうか、又斯の如き無智低級の人達によつて判斷される其儘の姿が果して劍道眞價であらうか、否、否、眞の劍道なるものの姿は斯る低級なるものであり得る筈がなく、斷乎として奴隷道でもない筈である。若き劍道家、斯道精進の少壯氣慨に富むの士は常に此の心持を體して純眞潔白なる赤心に劍道の妙諦を打ちこみ從來の誤れる劍道觀或は誤れる劍道に誘惑されることなく、正氣と義氣の牙城に籠りて劍道高邁の眞精神に則り、一個の技術家として他人より頤使される境域より脫却し劍道家こそ救世の偉人であり一世の指導者であることを自覺して勇往邁進するの義務があるものではあるまいか。

第二節　近世劍道興隆史

我が大和民族の美わしい德性は往古より今日に至る迄我が國民道たる忠孝一本の觀念と其實行にあるものにして其冠絕せる德行の敢行性を日本魂と指稱するのである。此の美德は我々八千萬同胞國民生活の根本であり基調であつて、佛法には娑婆より淨土迄通入すると云ひ、又衆生より淨土まで行かれる所の行ひと云ふは皆此の精神の眞諦と光明の表現に外ならないのである。斯く有史以來炳として光輝を放つ日本魂の因て來る所を見るに、源は遠く神代より鍛練されたる武道に發し、實に二千六百有餘年の長歳月と我等の祖先が血と涙とを以て築きあげた結果である。此間幾多の紆餘曲折を經て鍛練されたる結果、日本武士道の中興時代即ち鎌倉時代より足利、織田、豐臣、德川と歳月を經るに從ひ時代の要求より益々切瑳琢磨されて著るしき發達を遂げたものである。即ち彼の鎌倉時代源家中興の祖、源賴朝によりて鎌倉に幕府は開かれ、武家政治の基礎は强固となり、武士の勢力は素晴らしく伸張されて、武道の練磨即ち弓、馬、槍、劍は武士たるものゝ表道具となり、其の奬勵と相俟つて我國獨特の美風は練磨の蔭に助長されたのである。即ち鎌倉幕府は尙武の氣風を鼓吹せんが爲め鏑馬、犬追物等により絕へざる努力と奬勵をなし、賴朝の弟義經は鞍馬の僧に劍術を學びたりと傳へらるゝは、世人の旣に熟知せることであらう、尙武道中興の祖としては史に常州鹿島の神人其の長たる者七人あり、刀術を以て業となし、後世に之を關東七流と號すとあり、又中古飯塚家直なる者長威齋と號して武術を以て天下に大名を揚ぐ、即ち天神正傳神道流と稱し、中興刀槍の始祖である。要するに我國劍道の起源は神代に始まつて、其の宇內に普及し輝くに至つたは鎌倉時代より足利、織田、豐臣を經て德川三代將軍家光に到る間、最も斯道の旺盛を極めた時代である。當時各流の劍豪、流祖、名士等天下に群起し、有名なる寛永御前試合なるものを千代田城吹上御苑に催したるが如く如實に當時の武道旺盛を物語るものである。劍道練磨の盛衰は時代と時潮により自ら差異ありしは勿論なれども明治二十七年日淸戰役當時より、再び武道に對する熱心と憧れは風を追ひて全國に漲り、武德會は京都に建設せられ全國各地に武德殿の設置を見るの壯擧は津々浦々を通じて實現せらるゝに至つた。

其の後明治三十七八年日露の役に於て實戰より得たる體驗は、益々武道練磨の必要を痛感し、更に我國固有の日本魂の熾烈なる涵養を唱導せんとして陸軍は兩手劍術、文部省は健全なる國民敎育の一科として全國學生に武道を正科として課するに至つたのである。顧みるに建國以來、指導鼓吹せられた武道による美德は封建制度の結果、武士階級によつて鎔造化育され、我が大和民族の誇り得る國民性を培養し、光輝は史實に見るが如く輝き、忠實勇武、大義親を滅すと云ふが如き麗しき民族性の中核をなすに至つたものである。即ち武士は劍道精神の實踐躬行を旨とし、其の軌範としての武道練磨は莊嚴を極め、大義名分を明かにし、君主を敬し、祖國を愛するの念に凝集し一朝有事に際しては家を忘れ、骨肉同胞を犧牲にし、死屍を君の馬前に曝すことを無上の名譽とし、衆人皆此の精神に渇仰信賴したのである。我等の祖國日本が今日の隆盛を見るに至つたのは實に此國體の精華たる日本魂の充分なる發揮にあるものであつて、有史以來幾多の國難に徵するも明らかなる事實である。因つて以て陸軍に於ける兩手劍術、文部省に於ける、中等學校に劍道を正科として國民教育の必須科目とする所以は說明の要なきものであると思ふ。故に邦家百年の大計を樹つる上に於ては此劍道精神即ち日本魂の確立は絕對必要條件にして民族の繁榮、帝國の威信の中外に發揚せんと希ふの心あらば、勢ひ日本魂の振作によるの外なく、從つて劍道精神に立脚せざるべからざる所以である。

畏くも明治天皇におかせられては維新全國志士の翼贊を受けさせられて回天の御事業を達成させられ國民指導と民族の安寧秩序の爲め文と武とを共に倶に御奬勵相なつて、國民精神の中核を爲す劍道練磨の如きは特に御留意遊ばされたと拜聽する時、斯道に志す士は勿論一般國民としても陛下の赤子たるの一分は充分に盡すべき義務あるものと思はれるのである。斯くも上御一人の國を思ひ民草を念とせられる結果は今日の劍道界の隆昌を來し武德會、民間を通じて斯道多士濟々たるの有樣であり尙昭和に入りては昨年今上陛下の御前に於て前古未曾有の晴の武道天覽大試合を催されるに至れるが如き近世劍道の興隆は實に目覺しき極みである。

第三節　武士道の解剖

武士道とは字義の示す如く、我國往古の武士階級によりて釀成され、實踐躬行されて來た道義的觀念である、從つて武士道なる精神の涵養され、武士生活の本義とされるに至りしは、實に武士階級の武力的擡頭に基因するものである。武士の劃期的勃興は、之を鎌倉時代卽ち文治三年今より約六百八十年前源賴朝が覇府を鎌倉におき征夷大將軍として天下の覇權を掌握し、武家政治の基礎を確立せるに依るものである、賴朝以前に於ても武士なる階級の存在せし事は事實なるも、武士は政治的には直接何等の關係をも持たず從つて組織的、集團的なる武士階級は鎌倉幕府の直前源平二氏の對立頃迄、即ち、それ以前には無かつたのである。故に源平二氏以前の武士なるものは、今日解釋する武士なるものと觀念上に於ても又實質的にも相違し、當時の權門たる公家階級の雇傭人の觀を呈してゐたのである。從つて今日の如き武士道なる武士階級を一貫共通せる信念比較的尠く、武士は個々に自己の守る可きを守り信ずる道に對して努力したに過ぎなかつたのである、然も、武家政治の元祖たる源頼朝に至り、天下の諸政治兵馬の實權は武士階級の宗家の手に歸してより實質的にも又精神的にも武士なる者の自重自覺を促進し宗家の基礎確立と共に、所謂武士道なる一般的道義的觀念は生ずるに至つたのである。右府頼朝以前の武士は概ね性質粗野朴咄にして文事に暗く、所謂荒夷男として遇され、事物に暗き爲め素行自ら粗野亂暴となり其野性味は事々に現はれて、之等武士階級の主なる公家階級或は權門に擯斥され利用されつゝも無視されて居たのである。

斯の如く文事に暗き武士階級は事象を見るの明なく大局の動きを知らずして爲す事概ね徒事に終つたのである。然るに頼朝に至り深く考へるところあり、文武の兩道は武士必須の道とされ奬勵督育されしより所謂武士道なるものゝ端緒を發するに至つたものである。即ち政所を設けて庶政に臨み侍所によりて司法を掌らしめ、或は學問を授け、忠孝節義禮智信の道義的精神を養成せしめたのである。斯くて春秋幾星霜、賴朝天下に號してより、慶應三年德川幕府の全滅に至る迄實に六百八十有餘年幾度か武家の宗家は變り或は幾多の困難に、或は試練に宗家の奬勵と相俟つて武士道精神は益々切瑳琢磨され燦然として世界に冠絕せる我國民性の根幹をなすに至つたのである。斯の如くして武門武士と稱する團體は明治維新に到る七百年間我國社會の上層に位し最强の權力を有して天下の政治、兵馬の實權を掌握したのである。此の高き威信を庶民の上に發揮するに至りしは其の根柢に於て强固なる道義的信念あり、且つ之を實踐躬行せしによるものである。武士道即ち武門武士が一般に自己の本領とし、信條として遵守實踐せし道は時代の變遷時潮の流れに多少の變化色彩相違はありと雖も一貫共通の大精神は炳として輝き、嚴然存在して居たのである。之即ち武士道なるものである、今玆に武士道精神なるものを解剖してみるに、

一、忠孝の大倫を以て道義の骨子本領となし此純眞なる信念は、建國の當時より民族精神

の根柢を流れ、武家政治の時代に於ても始終一貫、如何なる場合に臨みても君の爲め、國の爲め、又は父母尊屬の爲めには自己の爲す可きを爲すの信念大義は、愈々固く練磨されるに至つたのである。

二、節義剛操を重んじ義は泰山よりも重く死は鴻毛より輕しとみる氣慨氣節は、小心慾々たるを排し義の一字は武士の眞使命と云ふ程の權あるものであつたのである。即ち義に缺くる行爲あらんか、彼の有する勇氣は匹夫の勇となし、智力も何等の價値も認められず、武士の風上にも置けぬ者として極度に擯斥され、人非人として社會的に葬り去られたものである。

三、武勇信義を貴び廉恥を重んじ若し武士にして、武士にあるまじき卑怯なる振舞あり、或は虛僞を弄ばんか、最早彼には武士としての誇りも生命も全然無價値なるものとされ匹夫にもあるまじき行爲とされて排斥安居を許されなかつたのである。即ち此武勇、此節操信義を確守する事に於て高潔純正なる廉恥の情を絕へず包藏して居たものである。

四、淸廉潔白、儉素質樸の氣である。即ち武士は弓馬鎗劍千軍萬馬の間にあつて、一身以て干城の任に委ね、其念とする處は元氣、武勇義操にあつたのである。故に武士の心中何等の虚飾なく、浮華輕佻の風なく、私利私慾のない事を極度の誇りとしたものである。

五、奉公の精神即ち犧牲的献身的の氣字は武士の本領とも云ふ可きものなる故、君父の爲めには勿論自己の所屬團體の榮枯盛衰に鬪しては敢然として身命を賭し其の難局に勇躍邁進する事をこよなき榮譽としたのである。此信念は自己を高潔にするといはんより更に至重尊嚴の意義を標榜するものである。

六、溫雅の度量を尊び禮節儀容を重んじ、剛健勇壯の武士にして溫雅寬容の美德あるを尊んだのである。即ち剛氣果斷にして血と涙の餘情溫きを武士の持つ美はしき品格として賞揚されたのである。而して禮節儀容は武士の品位を標榜するものにして苟くも之れを等閑にし、放縱に墮する事なく堂々の風度、重厚に儀容整然として紊る事なきは之人の範なりと自信し武士の深く自重せし所以である。

斯の如く武士は、身を持する事高く、俗念を顧慮せず、妄念に支配されず、天理を達觀し之に順應する禪學に所謂緣に隨つて放曠し、性に任せて逍遙すと云ふ意味も同調である。之に反して我々は餘りに未練の多き事よ。所謂施泥滯水に孿躄せざるを得ない。其官能的頽廢生活に至つては冷汗三斗の想ひがするのである。洗練されし生命慾、正義と節儀に根ざす自由愛之こそ眞に武士の命であり武道の精華なのである。

我が日本民族特有の精神にして民族の誇りとする武士道は、劍道の練磨によりて大成されたるものにして、此劍道の持つ莊嚴無比なる魂は、他の如何なる國の國民性にも見出し得ないところのものである。我民族は古來生命を愛する。然り又如何なる國の人間も生命を愛すならん、然れども靜かに之を觀察すれば、生命愛も多趣多樣である。盲目的に生命を貪るのも一種の生命愛であらう。或は種々の現實的な官能的なる刺戟に生を享樂し樣とするのもやはり一種の生命愛であらうけれ共我等の所謂生命愛は斯の如き盲目的官能的のものに非ずして、もつと純眞な美的なものである。

それはせゝつこましい人間の意慾の執着を超脫して、無我な天眞な態度にて、自然の健やかなる生命の流れに涵つて生き樣とする眞摯なる生命なのである。隨つて我が民族は大いに自由を愛好した。外面的形式的生活の鐵鎖に縛られる事を著るしく嫌つたのである。

戰國時代の武士には此氣宇最も著るしく、彼の塙團右衛門の如く『終に江南野水に住まず、高く飛ぶ天地一閑鷗』と書して、飄然として浪人したと云ふ如き。即ち武士道精神に生くる武士には飽食暖衣逸居して敎へなき禽獸生活を享樂するには餘りに彼等の生命は高調し全人格が緊張してゐたのである。此魂を彼等は腰間に帶する三尺の秋水に吹き込み、其所謂『武士の魂』を提げて、莊嚴なる人間打成を試みたのである。

斯くすれば斯くなるものと知りながら
やむにやまれぬ大和魂

敷島の大和心を人問はゞ
朝日に匂ふ山櫻花

崇高なる魂、熱烈なる氣魄之即ち武士道の權化にして精華なのである。正義、自由、平等、博愛皆武士道大精神の莊嚴無比なる發露に外ならずして何ぞや。

第四節　劍道哲理と道德

武道は一面觀察をすれば破壞的意味を包含すれども眞の武道は眞の武士道の根幹である以上、破壞は單純な當面の一事象であつて、武道の眞意目的とも云ふべき程のものは破壞よりも寧ろ創造とか建設とか調停とかにあるものである。從つて若し、武道に精進することに依つて或種の破壞が伴ふことありとするも、それは眞の武道が產む結果でなく、人或は過渡期的出來事若くは誤れる事象と云ふよりは外にないのである、卽ち武道が破壞の結果を產むことがあつても、それは眞武道の發現でなく中核を失ひたる殘骸卽ち暴力粗野の跳躍となつてゐるのである、元來武道に限らず、如何なる事物であつても、如何なる方面であつても、これに關係する人及び時、或は場所等の如何は、事物本來の影を蔽ふて或る場合には其醜惡なる方面のみを發揮することあるは首肯され得るものであらう、卽ち武道に於ても人其道を誤ればあたら正宗の名刀も狂刀村正となるやうなものであつて、倘時と場所は之に關職して色々な結果を生むものである。一方觀察を換へて我等人類の史上生活を見るに、史實の一部に示す如き世界は變則的實在であつて、世界に於ける人類の社會的集團生活は史家の評するが如き單純な爭鬪生活のみでもあるまいと思はれるのである。

又爭鬪を絕えず繰返す如く見ゆれども、それは眞目的でもなく、又終始するものでもないことは、吾人の言を要せずとも明らかなる事實であらう。即ち國家、或は民族團體は國際信義の禮讓の上に立ち、相樂しみ、相交はり、以て人類共存共榮の實を擧げるにあるのであつて、武道精華の輝やかしき發祥は斯の如き信義慈愛、平等的國際精神となり、非常時に際しては忠勇義烈財命を賭し、正義自由の擁護者として現はるものである。往時武士は劍を練りて心を磨き、倚儒教或は禪學に潜め、其魂を鍛練せし事は私利私慾を抱かず全我を擧げて信義慈愛の德を愛し、忠實勇武君命に奉仕することに努力せんが爲めになしたるものである。

吾人等に於ても信義を以て國際間に交り、正義によつて各國と交誼を結ぶことは、人間としての道であり、武の德であると信ずるものである。現代人にして、眞に武士道的精神を理解し、それを把握踐行することを得るなれば、所謂美德と渾一して個人の幸福より一家社會の共榮となり、國家に及びては世界に於て敵なく、戰はずして勝利を制し得るものである。

吾等日々三尺有餘の竹刀を持ちて練武の道場に立つならば、全身全體の百練百磨されるは勿論それに因つて勇敢なる氣象は體内に滿ち、俗事に超然たることを得て、信義慈愛の精神を練るに充分なるものである。其精神は吾人の最大精力を發揮して、臨む活動に際して潔く、終に臨みて大悟徹底微動だもせざる覺悟をなすことを得るものである。即ち如何なる困難に遭遇しても泰然自若諸事善悪を裁斷解決して遺憾なく、人生最高の目的を貫徹し行く根本義となるのである。故に何人と雖も此の堅忍不拔の精神にのみよりて自己の進まんとする所に迷ひなく、紛糾する事なくして生存の意義と喜びを迎へ得るものである。嘗て友人某曰く、武道の練磨は心氣を爽快にならしめ、職務上の困難に逢ひても非常時に際し判斷力强く規律を嚴肅にして共同心を强からしむと、實に適切の言にして武道を知るもののみの法悅境とも云ひ得べきものである。

武道の鍛錬は竹刀を夏尙寒き日本刀に模擬し其三尺秋水の肌光々たるに吾人の精神を求

め、〆釘は日月を形どりて相互の禮とし、其刀は靜平にして社會規律を表象す、實に實践的精神の敢行法なのである。吾人道場に立ちて烈風肌を刺す極寒の日にも、酷暑鐵をも鎔かす炎熱の日も、倘百練苦行心身を練磨するは、實に此の尊い聖覺を身に打込まんが爲めである。又劍道の構へたる心眼力は智仁勇の聖覺に照して之に同化せしむる構方である。故に身を以て敢行すれば自ら俗念に超越せる美德を其心に靈化せしむる事を得るものである、即ち構へたる體力は勇にして眼は智である、而して心は仁の容ちとなるものである、故に智に依て萬事を知り事物の道理を辨へ、身體强壯にして水火も辭せざるの行動をなし、心情純にして正義慈愛の德を施すものであり、我が智情意を聖覺に照し其の照明によりて智情意は其の心體を明にし不動たらしむるものである。即ち吾人が絶へず心身を修養するは玆にあるものであつて、窮極は心情の妄動を防ぎ、眞個の人格、品性を高潔ならしめ、寛雅浴達の氣象を養ひ、忠孝節義の心念を確固ならしめんが爲めである、故に之を行ふに際しては一命を鴻毛の輕きに比し果敢力行、至情と道義を踐行的不動のものたらしむべきものにして、これを劍道科學の本義と云ふ構を根本として練磨する時は我山全體は智德體となり、全心全我は聖覺と渾一して仁の本義を明かにするものである、即ち劍道の聖覺は儒教や佛教の敎義とも共通するものである。

善
個人　身體　精神　←道德の完成
社會　家庭　社會　國家　國際　←道德協同の完成
人類國家の完全なる發達
眞―心の修養
善―身體の練磨
美―劍術の玄妙
正―劍道の道德

第五節　時代と練習の變遷

劍道は時代の變遷により、其時代精神に適合した鍛練方法に變遷してゐる。往時の劍法は、實戰的、亂鬪的のものであつて、この實戰に鑑み種々工面工夫され、實戰的心身の鍛練法として旺盛となつたものである。從つて其練習に於ても、切るか切られるかの眞劍味が含まれ、形よりも實に重きをおきたるが故に、今日の劍道練習よりみれば、或る意味に於て亂暴とも云ひ得る程度の眞劍味の溢れたるものである。此の實戰的心身練磨の結果は、實に素晴らしい民族思想となつて君命の前には死をも恐れず、實戰に臨みては君の馬前に死屍を曝し、平時にゐても義の爲めには泰然自若、從容として割腹するの慨ある氣風となり、之を武士道の生命としたのである。斯くて幾多の經驗に、種々の流派は案出されて、鍛錬と熟達に逐次旺盛となり、劍道界多士濟々たる德川時代は來たのである。而して德川の中世に至り、從來の木劍々法は竹刀の考案發明により竹刀劍法と變ると共に時代思潮に迎合して氣風も軟弱に流れ、甚しき者になつては眞劍味を缺くは勿論、劍槍の業を糊口の資として興行するに至つたのも此時代からである。從つて此時代の武士階級には漸く武士の表道具たる大小も細身となり、徒らに刀鞘に裝飾を施し甚だしき者に至りては腰に竹光を帶ぶるが如き有樣となつて、武士の魂にして武士道精神の象徵とされたる大小は、其の服裝の華美と共に裝飾品化の如き軟風蕩々たる狀勢であつたのである。故に劍道の練磨に於ても武士道的精神及び其の眞劍味は、氣骨稜々の士に於て漸く保たれたるの觀があり、世を擧げて太平に馴れ、所謂元祿時代の如き社會風潮となつたのである。然れども斯の如き劍道及社會思潮はいづれの國又は何處の社會にもあるものであつて、所謂過渡期的時代思潮の所産である以上、時代の變遷は遂に明治維新の氣運を釀成し、天下の輿論喧々囂々を極めて勤王の志士、佐幕の鬪士の東奔西走するあり、其間劍道の琢磨と相俟つて、武士道的精神と共に再び輝かしい其の眞價を發揮するに至つたものである。

故に明治維新前後に於ける之等志士、鬪士の劍道練磨の方法は必要からして眞劍味と切實味に溢れ幾多流血の慘を見て益々研磨され遂に回天の事業全く成り、武士道的精神の權化は外、國運の隆昌となり、内、文化の華は益々光輝を發するに至つたのである。

而して明治時代の變遷を經て昭和時代の劍道練磨の方法となり、學理的に、研究的に、これが練磨發達を計らんとするやうになつて、往時の劍道練磨の方法とは全く其趣きを異にしてゐるのである。尙一方これを精神的訓練方面より見れば、昔は一藩の防備、一城君主に對する忠節の爲めにされたるものなれども、近代に至りては其範圍廣汎となり、且つ民族共同の福祉、國際正義の確立等に擴大變更して來たのである。而して劍道の鍛練も各藩時代に於ては、神秘とか、口傳とか、或は傳授とか云ひ、天地に誓文して之を傳へ、各藩又各々其特徴を奬勵、秘して今日の國際間に於ける軍備の秘密の如き有様であつたのであるが、今日の劍道は口傳とか、傳授とかにする鎖國的なものでなく、全く解放的に、進取的に、或ひは研究的に理解體得し得る樣されたるものであつて、所謂、秘傳も口傳もなく何人にも體得し得る樣平易簡明に提供されてゐるのである。

斯の如く練習も時代の生んだ人智の發達により術理的となり、研究的となり、敎授法に至りても體育的敎授法、學理的敎授法等々新らしき方法が生み出されてゐるのである。言を換ゆれば理實一致せる敎授法である。

以上の如く劍道練磨の方法は時代により、文化に應じ、時代思潮に融合して種々の歷史を辿れども終始變らざる斯道練磨の方法は、卽ち練習者は、當初、他動的に機械的に指導を受け正法に基いて規律的に練習をするのである。

尙練習には左の方法、卽ち概略年齡別によりて、各自全體の練習を積むならば術の上達は勿論、精神修養の効果蓋し大なるものあるを信ずるのである。

体育 德育 訓練（一）

幼年時代　無邪氣にして天眞爛漫なる時代なれば潜在せる天分を誘導するに便にして感受性强き故、惡癖矯正も容易なり。身體の鍛練も之を徐々に行ふ。

同上（二）

少年時代　幼年時代と略々同一なれども此時代には身體は著しく發達し體力も强壯となり、漸く道義的觀念生る、練習は比較的猛烈に行ふを要す

體育 智育 德育 練磨（三）

青年時代　體育智育德育共に此の青年時代最も伸張力豐富にして業の上達も成功の基礎も此の時代によりて決せらる。業の工夫心、研究心旺盛なれば理實共に猛練習を以て體驗するに努むべきである。

以上の如く、幼年時代、少年時代、青年時代に於て各自其の鍛練のよろしきを得たなれば業の上達は勿論、品性は陶冶され、身體は剛健となり、果斷猛進、其の意氣と忍耐は必ずや成功の彼岸に到達し得るものである。今日の剣道界を見るに其の道場に於ける練習は眞劍味を缺く事甚だしく、無氣力にして宛然野猿の棒振りの如き有樣である、日常の練習に於ても竹刀を眞劍と思ひ、正法に則りて我れ切られるか彼れ切るかの切實なる心境に自我を導けば心自ら無想の境に通ひて、術の玄妙も會得し、凡ゆる人間生活に必要なる要素を體得實行することを得るものである。

第六節　劍道の本義と體得

昭和時代の劍術練習方法と雖も、昔よりの傳統的な練習法に基くものなることは勿論であるが、さりとて今日これを學ぶ目的及方法は昔と同一論又は同一方法であつてはならない、即ち實戰に臨む爲の、人を殺す爲の練磨でなく、何處迄も武士道的精神を涵養研究すると同時に、體育の向上を目的とするものである。即ち體育的に、德育的に、研究的に練習せられてゐるものにして、從つて眞に武道に志す者は無暗に亂暴を働き、或は人を殺傷すと云ふが如きことはあるべき筈のものでなく、又結果とはならないのである。

前章に詳論せる如く劍術の練習は人を殺傷する業を練習するのでなく、德義的精神を薫育して、より强固なる自制力、德義心を涵養するものである、理智的に心理的に研究されると雖も、實際を離れて理智に偏し或は心理に傾き術に偏すべきものに非ず、即ち之等の凡てを綜合して實地につきて練習すべきものである。故に學理と實際とは互ひに關聯はしてゐるがこれを全然別個のものとして研究體驗し、兩者の併行發達に完全を求めて努力すべきものである。故に、今日の新らしき人々の如く學理に偏せる武道の研究は劍道の本義を誤解せるものにして、本義は却つて實地につきて萬難辛苦を重ね、忍耐し油斷なく努力練習するにあるのである。劍道の奧義とか、或ひは極意とか玄妙と云ふ樣なものは如何に科學的に研究し、組織的に研究したとて、其階梯に於て實地の訓練を缺くなれば、それは木によつて魚を求むるの愚に落ちるものにして到底望み得らるべきものにあらず、若し假りにそれを怜悧なる策と見るも、劍道の本質より見て不可能な事である。即ち我國獨特の日本魂とか、外人の所謂はらきりなるものは、如何に外人が科學の粹を集めて研究に百年沒頭したからとて此の心理は彼が外人なる以上永久に不可解の問題であると同一理にして、外人にとりて斯く至難なる問題も日本人には本質的にそれを理解體得出來る國民性が出來上つてゐるのである。故に劍道の本義即ち日本魂を極め、其眞髓に到達せんには、理論よりも實際、研究よりも一回道場に立つと云ふ方が、道を極めんとする者のとるべき道であり順序である。斯くの如く如何なる方法によるも、實際を離れては、劍道の本義、眞髓を把握する事の出來ざるもの故、これを實地につき一方學理的に研究し綜合してゆくなれよりよき實を結ぶことを得るものである。然れどもいづれを主とし、いづれを從とすべきかと云へば、やはり主とすべきものは實地の練習であつて學理的研究は從に屬すべきもの即ち完全に導く補足手段としてとるべきものである。何となれば劍道の本義たる武士道的精神を、如何に分析し、如何に理論的に解釋し、微に入り細を穿ちて知得する事を得たりと雖も、これを實行するの意志、決斷、忍耐、勇氣等がなければ、知り得たる正義觀も、道德觀も凡ゆる信條も、それは結極何等摑み得ざりし時と徑庭なく、寧ろ知らざるが罪なき位である。

爲すべきを知りて爲さざるは、自己冒瀆もその最たるものにして、其の不道德、其の不德義、不忠實は人間として言語同斷とも云ふを得べきである。故に爲すべきを知ると同時に決行せざるべからず、決行には勇氣を要しまたは努力を要し、忍耐を要し、或ひは體力を要する事は自明の理にして、これなくしては實行は伴はざるものである。從つて、爲すべくして爲すあるの自己を養成せんには如何にしても實地の練習に俟つべきである。劍道練磨の本義も又玆にあり、斯くしてこそ自己は社會に立ちて勇者であり、人生の成功者ともなり得るのである。

第二章　劍道初心者の心得

第一節　禮儀作法

第一　道場禮法

一般道場に皇祖或は武神を祀りて禮を行ふは莊嚴なる神の御心に僞りなき我を披瀝し、且つ之を誓はんが爲めであつて上座に禮をするは親拜と云ひ、師範は勿論目上の人に對して禮を行ふのである。次ぎに相互に行ふ禮は師拜と云ひて、先輩後輩互に師恩を忘れず尊敬思慕の念を以て行ふのである。此の禮の眞意を體得してこれを行へば所謂莊嚴滋味なる觀念湧然として起り心は清淨に歸して一切の邪惡妄念は我より滅却するのである。之れ即ち心身相關の原則にして體正しければ善心であり、心正しければ體又自から正しきものとなる所以である。

斯くして善正を得たる心身によりて業の理法も神秘の術も悟り得られ、道德的觀念は立派に築き上げられるのである。故に道場で神拜、親拜、師拜の三節の禮を本として練習するは劍道修業の骨子とも云ふべきものであつて、又人たらんとする者の行ふ可き人倫の基礎である。隨つて練習時に於ては、常に眞摯なる禮に照心し努力の修行を敢行す可きものにして、壯なる意氣又之に因つて養はれるを思はなければならない。斯く規律を正し、確固不屈なる心を養成し眞理に徹底し、眞に麗はしき德性の人となるのである。

第二　神に禮を行ふ所以

神とは心なり信なり眞である。神に對して禮を行ひ自己の心に神を結び付ける時は實に我心は美しい床しい眞如となり信となり、輝やかしい光明に照導されて熟慮斷行し然かも尙誤らず神秘の術は悟り得られ、所謂神人一致の法悅境を味ひ得るのである。心眞なる時は邪心なく不善は自己の姿ならずして、神は常に自己の心に一致し、正法に終始して其活動を誤らざるものである。即ち神心は智に流れず、情に溺れず、中道を踏みしめて正しき働きをするのである。故に道場に神を祀つて邪智を淸め、邪心を淨化し、心身練磨の目的を達し、長幼先後の分を明にし規律秩序の道を踐行するに勇敢であるやう心掛けねばならない。剣道に謂ふところの神秘の業とは即ち眞に通じたる業を云ふものであつて、吾心神に渾一して善正なる行動となるを云ふのである。云ふまでもなき事ながら劍道の眞諦は、理論或は机上の空論によりて得られるものでなく、神心渾一の實行である。この神心渾一の實行には困苦缺乏に打ち勝つ體力を作り、至誠聖恩に報答する精神を必要とするものである。故に神拜に基いてこの心を體得し、その心によつて武道を練磨すれば、自ら上皇室に對して恭敬の念湧出し父母兄弟には孝悌の至情に一貫して期せずこれを行ひ得るの境地に到達するものである。斯くして玆に劍道を學ぶ者の喜びと共眞價があり從つて神に禮を行ふ所以である。神心なき人間は小我に生き感情にのみ支配されて情實に混迷し欲道に迷ひ不善を爲す。神心ありて自己を信じ、確固たる精神氣魄を以て邁進努力を爲す事を得、善正なる活動は萬全となるのである。

第二節　練習始終の禮法

第一　神殿禮

練習頭初、防具着用前は不動の姿勢にて又防具を着けたる時は提刀姿勢にて一列、二列或は三列、四列と横隊に整列して一同一齊に神殿に對し禮を行ふなり。禮を行ふ時は教師或は助手の『禮』の號令にて一齊に默禮を行ふのである。

神殿に禮を行ふ時は、嚴肅莊嚴なる氣持になり行ふ可きである。

第二　師　拜　禮

神殿に向ひ拜禮したる後同位置にて、稽古着及私服の場合は、正座し洋服の時は直立不動の姿勢又は提刀姿勢にて、嚴肅に教師に對し禮を行ふ。禮を行ふ時は練習生生徒の基準生又は所長及び級長號令『禮』とかけ、一齊に禮を行ふのである。紅白試合及個人試合の時は各自定められたる位置に進み神殿禮を行ひ、直に相互の禮を交換して試合をなすのである。

注意（試合前後に一齊に行ふ禮は審判員の指示に從つて行ふのである）

第三　練習後の禮法

始めの時と同じく整列して、教師若くは助手の號令にて、神殿に向ひて禮を行ふのである。神殿禮を終り、直に師禮を行ひ靜かに退場するのである。

第四　相互の禮

相互禮式とは互格練習或は試合に於て相互禮を行ふ事を云ふのである。相互の禮は師拜の心を以て相互に禮を行ふ可きものなる故に極めて莊嚴味溢れたものであらねばならぬのである。禮の方法及順序は提刀姿勢にて靜かに進み、神殿に向つて默禮し、更に相互七尺餘の距離を取つて相對立し、提刀姿勢の儘僅かに頭を下げて嚴粛に默禮を交換するのである。試合及練習終りたる時は、再び七尺餘の距離を取り、相互の禮を行ひ更に神殿に向ひて心よりの禮拜をなし靜かに退場するのである。

第三節　刀の拔き方。納め方

第一　刀の拔き方

相互の禮終りて、提刀姿勢の儘七八尺の距離を取りて互に刀の柄を右手にて握り拔きつゝ蹲踞す、（刀を青眼構刀に合はす事）右手にて刀を月形の如く大きく拔き青眼の構への如體前にて其刀尖は延長して敵の眼に着け、竹刀の位置を定めるのである。蹲踞は兩足の趾先きにて踏み兩踵の上に臀部を乘せ、兩膝を充分に左右に開き、下腹を張り、丹田小力を整へ上體を眞直とするのである。

注意　刀を拔くには提刀姿勢にて蹲踞しつゝ拔刀するものなれば往々にして此動作は輕卒となる虞あるものなる故、心氣を落付けて、充分なる氣魄に嚴粛なる氣分を以て拔くのである。

第二　刀の納め方

練習又は試合を終りたる後は、互に靑眼構にて刀尖を合せ、而して元の位置に直り、其儘蹲踞姿勢となりて刀を靜かに納め、提刀姿勢となりて相互の禮を行ひ、更に元の位置に退りて神殿に向ひ、默禮を行ふて靜粛に自己の席に戻るのである。

第四節　正座の修業

劍道を心身に修業する者は其の階梯便法として先づ正座によつて心氣を養成すべきであ

る。正座は深く靜かに呼吸を丹田に整へ、精神の統一に心氣を集め雜念を拂ひて一意心氣の清淨を計る。心氣冷然として邪念無想の境となれば、即ち劍聖道の氣に歸一合體するものであつて、心氣の統一は此正座法の繼續が最も簡易輕妙である。

第五節　劍道作法

第一　道具の整理

防具其他道具一切は、一定の場所に整理して置くことは規律を正し修行する上に尤も肝要なることである。僅か一本の竹刀、一枚の稽古着と雖も投遣りにすれば自然場所は亂雜となり、規律は亂れ、遂には禮儀を失ふと云ふ事になる。故に道具の整理は練習者各自第一歩の修行である。必ず確實に整理し規律を亂さざる樣心掛く可きである。

一、自分の定められたる場所に、竹刀、稽古着及道具を整理する事。

二、防具の整理を確實にし一定の場所に掛け置く事。

三、道具其他の物が散亂しある時は何人の物と雖も之を整理し置く事。

四、防具の整理方法は胴に垂れを結び、面に甲手を結び付け、面紐にて胴輪を通し一組に整理する事。（以下要項を參照すべし）

第二 起居の禮法

一、毎朝起床したる時は、神殿及び佛壇に禮拜し、神と先祖に對する禮を行ふ可し。

二、道場に出入の場合は挨拶し、歸宅したる時も又兩親兄姉に挨拶する事。

三、常に服裝を正し、自墮落の服裝を爲さざる事。

四、道場に入門し、或は他の道場を訪問せる時は、姓名を明にし丁寧に挨拶する事。

五、道場に出入する場合は、先生は勿論長上及相互の禮を厚くする事。

六、道場に入場する時は、必ず帽子外套を入口にて脫ぎ入場する事。

七、何人を問はず對談する時は正座にて爲す可し、但し對談中長上の許しを受けたる時は膝を崩すも差支へなし。

八、何人の道具竹刀と雖も、踏み歩き或は股ぎ、蹴散らして歩くは、禮を失せる態度なればば丁寧に片付けて歩く事。

九、常に言語を戒め、野卑なる言葉或は横柄なる言語を戒めて丁寧にする事。
十、長上は目下に對して同情と慈愛を以て接し、目下は長上に對して粗暴なる言語、對度をなさず從順なること。
十一、他の用事は親切に丁寧に行ひ、己れの用事も愼重に考へ正しくする事。
十二、泥醉して道場に出入する事は勿論意識を失ふまで酒に親しまざる事。
十三、道場の規則を嚴守し、決して違則せざる事。
十四、常に稽古の後入浴するは、長上を先に順次入浴する事。
十五、他を誹り、或は批評する卑劣なる言動あらざる事。
十六、自慢及自惚れて、他を輕視する行動あらざる事。
十七、道場其他一定の席に座を占めて、徒らに規律を亂さざる事。
十八、師範の説明及指導中横合ひより口を狹み或は重ねて説明するは失禮なるが故に、無禮の態度をなさざる事。
十九、『三尺下りて師の影を踏まず』と言ふ格言の如く、先生及長上に對しては禮を以て其教へを守ること。

二十、先生及長上の命に從ひ、一意專心練磨修行をなすべし。

以上の如く道具整理の如き單純なる禮法より初めて作法を實行し尙道場のみならず家庭に於ても他人を訪問したる場合にても常に禮法に準據して、遺憾なきを期すべきである。人にして作法を辨へざるものは勢ひ禮を失ひ、人に卑しめらるものである故道場にて練習の際は特に作法に基いて劍道を修行せねばならない。

第六節　防具の取扱ひ方

第一　防具の整頓

第一圖說明　胴を逆とし垂は裏を外に出し、胴の上に乘せ胴紐の長き方にて、垂の上に引き中央にて、十文字となし胴裏に廻して結び、垂の左右の紐を胴の左右の端に表より裏にからみ、からみたる處にて引き結びとして整へ圖の右下の如く整へ別に置き、次ぎに面、甲手に移る。面は面金上に通りし紐を左右に引き、二つに合せ其兩端に甲手の元より通し紐

第一圖

防具の整頓

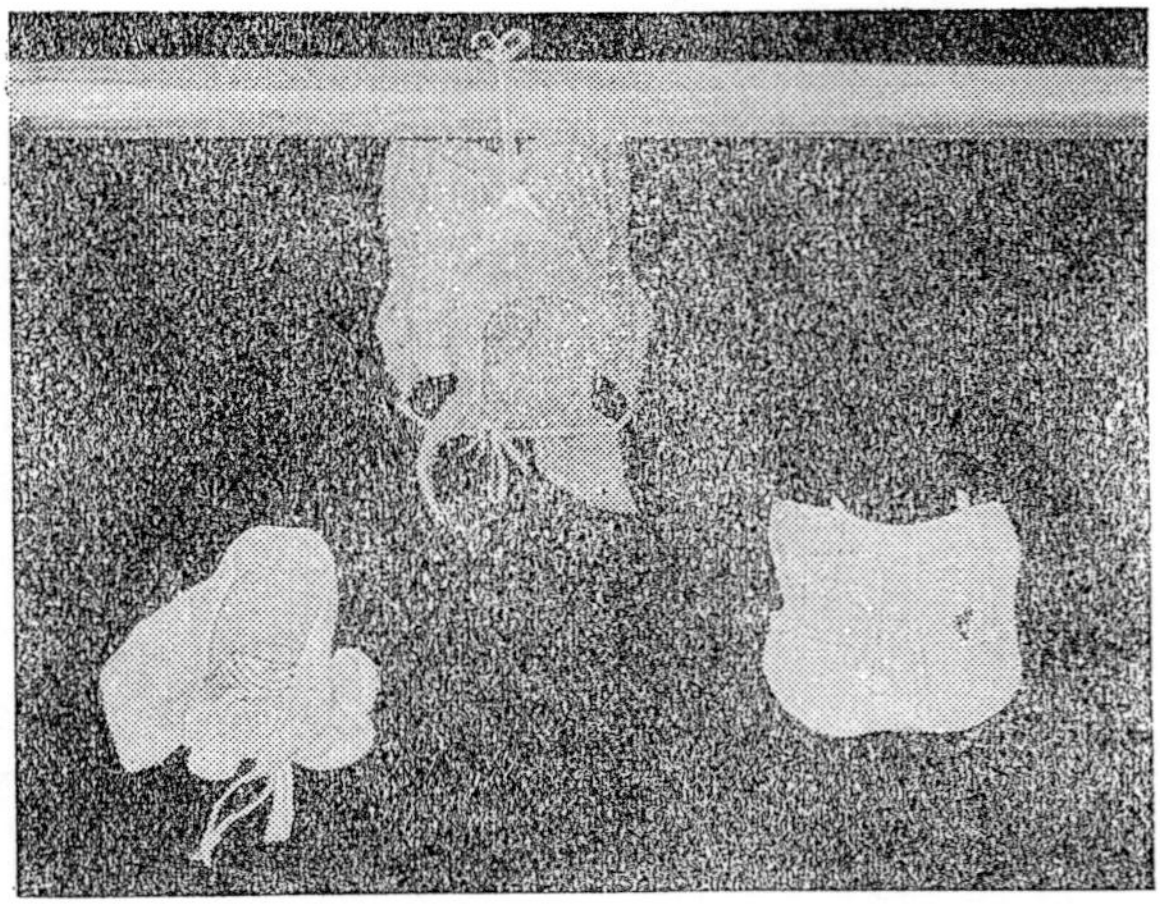

輪に甲手指を掛け、殘りし左右の紐を兩折し引き結びとして圖の右下の如く整へる。此の整へたる面紐を前に整へたる胴裏の輪に通し一纒めとして最後に胴の短き紐を後にて結び、上圖の如く整頓するのである。防具を亂雜にする者は規律觀念や緊張味がない故に精神修養の本旨を誤るのみならず、何一つ出來ぬ。苟しくも心身を鍛錬するものゝ作法の一つとして防具を整頓することを嚴守するは勿論偉大な精神を作り上げる上に是非

やらねばならぬことである。

第二　防具の置き方

練習前には一纏めにしたる防具をほどき、面は甲手の上に、垂は胴の中に入れ、自分の前に置き、竹刀を體の左に置きて整頓するのである。

第三　防具の着け方及順序

1. 垂、垂に裏表あり、表を前に出し、下腹部に當て左右の紐を後に廻し充分絞め、其の紐を前垂の裏に引き絞めるのである。

2. 胴、胴は腹部に當て右の紐は左の肩に、左の紐は右の肩に取り、左右の紐は背中にて十文字となし、肩に取りたる紐は、胴の上端の輪に通して引き結びとなし、後の短き紐は腰の處にてひざ結びとするのである。

3. 面、面を冠るには二通りある、一は（イ）に示したる如く、面金下より五本目に紐ある冠り方と、（ロ）に示したる如く面金の上に紐ある冠り方である、（イ）の冠り方は多く東京の冠り方で、面金の上に右紐を左へ、左紐を右へ通し、手拭を冠り頭より顏を

（イ）

（ロ）

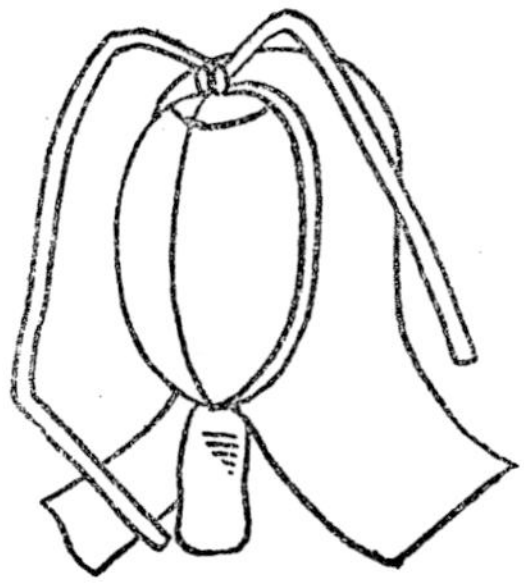

入れ、あご蒲團にあごを正しく乘せ口を出し、定まりたる時、五本目の紐を元より後に引き後頭部に當て充分絞め絞めた紐を兩手にて前額に引き面金に通して長き紐を小指に

挾み、前額に引きたる紐を離して小指の紐を全指にて引き絞め、更に後頭部に引き絞めひざ結びとして結び左右の紐を正しく揃へ耳の蒲團を上に上げ、耳より離して置くのである。

第二圖　正座

（ロ）にある面金上にある紐は、顏を入れたる後紐を後頭部に引き直ちに突き垂上に圖の如く引き更に後頭部に引き戻し又面金上に廻し更に後頭部に引きて結ぶのである。此の結び方は京都方面である。

何れの結び方も悪くはない。日本では二通りが正しい結び方であることを記憶し何れも紐は正しく揃へて亂雜にならぬことに注意すべきである。

第四　甲手

甲手は右を嵌め左を嵌めるのであるが順序はない、何れより嵌めてもよいのである。

防具の着け方及順序は右四項の要領である。防具を着ける時は正座にて道具を着けるので、着けたる後は左手に竹刀を握り兩手を膝上に置き上體を正しくするのである。

第二圖說明　兩足を揃へ、足裏に臀部を乘せ、下腹に力を入れ、後背を伸ばして上體を正しく頭部を眞直にするのである。此の正座により防具を附け、練習前は正しい落ち着きある心となし練習に移り後又之に依りて荒々しき心、疲勞した體を元に復するのである。

第七節　攻防視隙法（眼視法）

第一　直線眼視

眼にて對物を視る事は自然の法則にして、生理的必然的現象である。これが極めて大切なものであつて敵の眼を中心として、一點を凝視するは、其全體動靜の要點或は心の動き等を見ることを得て業にも行動にも充分なる實力を發揮する事が出來るのである。

肉眼と雖も心氣を籠めて凝視すれば對物の狀勢は直ちに心に映じ、敵の動作或は起りを未前に窺知し得て、自己の正しき活動をなさしめる基礎となるのである。即ち相手の行動全體を視て、竹刀の捷徑、突擊の那邊或は有無を知り、機を制し、變に應じ、或は防ぎ或は外し、臨機應變の業を確實に施し得る樣になるものである。若し視力の中心點を手或は頭の一部に奪はれんか、敵の動靜を察知するの明は不充分となり、又下視する時は上の活動を察知する力を失ふは當然である。これは練習生の極めて陷り易き弊なれば特に留意すべきことである。即ち中心を凝視して全體を知り、上下の變化突擊の捷徑を視て、自由に適切なる活動をする事が出來るのである。又眼視法は氣の焦る時は適切なる方法を誤るものであつて、心氣淸澄であれば眼視も又對物動靜の中點より全般に及んで咄嗟の機を誤らず、心と眼は互に關聯して眼の働きは心の働きとなり、心の働きは眼の働きとなつて素晴らしい業となるのである。

即ち此兩者の關係は極めて密接なるものにして、一方のみの活動なれば不充分にして不完全なものであり、邪氣なくし澄みたる氣には眼視の活力を得て勢ひ凝視は誤らず、氣を狹くし或は邪氣に支配されて視る眼は兎角誤りが多く、結極拙劣な業の母體となるのである。要するに眼視法は敵の心の支配を受けたる眼の動きを凝視し、其刀尖及搆への全體を凝視して起り業に備へ乘ずべきに乘ずるが爲である。

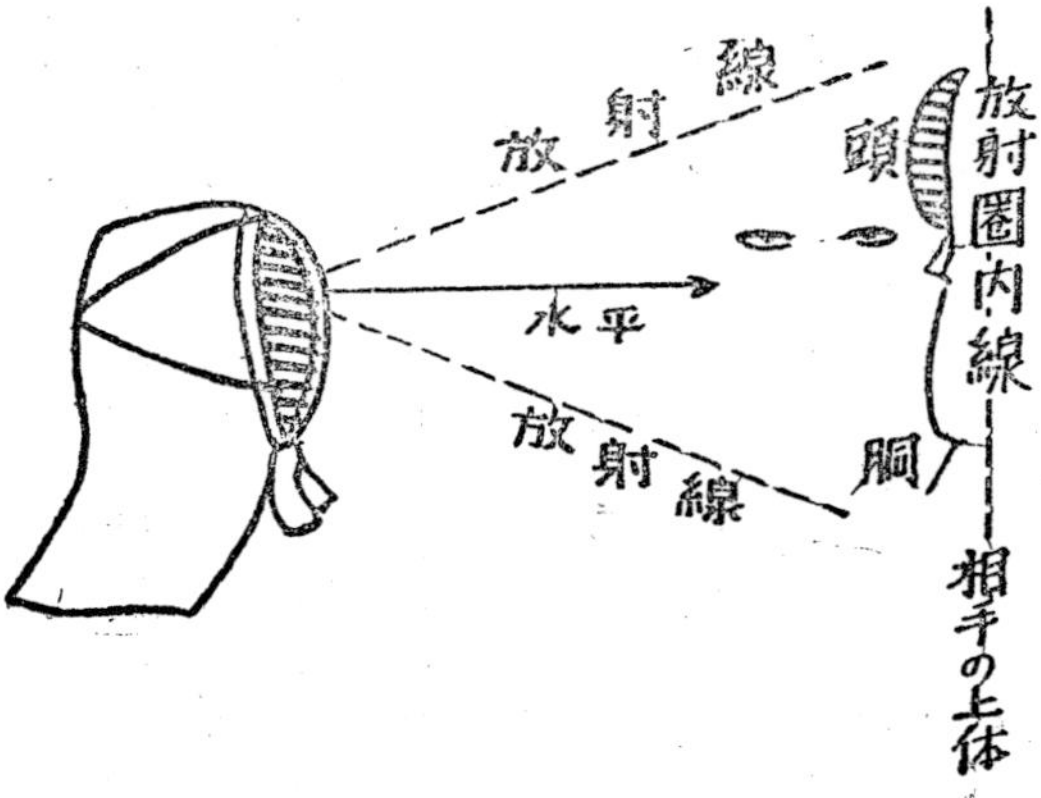

第二　放射線眼視

凝視は水平の中心より上下に伸びて上は敵體の頭部より下は其腰部に至る間即敵の上體を見る自己の視線圏內（圖に示すが如きもの）を放射線圏內と云ひ敵の上體の全體

を視て構形活動の如何を察知する力である。之に前述の眼を中心として敵體の動きを凝視する働きを加ふれば構刀變化の機微を良く察知し、敏速に自由なる活動をなし得るものである。此中心に視線を置きて、凝視したる眼が、敵の形狀に奪はれ放射線以外に移る時は、敵に對する注意力は自ら散漫となり、其必然的結果は自己の變應自在の業を失ふのである。故に凝視は必ず心と一致し、突擊變應する心と一致せしめる事が肝要であつて、氣分と對者を凝視する視力の一致により正確な業が生れてくるものとなる事を知らなければならない。

第八節　正確に擊突すべき箇所

相互に構へて對者の何れの點を突き或は突くか、擊突すべき部署は實戰は別として劍道を學ぶものは正確に腦裡に記憶しておかなければならない。擊つべき部は圖に示す如く、正面、右斜面、左斜面、右甲手或は左甲手、右胴、左胴等であつてそれ以外の部分は決して擊つべきものではない。又突くべき箇所は咽喉のみであつて他の部分は絕對に突いてはならない。（圖の●點は擊突部を示したものである）尙注意すべきは、相手の左甲手を擊つ時であつて、左甲手を打つ場合は相手が上段に構へんとする途中又は上段に構へた場合或は上段より撃ち下さんとする途中及び相手が面を打たんとして甲手が上る時即ち上げ甲手の場合に限るのである。

撃突の一般的注意

撃突の方法は場合と場所に依つて千種萬態であるが詳細は後章に讓つて玆には概括的に撃突一般の通念を述べて見やう。

先づ敵を撃突せんとする時は、精神の充實による氣

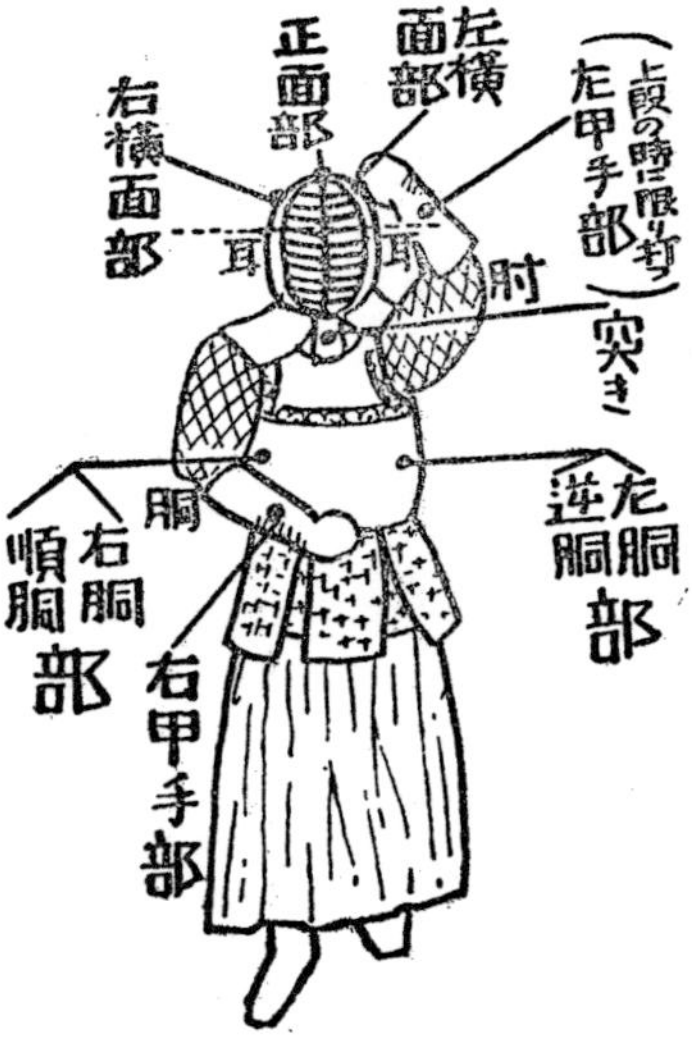

で撃て、體で撃つな心で撃て』と教へてゐるがこれは實に味ふべき金言である。

合的手足體の一致が絶對必要條件であつて古人の言に『手先で撃つな體

第二は撃突する場合の力の入れかたであるが、無暗矢鱈に力を入れてみたとて効果のあるものでなく、往々にして力の入れ方を誤りたる爲めに自分の體構は固くなりすぎ或は體勢は崩れ易く敵を打ち損ずれば直ちに自分の體構の自由を失ふと云ふが如き不樣な結果となり易いものである。

撃突の場合には素より力を入れなければならないが、それが爲めに固くならない樣留意し、丹田に力を籠め、自由であり且つ調つた體勢に柔かく力を加へ、撃突した場合には必ず手元を正しく締めるべきである。

第三は撃突する場合の體勢を正確に保ち兩手の握りは程よく締めなければならない。何故なれば、體勢が崩れるやうでは撃突の正確さは勿論奏効するものでなく、のみならず次の變化に備へることが出來ない爲め其間隙を相手に見破られて乘ぜられる機會を作るやうになるのである。要するに撃突の場合に於ける握りは、内側に絞め氣味に締めることが肝要である。

第四は撃突の場合は眞劍を以て對する時の心持が必要であつて只撃ちさへすればよいと

か當てさへすればよいとか云ふ氣持は絶對に避けなければならない。これは動もすれば平撃或は鎬の部で撃つたり、刀を斜にして上から乘せるやうに打つたりすることがあるから能く注意して眞劍の刄部で打つ時の心持を忘れてはならない。

第五に撃つ時は、鍔元でなく切先に近い物打ちで打たなければならない。

尙撃突の時に於ける一般的注意として心掛くべきことは、

一、背を伸して腰から前進して行ふこと。

二、兩腕特に左腕を伸すこと。

三、胸を張り下腹部に充分力を入れてゐること。

四、左足で右足を押出すやうにして迅速に前進し左、足尖が外方に向かぬこと。

五、左拳は如何なる業を施すにもなるべく自己の正中面より他方に移動せざること。

六、撃突の場合は其撃突の場所にのみ注目せざること。

七、兩手撃突の後に片手を離さぬよう特に注意すること。

八、撃突後後を向き或は横見をせず眼は常に敵の動作に注ぎて殘心を示すこと。

九、撃突の瞬時は全身に力と氣魄を籠め直ちに拔き刀を構へること。

一〇、心氣力の一致を忘れぬこと。

一一、發聲は最も元氣に肺腑より出すこと。

第九節　構方詳解

一、青眼構

青眼構は星眼又は精眼とも云ひ又自然體とも云ふ。此の構へは柄の端を腹部中心に置き右手は自然に支へ、刀尖を敵の胃尾に付けたる身構へを云ふ。此構へを骨子として各構へに變じ千變萬化の業となるのである。

二、平青眼

平とは青眼構の右手を稍々外へ返し刀を斜に刀刃を平としたる構へである。

三、右青眼

右小刀を斜とした構へである。

四、左青眼

左小刀を斜として構へたるを云ふのである。

五、中　段

中段とは上段下段に對して言ふ構へであつて青眼構の右手を稍々下に落し柄の端と刀尖とを並行水平にしたる構へを云ふのである。

六、下　段

竹刀の切先を、敵手の臍下に着けて構へたるを云ふ。

七、左片手上段

竹刀の端を左手のみに執り、頭の上に冠り、柄頭を前に刀尖を後に、刀形四十五度の傾斜とし、右手は胴の所に身構へるのである。右手は時に柄に添へて突きを防ぐの要意とする構へもある。

八、右片手上段

前と反對に右手のみに執りて左手を離し、要領左片手上段と同一にしたる構へである。

九、諸手上段

青眼構の儘竹刀を雙手にて頭の中央に冠り柄元を前に左手を前額上に定め、右手は額上に切先を後に四十五度の傾斜として構へるのである。

十、右諸手上段

諸手上段と要領同一なるを云ふ。

十一、左諸手上段　兩手は諸手上段と同じく左足を前に踏出したる姿勢を左上段と云ふ。

十二、相對構詳解

1. 相下段
2. 相中段
3. 相上段
4. 相青眼

彼我同一の構へを言ふのである。

第十節　竹刀の握り方及運動法

第一　握り方正法

兩手の握り方は手の内と云ひ、一局部の要領に屬すれ共、此握り方は如何に全體の安定或は業を正確に施すか否かと云ふ重大な問題であり從つて密接な關係を持つものである。故に若し握り方が惡ければ全體の正確さを亂し、太刀筋を惡くして業は伸びず、從つて不確實なる擊突となるのである。故に手の內握り方には强く握る時、或は弛めて握る等絕へず自由に臨機應變して正確な業を施すやう心掛けねばならないものである。握り方の要領は小指、藥指を主として絞め其他は自然に添ふて力を一つとするを弛めて握ると云ふ。これと反對に同時に兩手に力を平均に入れて握るを强く握ると云ひ、此二つの握りを自由にすることを握力の强弱自由と云ふのである。此の自由によつて微妙なる竹刀の捌きとなり正しく業を施し得るものである故、構へたる時は肩を落し、手先きを絞め恰も手拭を絞る時のやうにするのであつて後の圖に示す如く手の平に斜に柄を當て、兩指に力を入れて握つた拇指と人指との股に『ツル』の直線の處を當て小指より絞めるのである。此絞め方を自然の弛みにして充分なる手の內と云ふのである。初心者の握り方は概ね俗に云ふ糞握りとなりて徒に固く握り弛み更になく、爲に兩腕のみに力凝りて自由を失ひ、早く疲勞し、隨つて太刀捌きが自由に出來ぬと云ふ様になるのである。故に强弱緩急の宜しきを練習することが肝要である。

第二　指の矯正

構の手を伸ばす時は力が弱くなり、右手を屈折する時は兩腕は凝りて竹刀の自由を束縛す、又左手を平にする時は逆手となりて全力を不正確とするのである。竹刀は全指の絞め方を完全にせざれば正確とならざるものにして、隨つて業を崩すことになるものである。加ふるに此不正確は姿勢を悪くし逆手の活動となつて見苦しきものとなる。右も左も共に合致を要するものであつて此の一致を缺けば太刀は外に流れて自然突擊を誤ると云ふ事になるものであれば、全指の絞め方には極めて細心の注意を拂ひ、練習を積みて之を確實にせねばならない。絞め方の要領は既に詳述せるが如きものなるも習癖矯正の方法は尙左に示して讀者の正確を期するに便せん。左手は體前臍下より稍々離して定め屈曲の狀態とす。其の拳即ち握りは臍下の處に定め手頸を內に入れ指を絞めるのである。(臍下を離れる事凡そ三四寸餘）右手は胸部に伸し保持したる刀尖を敵の胃尾に付け、柄を輕く握るのである。

握り方圖解

柄を握りたる右手は自然に伸ばし弓張の形狀とするのである、此の兩指の握り絞めにより兩手の力の平均はとれ、屈折は自然自由となるのである。故に兩手は正しく活動する事を得て、竹刀は正確になるのである。

説　明　小指より藥指と順次他の指に力を與へ手頸を稍々內に入れて指を絞め左手の握りは臍部の位置にて四五寸離して定め右手を腹部の高さに定め手頸を內に入れ左

指と同じ様に絞めて握るのである。

此の時は伸ばさず自然の弛みをとるのである。或は、半圓に働かす時手の方向の一致と握りが平均の力にならねばならぬことである。特に注意することは此握り方にて眞直に左右斜にならぬことである。最初は右手を下に左手を上に全く反對の方向となり或は右に力を入れ、左に力なく平均力を失ふのである。故に竹刀を動かす時は正確を失ひ突擊の際の業を不確實とするのである。正確となる様に兩手を正しくすることに力むべきである。

第三　兩手運動の順序

兩手運動は突擊する準備運動にして、手の內即ち握り方及肘肩等を正確にし且運動を速かに双筋を正しくするのである。運動の順序を左の如くして把手を自由に柔らかくするのである。

1. 眞直運動、
頭上より前方に眞直に正面を打つ運動
2. 左斜面運動

頭上より左斜面を打つ運動。

3. 右斜面運動

頭上より右斜面を打つ運動。

4. 左右回轉運動

頭上より兩手の手頸肘を左右の斜に返し腹部の處にて刀を水平とし胴を打つ運動。

5. 前伸運動

青眼より體の前に倒れるまで兩手を伸張して突きの運動。

以上の運動は竹刀を把りて構へより行ひ、兩手の運動のみとす。團體的號令にて行ふ時は眞直、左斜、と簡單に號令を掛け一齊に行はしむるのである。

第十一節　兩足踏込み方及運動法

男は足先が稍々外輪に向つて踏み歩くを常とす。

而して歩行は踵を中心に趾先より一直線上に並行して交互に歩むのである。

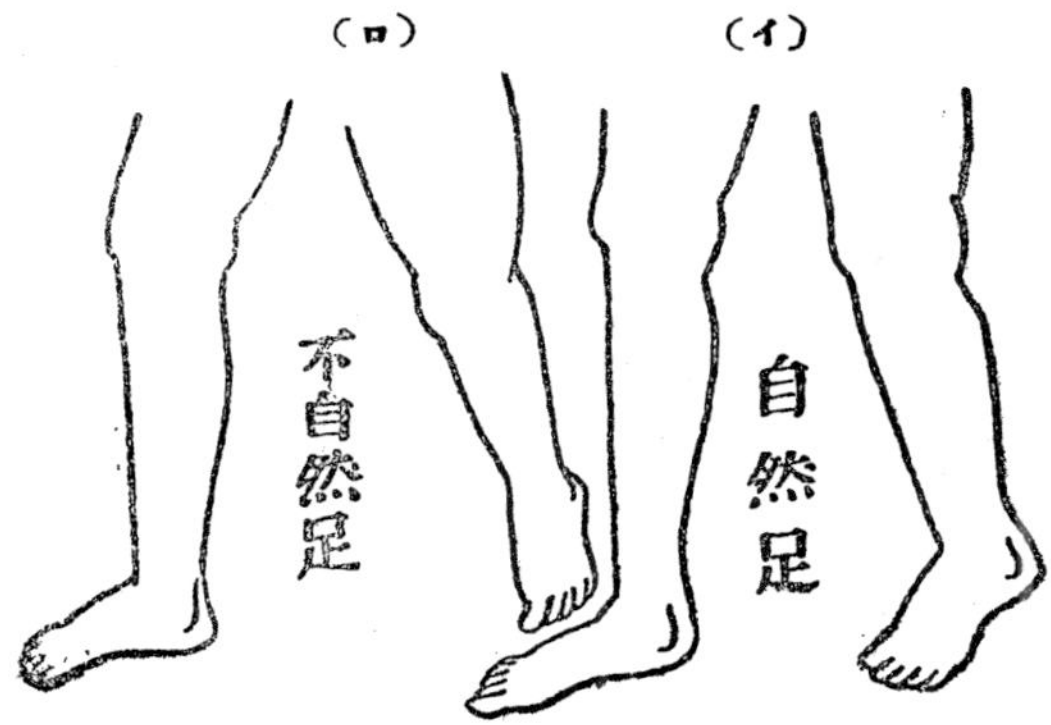

無論劍術の動作に於ても歩み方に於て其自然を失つてはならないものであつて、自然の歩行による足踏みを誤れば虚體となり弱體となつて敏速を缺くは勿論其上敵に乘ぜられる機會を與へるやうになるものである。故に足踏みは自然を失はず一直線上に並行して踏むべきものであつて此體形を强體と云ひ、進退は自由にして迅速、從つて業も正則となるのである。進む時に右足を强く踏み其足に體の重量を乘せる事は左足の力を失ひて後に彈ね或は一つ處を踏む事が出來ず故に完全なる進行が出來ぬ爲、右足に力を偏して左足を橫に流し全體を崩すと云ふ樣になる故に常に追足にて進退し追足を充分に練習して、一足に偏する事なく、兩

足は身體に平均の運動を促進し完全とする事が肝要である。

一、自然足と不自然足

自然足とは普通歩行する時、右足を出し、左足は前方に送らんとして踵を上げた狀態を自然足と云ふのである。足先は稍々外に向けて歩行するので之れを眞直にしたり、或は内に入れて形を作るは、不自然となるのである。（ロ）に示したる如く左足先を横に向けるは著しく自然を害するので、姿勢が曲り、構へを崩し、突擊の正確を誤り、足裏に豆が出來るのである。故に直立不動體より、右足を一歩踏み出し、左足は踵を浮かべ、右足の趾先と同一方向として、輕く之に力を入れ、全體の重心を兩足にて輕く支へるのである。即ち（イ）の如くす。

足運び即ち追足は最初足幅を廣くする時は、進退の時、左足が横に向いたり、右足に左足が送れず爲めに體が曲つたりよろめいたりするのである。故に足幅を狹くして、重心を支へ膝の弛みにより足先より運行するのである。

二、練習の順序

1. 進　め　右足より左足を直前に追足。
2. 退　れ　左足より右足を直後に退足。
3. 右斜に進め　右足より左足へ送る。
4. 左斜に進め　右足より左足を送る。
5. 右横に送れ　右足より左足を送る。
6. 左横に送れ　左足より右足を送る。
7. 左斜に退れ　左足より右足を退足。
8. 右斜に退れ　右足を横に出し左足を其足の後に引く

以上進退の要領を充分に慣し後、左右斜又は横の變足を練習し兩足を自由とするのである。

三、足踏八方向及詳解

一は進行(追足)　二は退れ(退足)斜の前後。

左右は追足と退足、送り足の六方向である。前後左右斜の四方を合せて八方向となり之を足踏八則と云ふのである。此の八則に追足、退足、送り足に運行するを順足と云ひ、人自然に活動する足の運行法である。全體の活動をして順正に自由自在とするのである。

第十二節　手脚一致練習の要領

一、進退して正面を打つこと。一歩右足より左足と進んで上段より正面を左足より退りつゝ上段より正面を打つ、手脚は力を入れず輕く、右手は肩と水平の處にて止めるのである。此の要領を數回行ふのである。

二、斜面を打つこと。構への足を横一文字に右に寄せ左斜面を上段より打ち、左に足を寄せて右斜面を打つ、前と同じく手は肩にて止め手脚を輕くす。此の要領を數回行ふのである。

以上の要領を繼續して手脚が同時に動く様に務めるのである。所謂基本準備の運動で手と足の一致運動を爲さしめる簡單なものである。團體練習の場合は『正面を打て』『斜面を打て』と號令して一齊に此の要領を練習せしめるのである。

第十三節　打ち込み練習の要領

一、要　領　打ち込みは竹刀の捌きをよくし、四肢の一致、全體の自由及び刄筋を正確とするのである。手脚一致し全體正確となりて確實なる打ち込みをなすのである。其要領を最初は緩除に練習し、自然捷徑とするのである。

二、打ち込み練習の要領　（一名切り返し）

構へより上段となり、正面を前進して打つ。其位置にて右より左の斜面を上段より數回打つ。斜面打ち込みは、相手が退れば進み、進めば退り、足は前後追足し又兩手は頭上より斜に返し、刄筋及上體を正しくして打つ。之れを體の勞れる迄連續して練習するのである。練習する時打ち込むと同時にヤー、エーとか又は面、面、と下腹より力を入れ大きな聲を掛けるのである。又上段より左右の打ち込みは同一の力と返しになすこと。

三、素振り練習の要領

正構の刀を充分頭上に冠れば即ち上段となる。上段となると同時に足を左足より右足と退足にて一歩引く、上段の手を充分伸ばして、正面を斬撃すると同時に、右足より左足を追足にて一歩進行す、此の要領を體の勞れる迄連續的に繰返して練習するのである。全體一致の獨習法とも云ふべきである。此練習によりて手脚一致し、正面斬撃を正確とするものにして、即ち斬撃を正確にする基礎の練習である。

發聲は一、二、又はヤー、ヱーと聲を掛けるのである。

四、體當りの要領

正面及斜面を斬撃する打込みの間正面を打ち充分伸びたる時兩手を我體の腹部に引寄せ刀の斜堅立とし息を整へ、充分追行すると共に敵體の中央を目標とし、下腹の處に全力を與へて兩手を下より上に伸ばしつゝ全體で當るのである。之れ體當りの要領である。兩手を伸ばして面金を押し、或は頭部を出して敵の胸部にぶつけるのではないのである。下腹部の力により手脚平均の力とし、敵の腹部を目標として當ることに注意せねばならぬ。體當りを外されたる時は、外されたる儘前に出でたる足にて踏切り其の足を軸として體を後に返し、前の要領にて體當りを繼續する事を練習するのである。此面斬撃體當りの要領を數回勞れる迄練習するのである。打ち込み體當りは四肢の自由全體を固め、且元氣を養ふものなれば、充分に練習する事が肝要である。練習する時は面斬擊と共にメーンと發聲し、同時に下腹に息を整へつゝ無聲にて充分體當りをするのである。以上の練習によつて正しい構へ、正しい構刀の變化或は動作の練習をなし初めて間隙なく敵の虛に乘じ、或は敵に應ずる事が出來るのである。若し手脚の正確を誤れば正しい構へを失ひ、構刀變化し突擊正確とならぬ。又變化より突擊に間を生じ、其働きは敵に察知され、又充分の移りを失ひ弛みて間隙を生ずるものである。構へや變刀の正しきものは、心身一致して自然の正法を斷行するので、即ち打ち込み練習は自然を知悉し活動をすると云ふことになるのである。

元來人の體は、氣の充つる時は非常な抵抗力のあるもので、相手から打たれても受ける力の强いものである、故に受け身の强いのは攻擊と共に應ずる力が强いのである。即ち手脚體の一致は、一心彼を熟視し、其の動靜を凝視する時は精神の統一と共に機敏に隨つて活動するものである。身體に形を習ひて後、氣分を以て其の形を使ひ、身體に竹刀は自分の心により自由とすることの出來るのは修行の順序として打込みを充分に練習すべきことである。業は上手であるが自分より以下の者に負けることは、心に勝敗あり又敵の動靜に奪はれるからで、即ち心不統一の爲めに妙を缺くから惡い結果となるのと同じことで心に油斷がなくとも身體が自由でなければ立派な心も如何ともすることが出來ぬのである。斯樣に身體の自由業を知らぬ人は、唯に劍術の奧儀を會得すること能はざる計りでなく何事も爲し得ざるのである。身體の抵抗力の强いと云ふことも心の强い時である。氣弛めば身體弱く、身體勞るれば氣又弛緩して居る。況んや身體の自由でない人や、勝負に拘泥した り相手の業に氣を奪はれて居る人は、藁人形と同じものとなり、自然の抵抗力を失ふて居るのである。故に修行と云ふも最初は打込みより正しい構へ、正しい變刀或は業を秩序的に合理的に練習して心身一致の境に入るべきである。

余の多年の修行の實驗には、練習して居る時は其の人の性格も善惡の精神が判然として手にとる如く解る。精神氣質が一劍の上身體に顯はれることを想像すれば、身體の力は精神であると確信する。最初は形に心を奪はれ心を左右にされて居るが練習の結果は心の形となるのであると思ふ。能く初心者より耳にすることであるが、先生と練習する時は僅かにして咽喉が乾き、足は浮かび、身體綿の如く勞ると、又先生に願ふ時は氣合はず一時に身體勞れると云ふ。前者は身體自由でない爲己れの業に氣を奪はれて身體疲勞を覺える時にして、後者は心身一致せず相手の心と業上差違がある。即ち自己と相手との心に隔たりがある、心が進んで居らぬのである。精神が相手の域に達して居らざるが爲めに自然氣一致せざるのである。故に劍道の作法や業を取り入れ日々努力し眞面目に續けて肉體を强健にし快活なる氣分を養ふべきである。

斯の如く自己身體の自由と業を修行して行くことは自己の目的を達成する强固なる精神を養成すると云ふことになるのである。武道の鍛錬は延いては我が國民の一大事となるのである。即ち我國一朝有事に際しては、國家の爲めには、私財を投じ、身命を犧牲にして國の爲めに盡す、全く國民共力一致して行くのである。之れが大和魂と云ひ尊い日本國民性である。術によりて心身を養成するは、取も直さず常に此眞劍味の精神を養ひ國民一致の精神を涵養するのである。事業の如く、政治の如く、各々自己の爲め、自黨の爲めの共力でなく、眞に國家的正義觀の一致で武道精神である。自己を忘れ自黨なく全く正義觀の爲めに活動する强い精神にある。人として之れ程美しいものはなく、之れ程强い力はないのであると確信する。机上の劍術、理窟の劍道、情實の武道は吹けば飛ぶ。此の精神、一貫する武道の練習でなければならぬのである。今日の中學校正科となりしも恐らく此の精神修養の上に決定したことであると信ずるのである。

第三章　基本練習法

第一節　基本動作法

第一　神殿禮式

第一圖　相互の距離十尺內外の間を取り、圖の如く神殿に對して禮を行ふのである。禮を行ふ時は、謹嚴の態度にあらねばならぬ。禮終り更に第二圖に移り、相互對向するのである。

第一　神殿禮式

此の禮式は練習試合の前後に於て必ず行ふのである。

第二　提刀姿勢及對向

第一說明　尙對抗神殿禮式は道場の廣狹によりて距離を定むるものなれば道場の廣狹に應じ位置を定め神殿に向ひ神殿を注目して默禮をするのである。更に相手の間八尺の距離に進みて相互の禮を行ひ拔け刀に移るのである。

（次の圖解及說明を參照すべし）

神殿禮は普通練習掛り稽古の場合は各自行ひ、互格練習又は試合の場合は相互同一に行ふのである。

第二說明　相互距離は七八尺の間を取り、圖の如く提刀姿勢にて對向するのである。

第三　相互の禮式

第三說明　對向姿勢より互に圖の如く頭を僅かに下げ默禮を交換するのである。

此の相互の禮は練習及試合每に始終行ふのである。

第四 抜け刀（其一）

第四説明 禮終り、相互右手にて圖の如く提刀姿勢にて、柄元を握るのである。握りたる刀は上に抜く心持にて頭上に抜きつゝ上げ次の圖に移るのである。

抜け刀（其二）

説　明　左手を弛め圖の如く右手にて頭上に刀を抜く。普通練習には抜きつゝ蹲踞して刀を合はし、團體練習の時は抜け刀より右足を出して直ちに構へとなり練習に移るのである。抜け刀は第一第二の要領を落ち着きて行ふのである。

拔け刀（其三）

説　明　右足を稍々前に出し左足を寄せ、刀を前に蹲踞しつゝ左手にて柄元を握り、青眼構の如く刀を定め、蹲踞姿勢を正しくするのである。

蹲踞姿勢は兩踵の上に臀部を乘せ、兩膝頭を充分左右に開き、下腹部に力を與へて上體を正しく圖の如くするのである。

第五　對向間合

說　明　刀を拔き合せたる儘直立し、右足を前に出して青眼の構となる。此の間合は打ち突き攻守を練習する間合即ち相互の距離である。

第六　青眼構

説明　青眼の構へは防守、攻擊、刺突の業を練習する體勢である。此構を正しくする時は、氣分も一致し充分活動の出來る體である。構へは、右手を前に伸し手頸を内に絞め、左手は下腹部臍下より稍々離し、其手頸を内へ絞め上體の右を稍々前に出し竹刀を保持するのである。兩足は普通歩行する時の間隔を取り、右

足を前に左足は其儘稍々踵を上げて方向を同一にし、全體を支へ、構へ自然の姿勢を保つのである。手足及上體を右斜とするは正しき姿勢を作るのである。此體勢により竹刀を自由に使ひ、手脚の調和は構へを正確とするのみならず活動を捷徑とし業を正確とするのである。

青眼刀と其刀尖

1. 刀　尖

遠く離れたる時は第七圖の敵の左眼下胃尾に着ける。接近したる時は刀尖を其の眼に着けるのである。

2. 刀の効用

刀は刀尖にて攻め及び突き機先を制し物打ちにて斬撃するのである。刀柄にては敵の體當りを防ぐのである。中段の構へとは青眼構より竹刀を水平とし、刀尖を敵の腹部に着けたる構へを云ふ。此構へは人體の中心に刀尖を付けたる構へにして、攻める力でありて突撃の體勢である。殊に青眼より下段に變化したる瞬時は竹刀に反動力があり、突撃に移り易いのである。又下段に變化する時敵の進む氣を制し、或は敵氣を外し、對戰に尤も有利

なる構へである。所謂、挑戰、應戰、攻撃、防守の力ある體勢である、此構へより面及甲手

第七　中段構

或は諸手突きに連續練習に移るものである。

第八　上段構

說明　上段構は青眼より變化した構へで一刀兩斷と云ふ元氣に充溢し何物も裁斷すると云ふ意氣衝天の構へである。青眼より頭上に手を擧げ竹刀を四十五度の傾斜に冠りたる體勢である。

此構へより斬撃するは竹刀筋を正しく使ひて業を正確とし、兩足の踏込みを捷徑にして、全體一致一糸亂れざる强體である。

第二節

基本突撃法

（寫眞說明指導）

第一要領。說明　青眼の構へより左手を前額上に右手を頭上に擧げ上段となる後次の圖の打ち方に移るのである。

第一　正面の打方（其一）

正面の打方（其二）

第二要領。説明　上段より、兩手は肘より下に充分伸ばし右肩を稍々前に出し、竹刀を眞直に下し直前追足と共に正面を打つのである。正面の打方は斬撃練習の第一歩である。

又面の打方を充分練習して手足の活動、竹刀の正確を計れば他の業をも正確に行ふことは容易となるのである。

1. 附記　倘打方に就いての注意は足踏を右足より左足と追足にて板の間を輕く摺り込み數歩進む事を慣らす、右手は自己の肩と水平に左手は胸部水月に止めるのである。此時下腹部に力を與へ上體を正確にするのである。而して眞直に下して打つた竹刀は刀尖より中結の處、刀ツルを上にしたる物打ちにて打つのである。打つた時は殘心と謂ひて其狀態の儘滿身の體力を弛めず、尙一本を打たんとする氣分を失はぬ樣にするのである。斯の如く正確に打ち後元の靑眼に復するのである。余は打ち方に止手を敎へて居るが、止手とは以上述べた殘心狀態を云ふので、手足の力を强くし業を正確にする間寸時も氣の弛みなく緊張せる狀態を云ふのである。

2. 突擊練習の概要

一、正面の打ち方　二、伸び面　三、左右諸手斜面

四、甲手の打ち方　五、左右胴　六、諸手突き　以上

第三要領。 上段より兩手を體の左斜に返して前方に伸ばし相手の右横面を打ち下すのである。橫面は耳を打つにあらず、耳の上の橫鬢を打つのである。

說明 上段より肘及兩拳を靜かに下し左斜に返し、握りを絞め追足と共に相手の右面を打つのである。

第二　横面の打方

右面を打つ時は、左面を打つより力が這入らぬのである。上段より兩手の返りが不充分であるからである左斜面と同一の力を以て斬撃することが肝要である。

第三　左横面の打方

第四要領

上段より両手を右斜筋に返して前方に伸ばし左横面を打つのである。

説　明　甲手の打方は青眼の刀合ひより稍々剣尖を上げ握りを下へ絞め、肘を眞直に伸ばし追足と共に甲手を打つのである。

第圖　甲手の打ち方

第五要領。說明

青眼より右手を眞直に顏面の高さとし竹刀を下して甲手を打つ。又中段より摺り上げて甲手を打つ事をも交へて練習すべし。

最初は第一の要領にて打つ事を慣し、後中段より打つ事を練習するのである。

第六要領。說明

青眼構より兩手を輕く內方に絞め劍尖を稍々下げ、上に前伸し同時に兩足の進出と共に、敵の咽喉を突くのである。

第五　諸手突きの突き方

附記　突き方概要

A　表諸手突き、構へた刀の上に乗じて突く。

B　裏諸手突き、構へた右側面反對より突く。

尙突き方には左の方法もある。

C　送り突き、中段より竹刀を投げる如く突く。

D　利生突き、起り頭諸手にて突く

E　片手突き、左手一手にて竹刀の左右側面より突く。

F　突進三法、一、起り頭　二、受け止めた時。

第六　右胴の打ち方

三、業の盡きたる處

以上を突進の三法と云ふ。

第七要領。説明　靑眼より稍々劍尖を下げ、握りを内に絞め、兩手を上に充分伸ばし、劍尖にて、相手の咽喉、即ち突垂の中央を追足と共に突くのである。

第八要領。説明　靑眼構より右手を顏面の高さに擧げ、右手は肘より手先を返し、左手は柄に添へ腹部に定め竹刀を斜として、敵の右胴を打つのである。

第九要領。説明　青眼構より右手を顔面の高さに擧げ兩手に半圓を作りて、太刀筋を正しく返して上圖の如く打つのである。

注　意(打方の種類)

1. 順胴(右胴)　2. 逆胴(左胴)　3. 抜き胴　4. 引き胴。以上基本練習に刺擊したる後、直ちに手を體に引くは、體は前方に屈し姿勢が崩れて正確を失ふが故に、圖に示したる狀態を保ち其姿勢を崩さゞる事に留意せらる可し。

第七　左胴の打ち方

第三節　防拂の說明と基本練習

第一　甲手の防ぎ方

第一要領

靑眼の手頸を稍々外方に返して出し、圖の如く刀尖を上げ刀尖に半圓を畫き敵刀を摺り拂ひ防ぐのである。

防ぎたる後は直ちに靑眼に復するのである。

突き及び面の防ぎの要領も甲手と同じ要領である。

一、防ぎの要領

青眼刀を圖の如く上げ敵の面の刀を防ぎ刀尖に半圓を作りて拂ふので、即ち防ぎより下部に刀を拂へば、敵刀を全く防拂して其の刀を崩すのである。

說明 青眼の兩手は肘關節を屈曲し、刀を上に斜として其の刀腹にて、相手の甲手面斬擊の竹刀を防ぐのである。此の狀態より兩手を下部に下し、竹刀に半徑を畫きて青眼に復する時は防ぎたる刀を拂ふことが出來るのである。

二、胴防ぎの要領

青眼の刀を横側に出し、其の刀腹にて防ぐ方法もある。刀を打ち落して防ぐも同一の效果がある。

注意 右手は充分に伸せば決して肘を打たれることがなく、縮める時打たれるのである。

三、左胴防ぎの要領

逆胴を受けるには體の左側面に兩手を伸ばし刀腹又は中柄にて防ぐのである。又右胴と同じ要領にて左に行ふのである。

第二　胴の防ぎ方

説明　相手の胴を防ぎたる圖である。胴を打ち來る時圖の如く青眼の右手を稍々下に竹刀を斜として其の刀腹にて、相手の刀を防ぐのである。

突きの防ぎも此の要領にて刀腹に半圓を作りて左右に防ぐのである。

附記

防禦の効果に就いて

防ぎて刀を拂ふた場合、力の拔けるものである。力拔けたる瞬時は、應ずる力を失ふのである。故に防禦したる刹那突擊する隙は充分ある。防禦法を確實とせば自ら刹那に突擊し得らるゝのである。

第四節　突擊連續の練習

一、順刀七法

1. 甲手より面を打て（甲手を打ちたる反動力にて面を進んで打つ）
2. 甲手より（諸手）突け（進んで突く）
3. 正面より右胴を打て（進んで打て）
4. 甲手より正面右胴を打て
5. 甲手より突き正面を打て
6. 甲手、甲手、面、面を打て
7. 突き、突き、面、面を打て

二、要　領

甲手を打ちたる反動力により刹那に面を續けて打つのである。甲手を打ち靑眼の構へに復し、更に面を打つのではなく連續的に練習するのである。

試合等にて敵の受ける餘地なく、捷く刺擊出來る樣になる練習が必要である。全體を輕く業を自由に施す事が出來れば、氣分に滯る處なく心氣力一致の活動となり、自分の思ふ通りの業を施し得て、玆に趣味を喚起し上達もするのである。

練習する人が更に進まぬと云ふ事は、無暗に叩き合ふからで、自ら氣に凝り身體も腕も足も固まつて勞れ、遂には勇氣も消滅し怖れを生ずるからで、全く工夫も趣味も味はふ事が出來ず、練習を嫌ふと云ふ事になるのである。之れ初心者の實際に多い例である。故に連續練習を合理的に體驗し、全身を正確にし且圓滿なる活動に注意し、其氣を練つて心氣一致の眞諦に徹底すべきである。何人も上述の如く練習して、不知不識の間に自分の全身全體を想ふ樣に活動せしめらるゝ樣に連續の練習に留意せられ、進歩向上を望んで止まない次第である。

三、圖　解（甲手より面を打て）

要　領　練習者は青眼より中段となり攻勢を取るのである。

次に中段より進みて甲手を打つ。

教官は構へを開きて甲手を打たすのである。

練習者は甲手を打ちたる反動力と共に全體を進めて充分伸び、正面を打つ。

教官は一歩退り竹刀を下段として面を打たせるのである。

甲手よりの面打方（其一）

甲手面の要領に倣ひ、最初打ち或は突きたる反動にて、次ぎの業を刹那に施す事を練習

甲手より面の打方（其二）

するのである。

尙基本練習は團體教養の場合は體操的に防具を附着せず、以上の要領を一、二の擧動にて練習せしむ。防具を着けたる場合は二列橫隊となり相向き合ひ充分に正確なる突擊をなし向上發達を期す可きである。

甲手より面の打方（其三）

説　明

青眼より稍々劍尖を下げ、中段となり、摺り上げて甲手を打ち、寫眞其三に移るのである。寫眞其二の甲手打ちは甲手より劍尖の離れて居るのは、打ちたる力の反動である。即ち其反動力によりて面に伸びるので、其刹那の狀態である。

說明　甲手打ちより圖の如く間髪に全體伸びて面を打つのである。

連續業は打ちた反動、突いた反動力によりて兩手は直ちに次ぎの業に移るので、寫眞は力の移り即ち甲手より面を打ちたる圖で總て連續は之れに準じ反動力により練習するのである。

甲手より面の打方（其四）

注意

號令は一般體操に用ひられて居るものとす。「集まれ」、「氣を付け」、「展開」、其他の要領は省略す。但し「止め」、「休め」は、體操の號令と異るを以て必要の號令左に記す。

1. 氣を付け　は提刀姿勢にて全體を整へ、一糸亂れざる態度。

2. 初　め　となるのである。

3. 止　め　運動中其運動を止め靑眼構にて姿勢を正し、氣力の緊張を其儘に構へを崩さゞるのである。

4. 休　め　提刀姿勢の時は足を稍々崩し體を緩やかにし、運動を止めたる時は、靑眼を下段として足休を稍々緩やかにするのである。竹刀を板の間に付け或は杖となすこと等は嚴禁である。

第四章　試　合　法

第一節　試合の目的と眞價

試合とはこれを一言にして云へば、對向せる相互の力と力を試めし其の優劣によりて勝負を決定するものである。而して試合は平常の腕前、即ち日夜勉勵百錬の鐵と化せし自己の肉體、自己の精神、自己の業を、遺憾なく全力を傾注して之を實地に試めすのである。即ち自由に、充分に思ふ存分腕のある限り體力の續く限り、覇氣に終始して試めすのである。

元來試合なるものは前述の如く、二人以上の對抗的競技なるものなる故其の必然的結果として、勝負となり、随がつて勝負を競ふものなることは明かなれども、試合の眞目的は必ずしも形而上の勝敗にあらず、寧ろ形而下に眞意の存在することに充分注意すべきである。即ち勝利者必ずしも優者たらず、敗者必ずしも劣者たらざる所以である。

試合に臨みて我れ勝利者となり、燦として頭上に輝く月桂冠に、勝者としての喜び、强き清純なる誇りに生きたきは何人と雖も願はしきことではあり、勝つべくして勝ちたるにあらざれば、其の勝ちたるや眞の勝ちたらず、其の誇りたるや憐れむべくして寧ろ自己を悲慘に導く惡鬼の跳躍となるのである。

勝とは何ぞや、即ち正々堂々の陣を張り、自己の眞價を充分に發揮し、道に照らして何等恥ずべきことなく、威風神技彼れに君臨してこそ、彼れを壓倒し、我れ眞の優者となり勝者となるのである。故に業は、敵を制するの一手段として、充分なる威力あるものなりと雖も、これに拘泥せず、眞個の自我を喚起し、業の活用を充分に且つ自由たらしむべく心掛くべきものである。

試合の目的は叙上の如き精神に立脚し、自己の體力、氣力を傾注して充分に業を振ひ、

或ひは又、自己の業、自己の氣分の正否を確認し、其の足らざるを補ひ、又對者及び其の

長所を悟り、これを研究體得して自己の向上、業の進歩を計るにあるのである。

平素の練習は、概ね内輪同志に行ふを以て、往々にして型に墮し、稽古は比較的眞劍味を缺くを以て、自己の正否を知ること至難となり、相手の正確なる打ち込みに對しても、兎角薄いとか、足らぬとか云ひて單純なる勝敗に囚はれ、氣に弛みを生じて我儘となり、業の向上は勿論、人格的にも墮落の止むなきに至るものである。又平素の稽古は、互に正確なる攻防を期する爲めならんも、徒らに道具外れとなる打撃を憂慮し、爲めに充分なる打ち込みを避け、自然自墮落に馴致し、力一杯に心氣力を傾注して腕を伸ばすことが出來ない

様な有様である。

何業を習得するにも、其の道に對する刺戟は必要なるものにして、此の刺戟なくんば其の何たるを問はず現狀維持より退步への道程を辿り、果ては滅亡の止むなきに至るは史實の明かに物語れる所にして、刺戟の有無、或は濃淡の度は直ちに、それ自身の運命を決定的のものたらしむるに充分なるものである。

往古より武道の修行は、此の刺戟を他流試合に求め、其の實戰的練磨、即ち眞劍味は溢れ、往々其の試合は眞劍相交はる下に腕を試めし、膽を練り、切實身を切る他流の刺戟によりて、自己の悟るべきを悟り、惡を捨て善を採り、業の玄妙を完成して、武士道の打成へと精進したのである。

前述の如く試合は其の性質上、勝負の點を鮮明にする爲め、稍々もせば弛緩せんとする心氣を引き締め、鞭撻し、活動意識を旺盛ならしむるを以て、一大勇猛奮發努力の氣風は惹起され、敗慘の憂き目より脫出せんとする信念は、意氣自ら壯となり、敗れて一層努力せる精神を昂進せしむるものである。

剣道の練磨は平日に於ても絶へず試合に臨むが如き緊張を以てなすべきものなれども、前述の如く、今日一般的傾向は、緊張味、眞劍味を缺きて昔日の面影淡く、随がつて稽古は放縱自墮落に流れ勝ちのものである。故に試合によりて緊張味を振起し、氣分の養成に努むべきである。

試合の勝負は、一進一退一上一下、虚に入り實を防ぎ、一瞬時迅雷電擊、其の刀尖にて生死を決するのである。勝負の分れる所、即ち生死の境を劃する障壁にして、我れ斬るか斬られるかの分岐點である。故に斯く考へ來れば、勝負に臨みて大いに自重し、苟も輕率の行動を爲すべきものにあらざるものである。故に平素の練習に於て、此の精神を體得し充分に心技を鍛練すべきものである。即ち氣分を緬め、個性を脫脚して個性に生き、全勢力を擧げて打ち込みを確實に體驗すべきである。

叙上の如く試合は練習に優ること數等にして、一度より二度と、其の度數を重ぬる度に平素の練習にも影響し、油斷なく、果斷、決行、察知、機敏の力强固となり、随つて緻密なる研究心を生じ、應變自在玄妙なる業の理解に努め、又それを實際に體驗することとなるのである。

平素の練習に於て、眞劍味に終始するなれば、試合に臨みても全く勝負を度外視し、無我となりて、自己の有する全力を發揮し得るものである。之に反して平素の練習墮氣に滿ち、或ひは練習の本旨を滅却するなれば、試合に臨みても平素の自我は擡頭し、慾心に迷ひ、氣力を缺き、あまつさへ勝負にのみ拘泥するを以て、遂に其の正を失ひて、爲すべきを爲し得ざるに至るものである。倚一方見方を換へて試合の効果より見れば、試合に伴ふ必然的結果は、慾心と墮性を滅却し、勇敢なる氣象を逆用的に助成するに力あるものである。

凡そ道を學ぶ以上其の何たるを問はず、目的に向つて一路邁進し、邪念惡心を捨てて、眞劍味に終始すべきものにして、これなくんば向上發展なく、悦びも感激も砂上に樓閣を築く如くにして、其の生は醉生夢死、無味乾燥、汚水にわくボウフラにも等しきものとなるのである。

劍道を學ぶは、素より術のみの上達を期するものにあらず、又眞目的にもあらざるは今更論なきことなり。然れども莊嚴なる眞個の劍道精神を把握する迄には、當然業の上達熟練は伴ふものにして、眞に業の玄妙を體得するには又この莊嚴なる精神を充分理解することを要するものである。

試合の目的は以上詳述せるが如き、精神及び業の達成に大なる刺戟向上を求むるものにして、日常鍛錬せし心身の虚飾なき發表をなし、眞個の自我、劍道の練磨完成への最も合理的な手段であるのである。

社會世相は素より善良なるべきものにして、其の公序良俗の爲め我等は盡瘁すべきものなるも、實社會の裏面には、惡の跳梁跋扈するは、各人に善惡二心の爭闘ある如く、否定すべからざる事實である。故に我等は精神を鍛錬すると同時に、護身の用意として劍術を學ぶはまた大いに意義あることと云ふを得べきである。また劍道鍛錬の効果は共同一致の精神となり、社會的强固なる團結の美風を養成し、國家、人類の理想實現の基礎となるものである。即ち劍道試合の目的は、實に茲にあるものにして、單なる個人の勝負は、其の性質上必然的結果にすぎないのである。故に單純なる勝負にのみ囚はれず、一意專心劍道精神の把握に努め、業の向上熟達を圖り、國家社會に對し、奉公の實を盡すべく修養練磨すべきものである。

第二節　劍道と一般競技

一　劍道試合と競技の差異

劍道試合は、今日一般に流行するスポーツなるものの競技と同一なるものにあらず。其の勝負を競ふ點に至り、稍々似たる觀あれども、其の奥行、其の深度に至りては大なる差異のあるものである。即ち前章試合の目的の項に於て詳述せるが如く、劍道の勝負は試合の爲めに必然的に伴ふ結果にすぎないのである。斯る觀察の方法は各人の立場が異り、各種各樣の主觀の下に見解を下すを以つて、多少異論あるはまぬがれざるものなるも、これを歴史的に見、内容の解剖、其の深味を探究するに至りては、何人と雖も、劍道と一般競技は同一の論にあらざるを認むることを得るものなりと信ず。即ち劍道試合の精神は、直ちに武士道に合致するものにして、日本民族固有の精神の象徴である。外來の競技と雖も、各々其の特長あり、又歴史的にも傳統的にも、彼等民族精神の根幹をなしたるものとは云へ、其の精華たる民族心性の對比に至りては、實に雲泥の差異あるものにして、これを歴史的に或は現實的に見るも、敢て個々の例を俟たずとも明かなる事實である。

劍術の殿堂たる劍道は、其の莊嚴なること八面玲瓏たる神の宮域にも比すべく、比類なき歴史と、炳として輝く脉々の生氣は、潺々として神秘の音を罩むる谷川の眞清水の如く懸りては轟々巨岩をも穿つ瀑布となり、蜿蜒伸びて澎湃巨舟を呑吐する大洋の如き氣宇に充實せるものにして、時に臨み機に應じて洗練され、蓄積されて充分なるものとなり炳として輝く一大藝術となつたものである。

劍道試合も單純に解釋すれば、一般競技と同じく、三本勝負、一本勝負と云ふが如き言葉よりして、一種の運動競技なりと斷定するものあるやも知れざれども、劍道試合はしかく單純なるものにあらず。斯る言を弄ぶは劍道の外形に囚はれ、眞意の那邊に存するかを知らざる門外漢の言にして且つ又何等の權威なき見解である。斯る見解は、即ち玉石混淆せる判斷にして、金と眞鍮の區別出來ざる色盲患者に等しきものであると云はざるを得ないのである。故に斯る觀念、斯る自己推斷の下に劍道を學ばんか、實に其の本末を顚倒せるの結果は、幽邃無限なる劍聖の道を體得すること能はざるは勿論、劍聖の反逆者、斯道の冒瀆者たることを免がること能はざるものである。即ち劍道の試合は勇壯果敢、且つ極めて高尚なる人格の上に、正しき德の下に、秩序自から整然として、勝負を決するものである。故に劍道試合は、一般競技と異りて、體育的或ひは勝負を主眼とせるものにあらず、又眩惑的なる外形の美にも囚はれず、醇厚至誠、國民德化の源泉を誘發し、人としての眞意義、社會邦家構成員として、充分なる成果を收め得べき一の馴致手段なのである。

凡そ競技として、巷間に喧傳流行せるもの、皆其の特長を有し、益するところ少しとせず。然れども民族的環境相違の下に生れ來たりたる外來體育競技は、我が大和民族にとりて其の傳統と精華を發揮せしむるに充分なるものと云ふことを得ず、即ち彼れには彼れの歷史傳統或は環境あり、我れに又それ等のもの皆備はるに於てをや。斯る根本的差異を認めず、徒らに體育熱、競技熱或は華やかなる表面のみにて心なき婦女子にも等しき外形の美に惑溺するが如きは、我れに充分ならざるものとは云へ、其の外來競技をも冒瀆するに至るものである。實に劍道精神は、我國民性の根幹をなすものにして、其の莊嚴なること、他の如何なる藝術を以て比較するもこれに及ばず。千古不磨の光明は、燦然として輝く太陽の如く多數藝術の群棲する中に君臨してゐるものである。

二　我國民性と劍道及競技

我が日本民族固有のものにして、世界に其の冠絶せるを誇り得る、日本武士道の精華たる忠孝節義禮智信の七大民族性は、如何なるものに胚胎し、如何なるものに因つて培養されて來たのだらうか。云ふ迄もなく、皇祖神武帝、大和橿原宮に即位の大禮を擧げさせられてより實に二千五百九十年、其の長歲月に涉りて、我等の祖宗は腰間三尺の秋水を帶し所謂『武士の魂』を提げて、莊嚴なる人間打成を試み、歷史と傳統に牢固として動かざる尊い民族中核の性を涵養したものである。これありてこそ帝國の今日は輝き、東亞の盟主人類平和の貢献者として、朝日に輝く靈峰富士の如く、其の氣高き雄姿は中外に聳へ、嚴然として存在の覇を唱へてゐるのである。又幸福なる我等の今日あるは、實に劍道精神の權化たる、武士道の遺憾なき發顯に因りしものなるは、日本人ならずと雖も、充分これを認めざるを得ざる事實である。

斯の如き偉業をなせる祖宗の血を享くる我等日本民族として、帝國のある所以を思ひ、其の將來に思ひを致すなれば、因て來る所の劍道練磨こそ、最も必要にして缺くべからざるものなることを考へざるを得ないのである。以上の如く劍道と國民性の密接不離の關係に想ひを馳するならば、劍道の一部分にも等しき單純なる運動競技に熱中し、あまつさへ其の餘弊に苦しむに至りては愚の骨頂とも云ふべきである。余敢て運動競技に惡意反感を持つものにあらず、寧ろ其の發展隆盛には衷心より賛意を表するものなりと雖も今日の如き本末を顚倒せる方法をもつて臨み、然も民族の誇りを、不知不識の中に滅却しつゝあるに想ひを致せば、如何でか單純なる外來競技に組するを得ん。我が國古來の劍道試合は何處迄も不正邪惡を避け、若し犯すあらば極度に之を擯斥し、敵に對して正々堂々の陣を張り、眞の腕を試めし、眞の膽を試みて、其の間、忠孝節義禮智信の心膽を練ることを骨子としたのである。

劍道の試合は、前述の如く西洋競技とは、其の內容に於て又根本義に於て同一視すべからざるのである。故に劍道精神の莊嚴なるを無視し、徒らに時代精神に迎合して、一般的競技化するは、劍道の眞價を損ふのみならず、有史以來燦然たる光輝を放つ民族性を墮落に導くものである。

要するに劍道試合を、一種の運動競技、又は劍道を生活の一手段としての單なる技術の如く考へるは餘りに淺ましき極みにして、斯く云ふ其の人の人格迄疑はしきものとなるのである。要するに一般競技精神と、劍道の眞意とは、其の幅其の奧行きに於て大なる差のあるものにして、我等徒らに傳統を固執し、舊に偏せるにあらざるものである。即ち舊きもの必ず惡ならず、新らしきもの又必ず善ならざるものにして、然かも其の劍道精神に至りては、他の何物を以てするも其の追隨を許さず、其の莊嚴なる一大精神藝術たる點につきても他の如何なる藝術を以てこれに比するも、斷然頭地を拔き、燦然たる光輝を放つものなることは余輩の固く信じ、且つ又斷言するも憚らざるものである。

第三節　試合と氣分

試合に於ては各々の意氣もあり又各々得意とする業あり、又個性によりて、臨機の處置をとらねばならないのである。然れども試合に於て、個性のみに自己を奪はるれば、徒らに緊張に過ぎ、或ひは氣焦りて平素の業を充分に施すことは出來ないものである。即ち個性には多分に慾心が包藏され居るを以て、慾心の爲めに業を失ひ、或は氣を奪はれ、恐怖焦燥となりて不覺の結果となるのである。

玆に余の實地體驗に基く試合に於ける氣分を詳述し、諸賢の參考に供せん。

相互構へて、氣の合する瞬時、中段とか或は他の構へに變化すれば、相手の視線は我が變化の刀に集り、或は彼れの全魂統一を缺くを以て、何等の處置を施すこと能はず、却て我れの刺擊美事に極まるのである。

間合をとりて中段下段となり、自然に接近すれば、一步進みて敵を刺擊するは容易なる業にして、其の變形は敵に察知されざるものである。彼我接して、彼れ刺擊し來る時、これを防ぎて其の隙を猛襲するは、變化の突嗟にあり、構形變化の瞬時刺擊を感じ、或は攻擊する個所を察知し順應すべきものである。故に此の察知力我れに缺き、若しくは鈍き時は、敵を制するの機は永遠になく、必らず敗を招くの結果となるのである。

敵を刺擊するは最後の目的なれば、其の目的を達せんが爲めには、敵の氣を攻め、或は我れに奪ひて勢力を減殺し、又應ずるの策を充分とせねばならぬのである。

構形變化の際、間合の接近したる時、甲接近すれば乙攻め返し、甲刺擊すれば乙防禦す或は退守し追擊すと云ふ業を變化と云ふのである。

劍道の氣の位とは、面甲手を打ち、或は突き或は攻擊する時、其の業に邪氣なく、弛みなく、充溢せる氣分に行ふを氣の位と云ふ。氣充溢せる時は、心氣力の一致せる時にして氣の業の併行渾一せる時である。例へば甲攻進して、乙の氣を攻むれば、乙守りて其の攻めを防ぎ、相互の變形は全體に働きて、氣は其の業を全ふするのである。攻め防ぐの全體活動をなす時、若し氣分に迷ひ起らんか、其の刹那一方は刺擊に出で、先手の業を行ふのである。即ち氣分に迷ひあれば、全體に弛み生じ、其の攻防の業は當を得ざるものとなるのである。又乙刺擊をなし、甲これを防ぎて面に打ち返す後の先の勝業も、乙の刺擊後、氣に弛みを生じたるによるのである。

充溢せる氣は、清純なる心境に宿るものにして、單純なる外部の刺擊、敵體の變化によりて豹變するものにあらず、自己の信ずる儘に活動し然かも何等の遺憾なきものである。故に彼れの未發を制し、變に應じて電擊彼れを倒し得るのである。如何に剛力あるとも、全活動體の中心に氣の充溢を缺けば、其の剛力は無暴の力となり、己れの力によりて己れの構へを崩し、攻防の實は亂れて不覺となるのである。

相對的業の變化は、攻擊防禦、防禦刺擊の業を間合進退の適切合法的なる時に行ひ、氣に弛みなく、間髮電擊施すべきものにして、體又は氣に弛みあれば毎戰敵に敗らるの結果となるのである。これ試合の骨子とする氣分の大切なる所以である。

構へて敵に對し、刀尖を合したる場合は、相互の氣の合したる時、いづれかの一方其の形を動ずる時は、他方自から其の形に引ずられて行き、即ち變化して進む時、相互の形につれて動くはこれに精氣の通ぜるが爲めにして自然の理である。故に靑眼より中段に變化するとき、其の間、瞬時に於て攻めとなり、虛に乘ぜんとする形勢となるのである。即ち靑眼構への者が、靑眼より中段に變化する一方の構形に氣を配る時は、氣は其の處に止まりて、迷ひとなり虚となりて打たれるのである。青眼より中段に、刀を上下に動かして、構形變化をなすは、其の動き頗る微妙にして、攻防變擊自由自在となり、前記の如き場合に於ては、進擊彼を制し得るの効を奏するものである。即ち青眼より中段に變化するは、其の變化は敵に應じたると又我れよりなしたるとを問はず、其の上下の間に於て、氣の誘引ともなり、虚に乘ぜんとする業の力ともなりて、應變自在玄妙の刀法となるのである。

試合に於て、體浮きて落着なく、氣散漫となり或ひは顚倒して其の集まる所よろしきを得ず、且つ充分ならざる時は、機に臨み、敵に應じ、或は變じて彼れの業に對するの力なく、到底充分なる業を施すこと能はず、隨つて勝利の榮冠は永遠に彼岸の花となるのである。

敵に對し應變自在の働きをなし得るは、氣と體の正しき一致、然も一途に働くに因るのである。名刀五郎正宗も、心正しく氣一途に集まりたる心身一致の體によりて、打ち下したる一刀こそ切れ味もよく、又身を護り法を護るの利劍ともなるのである。これに反して心邪道に踏み入り、氣に迷ひあれば、あたら正宗の名刀も、其の利劍の本性は蔽はれて、身を破り國禁を犯すに至るのである。故に氣の起り或は變化は正しく一途に行ひ、體氣の一致を正法に導かねばならないのである。

凡そ氣なるものは善惡正邪の二性あり、これを正しく使ふも又邪惡に用ゆるも、要するに其の人にあるものである。而しこれを正に用ゆれば、こよなき强大なる意志力となり、惡に使ふれば、正にあひて潰滅するものである。此の氣は試合に於て如實に見るものにして、相互交る二劍の間、其處には勝敗の決せらるるは、此の善惡正邪の二途の氣の別れである。正は邪を制する事は、宇宙萬般其の統制上の原則にして眞理である。正は即ち邪氣なき充氣にして、この氣あれば攻防其の氣の起りと同時に、體の一致正法に基く全活動となりて、躊躇なく、峻巡なく、充分なる攻防變化の業となるのである。

第四節　試合準備心得

一、禮法に終始し、是れを正確に行ひ、對者に向ひ聊かなりとも傲慢不遜の態度あるべからず、而して又、提刀及び拔刀の法を確實に行ふこと。

二、竹刀は試合前(練習前)に充分點檢し、些少の破損なりと雖も、其の儘の使用は戒愼すべきこと。斯る不注意怠慢は試合及び練習の眞劍味を識らずして缺き、又劍道の莊嚴味を冒瀆するものである。而して稽古着及袴は破損したる儘用ひず、且つ淸潔を旨とすべし。

三、面紐及胴紐は固く結び、試合中(練習中)これを結び換ゆるが如きことあるべからず。

四、試合及び練習前、素振り、前後の運行をなし體を慣らすこと。

五、練習の際、道場を廣く使ふに慣れ、充分伸びの業を慣らすこと。

第五節　勝敗決定の正法

一　試合の心得

1. 試合に於ける勝敗は正確なる姿勢態度及氣合、確實なる擊突及び擊突後態度を崩さず特に殘心あるを必要とするものである。

2. 突擊は間により充分の擊突をなし接近したる時は、適法により體當り足搦み、或は敵刀の障りなき鮮明の打ちをなすべきである。

3. 平打ち或は姿勢を崩し、接近して元打ち或は氣分なき輕き打ちは一本の勝ちとならざるは勿論不確實なる擊突をなし、横を向き或は引き上げたる刹那相手の確實な擊突に却て敗となるのである。

4. 擊突正確なりと雖も其の先に敵に輕く擊突せられたる場合は勝ちとならぬのである。

5. 接觸して横打ち或は氣力足らざるもの或は敵刀と組み合せて縺れ打ちたるものは一本の勝ちとなるのである。

6. 一方正確に擊突したる刹那一方押へ或は打ち外したる時は其の擊突は立派に一本の勝ちとなるのである。

7. 胴はフチ又は刀の元にて打ち、横面は耳より以上を甲手は拳及深き打ち、面は面金に刀尖止まり或は流れたるもの、突きは垂れ以外を突きたるものは不確實として一本の勝ちとならぬのである。此の不確實の業を施し相手方確實に刹那に擊突するものは一本の勝ちとなるのである。

8. 應じ返しの業及び防ぎて打つ業は、敵の撃突不確實なる時は一本の勝ちとなるのである。

9. 接觸して離れの瞬時、刀の障りなく打ち、或は體當りにて倒れたる刹那打ちたるを勝ちとするのである。但し單純なる腕力或は暴行にて押し倒し或は投げ倒して打ちたるものは一本の勝ちとはならないものである。

10. 卑劣なる行動及引き上げ、或は道具外れを打つは正々堂々たるものにあらず、故に正確に撃突し態度を正しくして試合すること肝要である。

二　審判者の心得

審判は、審判者が神人一致の境涯に立ちて初めて試合者の動靜撃突は判明し、刹那に判決することを得るものである。此の心持に飽く迄終始し態度は嚴然として鮮明なる言明を下し、試合者に勝敗を明かにしなければならない。又間髮に「面あり」と言明しつゝ左又は右手を和服の場合は體の側面に出して採點者に示し洋服の時は左右の手を上げ其の手先を耳の高さとして採點者に知らしむるのである。一本目終る時は「二本目」と言明し試合者を中央に復さしめ、改めて試合を爲さしむるのである。二本目續けて勝つものは前の如く「甲手あり」と判決し「勝負あり」と鮮明して試合を終らしむるのである。若し彼我一本一本の勝を決する場合は「何々あり」「勝負」と言明して、一方打ちたる時は「何々あり」「勝負あり」と言明し勝負を決するのである。始めより終りまで鮮明なる審判をなし、其間苟くも私情を差し挾んではならないのである。固より審判者と雖も人間である、然りと雖も自己が審判者として試合に臨む以上、其の責に任すべきは勿論、自己の最全を盡して苟くも試合者に疑惧不安の念を抱かしめざる様なすの義務あるものである。故に審判するに當りては自己の良心に誓ひ、常に自信と決斷とを持ちて、試合者及び周圍の者に結果を明瞭に告げ、試合者をして又試合場の空氣を清淨森儼なるものとし、始終充分なる實力を發揮し得る様なすべきものである。即ち審判者の襟度は、自信、決斷、清淨なる心こそ唯一無二なるものである。

尙審判規定の詳細は、第十章第九節に詳述しあるを以て該章參照の上、審判上萬遺漏なきを期すべきである。

第六節　順體と逆體

一　順　體

圖の如き構體を、山岡鐵舟先生は三角形體と云ひ、現代語にては構へ自然體と云ふ。又昔より此構へ自然體を青眼構へと云ひ、余はこれを無想體若しくは順體と云ふ。

順體は身體活動の最も自然なる體形にして、又氣分も順調なる働きをなすに最も合理的なものである。即ち順體は全體を調へて中心を崩さず、人體活動の順正なる構體なのである。即ち順なるものは應變自在にして其の本然の性より正しき働きをなすのである。人々個々に其の體質は異り、從つて活動の同一型なる事は望み難きものなるも、構へは如何なる者にても順體なることを要するものにして、又心は無想を持たなければならないのである。故に、正構、上段、中段斜構も順體の理法に基き練習を積み正確を期すべきである。

順體の活動は無限にして、受けて打つも、防ぎて突くも順なるものは自然にして、其の應變攻防に少しも無理なく充分なる効果を擧げ得るものである。即ち全體順なる活動をなす時は、心に油斷なく體に弛緩なくして、氣は冷靜果敢となる。隨つて如何なる突嗟の處作にも應じ、或ひは變じて石火の働きとなり、寸隙なき活動自在のものとなるのである。

二 逆體

逆體とは順體の反對にして、順體は實、逆體は虛となるものである。故に逆體は順體の充氣の體に逢ひて、其の體當り或は刺擊に應ずるの業なく、如何にしても破れざるを得ないものである。

構へ不正確なるもの又逆體にして、氣これに凝れば凝る程、體の力均衡を失ひ、一部に偏するの結果は、無理なる攻防の力、理法に反せる業となりて、一本打ちて其後の業は續かず、業は其處に盡きて破れるのである。又逆體の時、打ち込みて打てぬ時は、焦りて無理な打ち方をなす爲め、一層打擊の効力を失ふものである。斯る無理なる打ち方は、其の打擊の不正確なる爲め、自己の竹刀の力によりて體は浮き或は崩れるのである。即ち業、刀、體の一致を缺くのである。

業順正なれば、事物の表裏、正邪善惡を辨へ、油斷なく一心は八相に働きて、心に劍術を行ふに至る。故に勝敗に囚はれず又形に隨さず、物慾に支配されずして、所謂自我を脫却せる境地となる。即ち我れに執着すれば、心身は互に離反不規則となりて一致の行動を缺き、我心、我れより離散すれば、即ち虛心坦懷天下何物もなし。卽ち我れもなく、他もなく、他は又我れの一部にして我又他に融合渾一す。隨つて業を行ふ所に不可なく、又則せずして善事を行ひ、然かも何等の苦痛なし。

曰く善、曰く强、曰く正、曰く大、曰く眞、等々皆含まる。故に恐れず、惑はず、苦痛なきものである。

吾人の肉體に表面と裏面卽ち前部と背部の區別あり、物に表裏の別ある如く、我等の心にも明暗二種の別あるものである。明は智にして善なり且又强なり、勇なり、大である。暗は即ち愚にして鈍、惡にして怯である。卽ち暗は心の自我にして明を蔽ひ、其の心は身體に現れ、業は其の本來の性を誤りて、惡德、不正或は怯懦に陷るのである。

我等は天賦の心身を基礎とし以て業の聖正を習ひ、これに浴して所謂、虚實變化、奇正の順業に一致するのである。斯の如く諸事順にして進み、逆にして行途暗し、劍道に於ける業の上達、又試合の必勝は常に純正なる心を以て全心身を練磨する所にある。劍道の光輝炳として輝く武士道の莊嚴味、皆茲にあるのである。

第七節　試合心得と引き上げ方

一　試合心得

試合に臨みては素より潑溂たる元氣に終始し、怖れず憶せず、身も心も自由にして、臨機應變自在の業を發揮する樣せねばならぬのである。卽ち平素より、攻擊法、應じ返し業を正確に然かも充分熟練し、試合も平素も同じく、眞劍に、正確に、充分なる業を施し得る樣心懸けねばならないのである。練習を練習とし、試合を試合として別個な氣持にこれを行ふ時は、自ら其處に無理破綻を生じ、業の上達は勿論、人格的にも大なる錯誤を來たし劍道精神を冐瀆するに至るものである。故に練習を單なる練習たらしめず、眞劍に、率直に、研究的元氣を以て終始し、試合に臨みては、所謂試合氣分に囚はれず、緊張にすぎず怖れず憶せず、自己の心身に何等の無理も與へずして、自由自在の業を施し得る樣せねばならぬものである。試合を試合とせず練習を練習とせずして劍道練磨に精進するならば、立派なる業も習得し得て、其の間不知不識の中に、眞の武士道精神を鍛錬體得することを得るものである。左に試合練習要項と題して、叙上詳述せるものを體得し得る樣參考に供せん。

二　試合練習要項

一、潑溂たる意氣と眞劍味を以て、間合進退、攻防應變の業を正確に精練すること。

二、自己の長所、即ち己れの最も得意とする業を益々研究練磨し、何人に對しても自己の特殊の業により勝ちを制し得る樣心懸け、一面自己の短所を知りて、其の缺點を補給矯正し、攻防應變の業を、完璧たらしむべく意を注ぐこと。

三、機を見るに敏にして、必らず其の機に突擊進入し自己をして違算なからしむること。即ち構への變化及虛體を見るの明を養ひ、得意の業を施すに其の機を逸せず、變形の氣先を制することに努力すること。

三　引き上げ方

引き上げ方は、攻擊をなしたる勢を亂さず、心氣も充分に緊張せしめ、二の太刀を打つの心勢氣力を失はざる樣、堂々の擧止をなすべきものである。即ち片手に竹刀を翳し、或は敵を前にして視線を亂し、或は姿勢を崩して其の勝利を特に示すが如き、傲慢不遜の卑劣なる態度は如何なる場合にも避くべきにて、勝ちて誇らず敗けて怨まず、風雨一過明月を仰ぐが如き心境態度に終始すべきものである。

近來一般的に此の精神を缺く者多く、戰後の不注意或ひは卑劣なる行動を爲す者多き爲め、規則に據りてこれを制限拘束せんとするが如き傾向を帶び來たりたるは、道を劍に求め、眞に武士道を把握し、業の向上發達を期するものとして大いに慚愧奮死すべき程のものなりと信ず。故に各自練習者は、此の點を考慮改正し、引き上げに際しては、其の刺擊したる後と雖も、勢力を弛緩せしめず、尙進みて充分の業を施し得る餘裕と充實せる心氣を閑却してはならないものである。即ち甲手を斬擊し、「甲手」と發聲して其の態度を崩さす尙突擊に出ずる體勢氣力を要するものである。又面を打ちて直ちに横を見廻し或は片手を高く伸ばす等、其の不遜卑劣最も不注意唾棄すべき行爲は飽く迄愼むべきである。前述の如く斯る氣風に對し、全國的に改正の氣運漲り居る際とて、玆に其の改むべき最も著しき點を列擧し、相互相誡めてこれを愼み、斯道の正確なる向上發展を期されんことを希望するものである。

一、刺擊をなす度に審判者の顏面表情を見、又は面と打擊發聲して引き上げ、充分ならざる打ち込みにあらざるも尙面面と連呼し、且つ其の姿勢を崩し、左手を離して自己の勝ちなるを誇示する者あり、實に低劣爲すなき輩の言動にして大いに改愼すべきことである。以上の場合に於て、素より神ならざる審判者の誤審なきは保し難し、然りと雖も審判者に於て公平なる態度維持に努め、充分なる注意の怠らずして尙且つ誤審あるは、何人を以て審判者たらしむると雖も、それが人たる以上全然誤審なきことは望みて得難きものである。ましてや審判者の試合者より劣ること、其の例外を除きてなきに於ておやである。苟くも自己に信念を有し、眞に武道精神に徹し、少くとも道を劍に求むる者の大いに愧ずべく愼むべきことである。

審判は嚴肅にして神聖なり、此の鐵則に準據し、審判者の人格技術に絶對の信をおき飽く迄正々堂々自己の眞技倆を充分に發揮し、言行共に端麗至純であらなければならないものである。故に面を打ちたる時は、打擊と同時に「面!!」と一回發聲すれば充分にして、爾餘のことは審判及び助審者の審斷に一任し、堂々其の進退を守るこそ床しき極みにして立派なる武士的態度とも云ふべきものである。

二、刺擊したる者、又防ぎたる者、相手共に其の打ち防ぎたる瞬間尙其の業を繼續する時に、互に顏を見合せたるのみにて打ちもせず、然も双方氣を拔かして元の位置に復し、更に試合をなすは、一方打ちたるものと誤り、一方防ぎたるも幾分打たれたるものと誤認し互に審判の樣子のみを顧慮するが如きは、之又勝負にのみ囚はれたるものにして、平素の練習たらず、業にも信念にも自信なき結果に外ならざるものである。故に勝負の一事に拘泥せず審判の注意決裁ある迄、隙かさず充分に打ち込み、卑劣なる勝負心を離れ、充分に戰ひ正しき引き上げをなすべきである。

三、刺撃して逃げ走りつゝ引き上げをなす者また相當多く實に見苦しきものである。充分進撃したりと雖も、其の打込み正確なる業ならざれば、一本とはならざるものである。故に正確なる場合はまだしも、正確なると不正確なるを問はず、打撃の後は直ちに二の太刀の準備をなし、其の意氣と體勢を充分に調へ、且つ又正確なる引き上げに留意すべきである。

第八節　間の原理

彼我對抗の間合に三法あるは、第七章第八節以下に於て詳論する處なるも、今其の原理研究の便宜上、玆に其の大體を分ち見ん。即ち第一間合は第一圖の如く單純なる彼我對抗の間合にして、第二間合は第二圖に示す如く第一間合より進みて兩劍の交はれる形、即ち間詰めを云ふのである。更に進みて第三圖に示せる如く、彼我兩劍の鍔摺り合ひとなりたるを第三間合と云ふのである。此の間合三法は、第七章第八節に詳述する意義以外にも、極めて重要なる性を帯ぶものである。即ち一は初學の人のとるべき間合、二は同等級の敵手と試合する場合、三は全然未知の人若くは他流試合とも稱すべき試合をなす場合の間合である。初學者の注意すべき練習間合は、彼我の距離を近くし、敵を打擊するに便宜なると同時に、敵の我れを刺擊するに便なる位置を保ちて種々なる術を應用して、間の擊突、防拂に習熟すべきである。何となれば初學者の概ねは、攻防刺擊の術理に拙く、且つ機を見るに、近間は遠間に優ること數等なればなり。尚氣力的にも

第一圖

第二圖

第三圖

近間は大なる影響をなす爲めである。

同等級の對抗間合は、一步躍身にして敵の牙城に肉迫し、一刀一振の下に敵を擊滅し得

る間合をとるべきである。而して此間合に於ては、擧止泰然自若として物に動ぜず、充分の機を見るに非ずんば、擊突の業を施すべからざるものである。

次に全然未知の相手若くは他流試合とも稱すべき場合には、成るべく遠き間をとり、心氣を落着けて敵手の起らんとする處、若くは盡きたる處を、間隙なく一足一刀に擊突することを要するものである。

以上の如く、種々なる間合は、相互に敵對行爲をなし、且つ敵をして乘ずるの機會をなからしめ、尙我れ進みて敵を擊滅するに最も便益ある位置を保たしめるものである。故に敵に接して敵に向ふ時、我れ如何なる間をとるが最も有利なるかと云ふことを、日常の練習によりて習熟し、よく其の原理を會得して、理術一致せる行動をとるべき必要あるものである。

間合の原理硏究の如何に必要なるかと云ふことを實際について見るに、先づ此の間合の良否は勝敗の分れる第一關門である。即ち破綻も動亂も、擊突の巧拙如何も、實に其の誘引は此の間合の適否にあるからである。これを例せば、自己の最も特意とする業ありと假定するに、其の術を實行せんには、自から業に副ふべき間合あるものであり、且つそれを絕對に必要とするものである。言を換へれば自己の特意とする業を殺すも活かすも、實に此の間合にあるのである。而して又前述せる如く、自己のとれる間合の良否は、如何なる人にも必然的に氣力的影響を釀すものである。何故なれば業に重大なる關係があるからである。

第九節　間合進退の原則

一　原　則

間合は構へたる相互對抗の距離にして、恰かも戰爭に於ける相互兵力對陣の如きものである。卽ち互ひに攻擊防禦の戰ひをなす陣地と兵力の配置である。此の間合の如何によりて、敵の進擊は容易ならず、其の攻擊に逢ひても我が防禦力强き間合なる時は、直ちにこれを擊退し得るものである。而して此の間合の遠近如何によりて、攻擊力ともなり、防禦力ともなり、又我れに利、不利ともなるのである。卽ち敵を破るも我れ破らるも、間合に於ける攻防變化の業の運用如何に因るものにして、突嗟の間、固守を崩し攻擊を防禦して破り或は攻擊を先に施して一擧に生死を決定するものなる故、自己に最も適當せる間を習得感知して、自ら其の攻防適宜の間合に進退し得る樣すべきである。間にのみ囚はれることは自己の心に憶するものなる故、前記の間合に進退し得るは、極めて自然であらなければならないものである。

間に進退するは、敵の術略を察知してこれに備へ、攻擊の機會を摑みて彼を擊滅せんが爲めである。間合遠ければ防禦力豐富にして、又攻擊の餘力充分にあり、敵攻進し來りて間に接すれば、又我が防禦力は絕對となりて容易に彼れを制し得るのである。故に第一間合は攻防二力共充分なる構形間合である。故に間の進退は原則としてこれをとり、術略を誤らず、彼れを防ぎ、彼れを攻め、彼れの戰鬪力を削ぎて制すべきである。所謂戰法は、彼れ進めば我れ退き、我れ進めば彼れ退く、此の進退自由の間、互に業を掛けて間に進み其の先を制すること肝要である。即ち間の要は、攻防秘術を盡くし生死の境を分岐するものなれば、進退機微の活動は極めて重要なるものである。

敵の攻撃力より我が防禦力强き時は其の攻撃を防ぎ、防禦の餘力は却つて攻撃に變化するのである。又我れ進みて攻撃する時、敵退きて我が攻撃を防禦す、此の時我が攻撃力敵の防禦力に勝る時は、即ち彼れを破りて制することを得るのである。即ち攻防二力の完璧は、進退する間を先づ第一に誤らざるにあるのである。所謂攻防の術略は、進退に應じ、時機に面してこれを行ふべきものにして、第一間合にて構形變化をなすは、此の術界行動の偵察戰である。故に此の間合に於て充分戰備をおさめ、第二間合に進出して、勇躍一擧に生死を決するのである。

二　攻撃と同時に退き外ずし敵を破る

我れ中段の構勢は突きの攻めとなり、下段にて攻むるは突き甲手の攻めとなるのである。又靑眼刀を稍々上げ攻むるは面を攻むるのである。敵若し以上の我が攻勢に對し、恐怖を抱き懸念をなす時は、敵の構形は必らず我が攻勢に應じて變形し、其處に注意力を集中し易きものである。故に其の刹那、突きの場合は甲手を、甲手の場合は面に、面の場合は胴を打てば容易に打つことを得るものである。

右の場合、敵恐怖せず、我が起りを刺擊し來たる時は、退きて外ずし、敵の盡きたるところを打つのである。以上の業は云ふ迄もなく、第一間合より第二間合の間に於て、實行すべき業である。

第三間合に接したる時は、敵の起りの竹刀を右に押へ、其の業を制し、敵體勢を崩したる虛に攻め入りて打つのである。構へて間をとるは、實に以上の業を施さんが爲めにして敵の起る所はこれを打ち、用意周到なる時は、間を離れて、更に機を見て攻進し、敵の應じたる刹那、或は刺擊せんとする起り、業を施して彼れを制するのである。尙敵より攻めて、業を掛ける時は、敵突きに出る時、我れこれに懸念せず、敵刀に摺り込み同一突き業を施せば敵の突きを外ずし、却つて我れ敵を突くことを得るものである。又甲手に攻め來ればば中段に攻め、中段に攻め來る時は下段に攻め、或は間を引きてとれば、敵の刺擊容易に我れを制し得ぬものである。此の時、敵手我れを追ひ込む時は、構へにて起りに刺擊を施す、即ち敵の先を制することになるのである。此の際慌てゝ自己より業を施せば却つて敵の追込みの術に陷り、起りの業を制せらるゝのである。

本來構へ自然體は、構へそのものに於て身を守り、攻勢充分なる勢力を有するものである。故に構への刀を上下に動かすは、敵の侵入を防ぎ、一方我が竹刀の動靜に敵氣を奪ひ敵體の弛み或は虚隙を生ぜしむるの一方法である。此の構への刀を上下に動かし、敵の動靜を見て進退すれば、彼れの刺擊の氣配、攻めの氣配は、其の刀形の上に現れ來り、直ちにこれを察知することを得るものである。故に彼れの起りを制し、備へ崩れたる所を刺擊し得るのである。若し青眼に構へて攻め合ひ、敵の氣配の那邊にあるや、これを察知しがたき場合に於ては、間を遠くとり、或は攻め其の氣勢を外ずし、敵の慌てたる隙を打つのである。

(一)突擊或ひは防擊して接近したるとき　攻擊の氣力を失ふ時は、敵の足搦みに倒れ、或は體を押されて崩れ、果ては慘敗の憂き目を見るものである。故に接近したる時は左右に變體して敵體を外ずし、體を自然躲して打ち、體當り或は足搦みを先に掛けるのである。

(二)青眼の兩手を兩折して　上げて打つは起りを制せらる。故に青眼より自然の伸張にて其の握り即ち手の內を絞め、肘を內に落し兩手を軟かく伸ばして突擊すべし。

(三)間にて靑眼を中心とし　敵の變構に應じて中段下段に變化するをよしとす。變化は攻めとなり、敵の乘じて突擊せんとする其の起りを打つべし。又構へに偏して守りて働かざる時は、其の守り弱きを突擊すべし。故に刀の自然變刀により構へを强く、隙を作らず、敵進入し來りなばこれを防守して突擊し、或は敵の乘ぜんとする起りを打ち、或は外ずして打つなり。

(四)敵が掛り稽古の如く打ち來るときは　何人もこれに迷ふを常とす。若し敵、間詰め來りて亂擊する時は、變體して外ずせば、敵は直ちに盡きるのである。其の處を擊突し、或は起りを打つべきにして、斯る亂擊の場合居着きて防がんとすれば却つて打たれるのである。

(五)構へて間を切り　守りつゝ起りを打たんとする者には、容易に突擊すること能はざるものである。即ち間に攻入すれば彼れは逃げ、打たんとすれば起りを狙ひ、油斷すれば擊突し來る、斯る場合これを如何に處置すべきか、即ち斯る場合は、我れ中段に構へて間を詰め、捨身の業を施すか彼の實を外ずして變撃す。又は中段より内甲手を打ちて構へを崩し、其の虚に突撃を試み、或ひは敵攻め來る瞬時伸び面を打つのである。

(六)小業には　遠間の捨身の業にて伸び面を打ち、又敵甲手面を打ち來る時は、外ずして打つことに習熟すべし。又亂暴なる業にて來る時は、體を外ずして逆胴或は起り甲手を打つべし。又大業には、起りの拔き業を以て制するを普通とす。下段或ひは其他異様の變刀にて攻進し來る時は、刀を中段に着けて間を切り、逆らはず、再び變刀して攻め來る刹那捨身に面、突き、或は返し胴を打つのである。敵打撃に焦りて兩手を上げる時は、彼れの起りの逆胴を打ち、甲手面に變撃して制するのである。以上は試合の機宜に應じ、適當に應用して且つ自己の長所を伸ばすべきである。

(七)青眼中段にて堅く守るとき　下段に進みて伸び面を打つは、起り甲手を制せらるゝ故に下より、甲手又は突き業にて敵の構へを崩し、疊みかけて正確に突撃し、又敵青眼にて堅く守るを、我れ中段に攻め、敵の甲手を外ずして面を打つべし。

試合の目的及び價値は、本章第一節に詳述せるが如く、充分なる業と共に、身體の強壯氣分の緊張等極めて肝要なるものである。故に等級の如何を論ぜず、精神的、氣合的に緊張し、正々堂々然かも油斷なく、終始元氣に試合して自己の心身を研磨すべきである。然るに往々試合に見る現象として、等級上位者が平素の練習は兎も角、白刄交り彼れ斬るか我れ斬るかの實戰にも比すべき試合に於て、自己より下級の者に對し無慘の敗北をなすことあり、即ち地稽古上手にして試合下手と稱する手合である。これ一面不謹愼にして、眞劍味を缺く結果であり、多方彼れの怯懦に因するものである。即ち氣合的に充實を缺き心不純惡德の結果にして、即ち等級の如き小成に安んじ、劍道精神の莊嚴偉大なる眞理を忘却したる爲めである。

三 試合中散見する惡癖

試合は勿論、劍道練磨には練習と雖も、邪心あるは大なる禁物である。即ち計畫的行爲は、自己の體に無理を生じ、徒らに心身のみ疲勞し、隨つて隙を生ずるに至るのである。これに反し何等計畫なく、邪心なく、間の術を以て意氣に終始すれば、體に無理なく、隨つて疲勞なく、機宜の處置を爲し得て、期せずして勝利者となり得るのである。以上は度々詳述せし所なるも、知りつゝ流れ易きは人の性なる故、倘念の爲め記し置く。而して試合中散見する惡癖は大體次の如し、故にいづれの一に該當するとも努めてこれが矯正に努力せられんことを望む。

（一）構への懷中を開けること。（構へて敵の進入し易き隙を作らぬこと）

（二）外し業を刹那に行はぬこと。（敵攻めて間に入り甲手面を外ずしたる時は刹那に伸び面を打つこと）

（三）兩刀は左手を強く、敵刀の右又は左より、入身にて其の刀を殺し、面又は甲手を打つこと、一刀は突き攻め右面逆胴の連續打ちを行ふこと。

（四）突擊後又は敵を攻めて間に入り、防がんとして構への儘固まること。

（五）打たうと思ふて打ち、防がんとして防ぐは體凝りて業伸びず、即ち體縮まりて打ち或は刀を斜にして防ぐ業、突擊防禦の時體に隙を生じ、却て敵に擊突されるのである。故に想はずして突き、期せずして防ぎ、變じて打ちに出ずべきにして、これをハズミと云ふ。

（六）鍔摺り合ひて敵刀の肩にかゝりて居るに無理に打ち或は柄を握ること。（刀腹にて攻め返し胴、打ち返し面、正しき業を施すこと）

（七）連續變化の業の確實を失ふこと。（敵防ぎて打氣に出ずる時、我れ慌てて輕く打ち、或は意氣なき突擊は一本とならず、卽ち勞して功なき業である、故に變化を敏捷にし、充分なる打擊と共に發聲すべし）

（八）引き上げ多すぎること。（一本打ちて引き上げ特に形を作るは、氣に弛みを生じ、二の太刀を失ふなり）

（九）起り甲手は居着きて打たぬこと。（必らず左に變體して打つべし）

（十）接近して無理に體を押さぬこと。（敵體を無理に押せば躱されて倒れる場合あり、故に押す時は刀腹にて押し二回目は體の側面を押すべし）

（十一）同一に攻進し、敵先を打つ時は、後手を打たぬこと。（此の時は外し業を行ふべし）

（十二）間を詰め、敵先の時退脚して外さぬこと。（間を詰める時は、中段にて氣を落ち着け變刀の先、突擊する起りの先を打つなり。間を詰め擊突する刹那に於て、敵先の

時は退却するは體力を失ひ破らるゝなり、故に變化業を行ふべし）

（十三）間の三法なきこと。

（十四）打ち込む隙なきに打ち込むこと。（敵の構へ强固なる時打ち込むは、其の起りを打たれるの憂あり、故に變刀して敵の構へを誘ひ崩し、其の刹那打ち込むべし、或ひは敵の構へ强固なるときは間を切り、敵の追込みまたは打ち込みの起りを擊突すべし）

第十節　間の必勝法

一　相青眼より中段下段に變化して進退すること

青眼より變じて中段下段に攻め入る時、敵これに怖れを抱けば、即ち防がんとす、又焦る者は無我無中となりて、亂暴なる突擊業を掛けるものである。又攻進する時と雖も、敵の變刀に氣を奪はるれば、我れに隙を生ずるの不結果となるものである。故に充氣を以て攻進し、敵變刀し來るとも懸念せず、間を充分詰めて突き入れば、敵は容易に突擊すること能はずして必然的守勢に出ずるものである。此の刹那、敢然突撃に出ずれば、敵氣を破り、其の隙を打ち、敵變刀し來るとも、其の刹那捨て身の面胴を打てば美事極まるものである。又、間を詰めて攻入したる時、敵其の追込みに應じたる時は、其の刹那突撃して敵氣を破り、或は敵の打ち突き先なる時は、體を左右に外ずして、逆胴、拔き胴、或は横面を打ちて敵を制するのである。又敵上段或は振り上げて打たんと攻むる時は、其の起りの甲手又は拔き胴を打つのである。

我れ中段下段と微妙に變化して攻進する時は、敵は此の變刀の微妙に突擊の機容易に得られずと雖も、我れ中段下段に變刀するは、常に敵の變刀と反對なることは絶對に必要なるものである。また青眼の刀を突きに攻め、敵これを

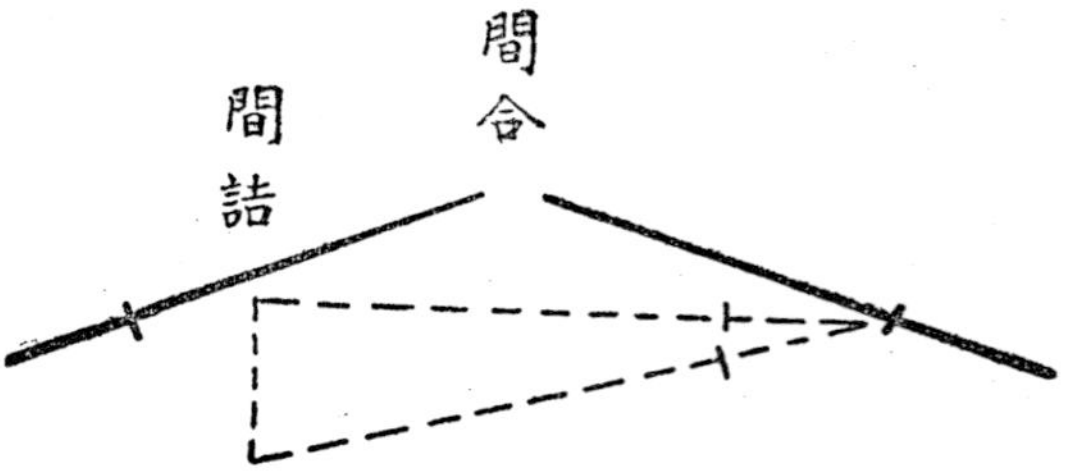

防拂せんとして刀を眞直にする時は直ちに甲手に入り、又下段の時、青眼に乘ずる時は、下より甲手を、又下段の刀を甲手に攻め、伸び面に變化す。

敵の胴面甲手の時は、左に變體して外ずし、其の虚に突擊し、接近したる時は柄取りを行ひ、離れ際に其の儘の手を通して胴を打つのである。此の業を練習して接近して怖氣なく、彼れの氣に勝ち得て、業は活殺自在となるのである。

兩劍士對向して間に進み、氣充つる者は攻進し、一方又氣充つれば、之に應じて變刀し、所謂攻防變化火花散る戰鬪開始となるのである。此の攻擊の間合に進みて機を窺ひ、瞬時中段下段の間に變刀し、或ひは間を切るは敵の剛氣を外ずし、其の虚に、其の弛みに、突擊を敢行せんとする變刀及び間合なのである。又敵の追込みに際し、或ひは突擊し來らんとする時は、其の刀勢を崩し、突擊に出でて、氣を以て彼れの業を崩し、制するのである。

二　敵の間を詰め來る刹那の先攻

圖に示す如く、彼我の間合(1)と(1)との如く青眼に對向し、敵攻進し來りて間を詰め、彼れ突撃に起らんとする起りの刀腹を左右に押へ、敵第二構刀の如き構へとなる時は、突きに攻入して其の刀と業を殺し、彼れの隙を打ち、或は再び起らんとする刀を殺して虚を打つのである。

三　敵の下段追込みに對する先攻

敵、我れを下段追込みに來る時は、我れ青眼刀より突入し、其の刀を押へ或は左右に手を殺して、其の業を制し突撃を敢行するのである。

四　突擊三法

（一）間の隙を突擊する方法

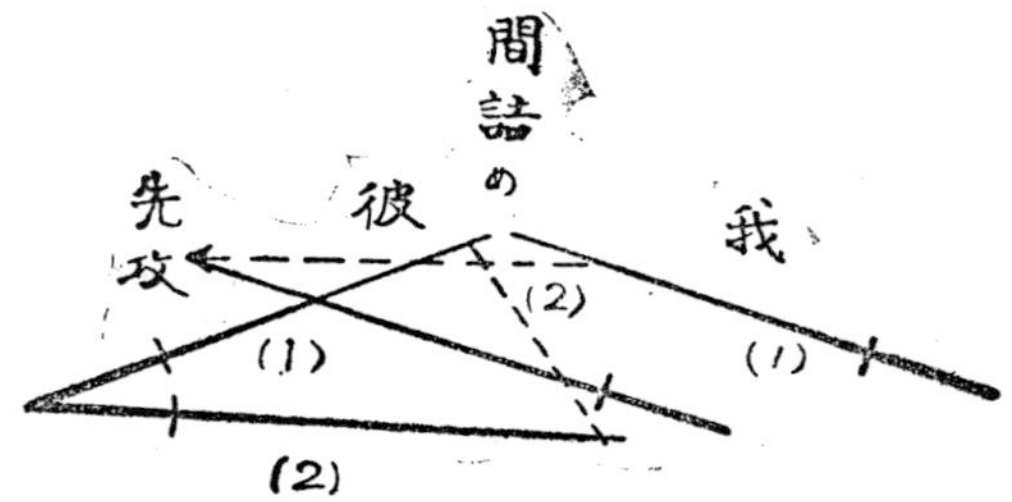

敵の變形或は突撃せんとする色を見せ、或は突撃に躊躇して、刀を左右に振り操る時は

これ即ち彼れの隙體にして、此の場合構へより眞直に突入し、或は一刀兩斷の氣勢を以て捨て身に伸び面を打つのである。

(二)打たせぬ方法と誘ひ打つ方法

間を切り、下段にて攻め、或は青眼に構へて敵を手元に入れざれば、敵の業を容易に外ずすことを得、彼れ又突撃は至難なものである。

又接近したる時は、柄取り或は刀腹にて攻め、體を靜かに押して離れざる時は、容易に打たれざるものである。

中段下段或は甲手攻め、突き攻めに仕掛くる時は、敵はこれに氣を奪はるゝを以て、他方に轉じて突撃を連續し、或は敵變化の刹那、我が甲手を臨み來る時は、外ずして横面を、又、面突きの時は、外ずして胴を、胴の時は甲手を打ち、各々外ずして、盡きたる刹那を打つのである。

(三)應じ返しにて突撃する方法

彼れの攻めに應じて其の氣を壓し、或は敵我が强構に突撃し來る時は、應じて防ぎ、或は鎬ぎて、敵の盡きたる處を突撃するを、應じ返しの業と云ふ。

强構とは、靑眼或は中段の構へにして、靑眼構へ及び中段構への項にて詳述せる如く、油斷なく、隙なき體勢にして、攻防變化の最も妙味ある構へである。即ち憶する事なく、敵の動靜を見破り、業に應じて隙を制する心構へである。故に二十四の構刀變化を根本として、敵氣をこれに奪ひ、攻進して敵刀を外ずし、或は防ぎて突撃し彼れを制するのである。

五　間の强弱による業の應用と其の必勝法

彼我進みて間に入り、互に攻防變化の業を施して、勝敗の決せらるるは、業の巧拙、或は膽略の優劣等、其の勝敗を決する重大なる原因なりと雖も、間合又極めて大切なる役目を果すものである。即ち彼我對抗して刀を合したる距離は、打ち込み或ひは防拂して打ち込み得る間にして、これより離れ、或はこれより接する時は、互ひに其の機を失ふものである。故に此の間合卽ち第二間合に進みては、彼れの氣を動かし、或は誘ひ、或は奪ひ、或は外ずして、構への崩れ或は變じたる刹那の虚隙體に業を施すべきである。

間に進退し、或は變刀するは、我が攻防の業を正確且つ有効ならしめんが爲めである。これを攻守中の突擊と云ふ。故に試合者は各自能く自己の長所習癖を知り、其の活用又は矯正と共に、自己が何れの間に強きか、或は弱きかを記憶辨別し、變刀の刹那、遠間の者には攻入し、近間の者には離れる等、適宜進退して自己に有利なる間合を取るのである。其の刹那第六感を活用して、捨身の業を施せば必らず我が業は活き、其の反應は効果あるものである。只玆に注意すべきは、自己に有利なる間合、即ち攻防變化の妙手を發揮し得る間合は、自己のみに有利なる間合にあらざるを練習中念頭におき、勝敗を顧慮せず、無想心に歸一して捨身の業を敢行すべきである。何となれば、自己の彼れを斬擊し得る間は彼れ又我れを擊突し得る間であらなければならないからである。故に此の間に於ける勝敗は其の活用の如何にあるものにして、歸する所其の人にあるのである。隨つて日常此の間合の活用練習は極めて緊要なことである。

敵中段に攻め來る時は　1圖の如く刀尖を突きに攻め、飛び込み胴、或は返し甲手、或は霞に返し横面を打つのである。

(1)

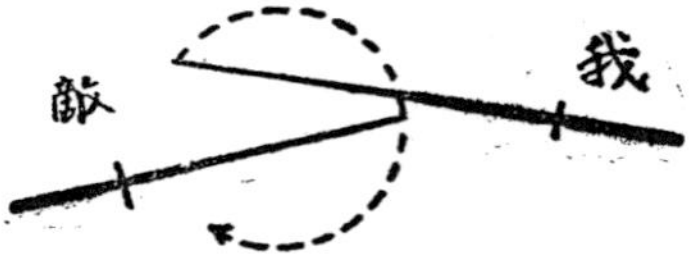

(2)

(3)

(4)

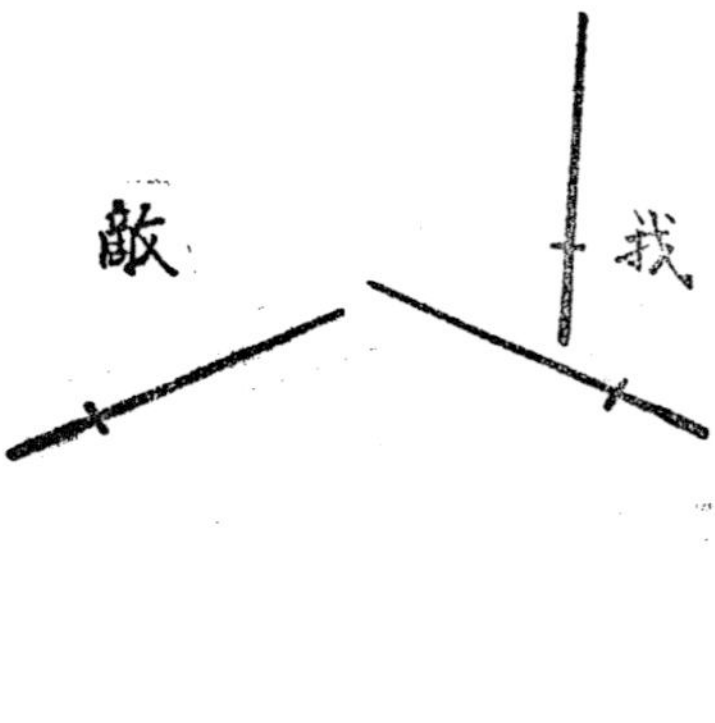

我が下段に對し　2圖の如く敵青眼又は中段にて攻め來る時は、甲手又は面を打ち、胴に變化するのである。

刀腹にて攻め　3圖の如く刀腹にて攻め、刀腹の離れる刹那、返し胴又は返し面を打つべし。離れるは間を切ること。

敵刀の上に攻めて胴或は甲手を打つこと　4圖の如く刀を竪立とし、或は霞として敵氣をこれに奪ひ、胴を打ち、甲手面を打つのである。

(5)

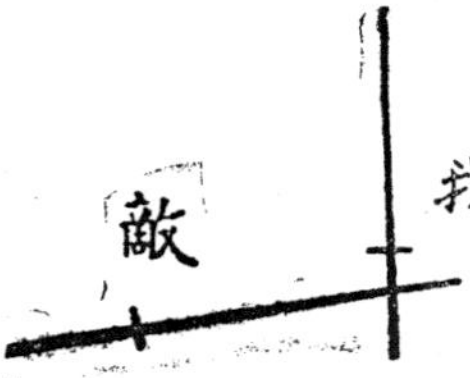

(6)

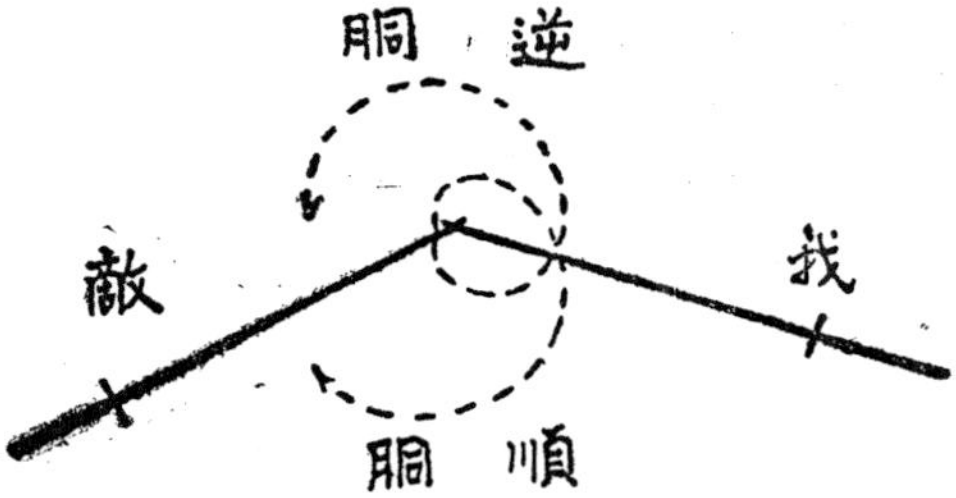

(7)

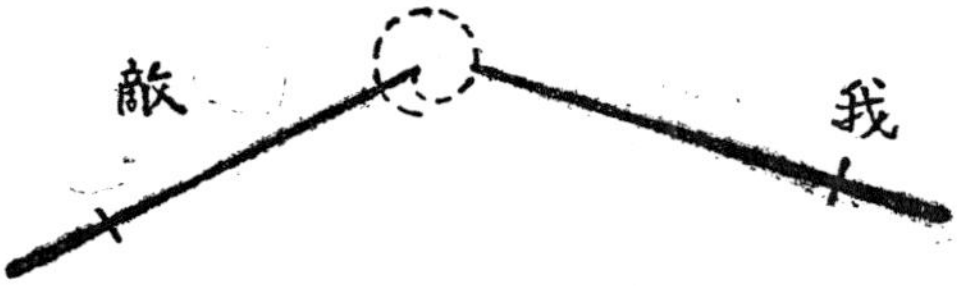

(8)

胴を防ぎ面甲手を打つ（5圖）

敵突に來れば　體を躱して突きを外ずし左右に躱したる體より、順胴又は逆胴を6圖の如く竹刀を返して打つ。

(9)

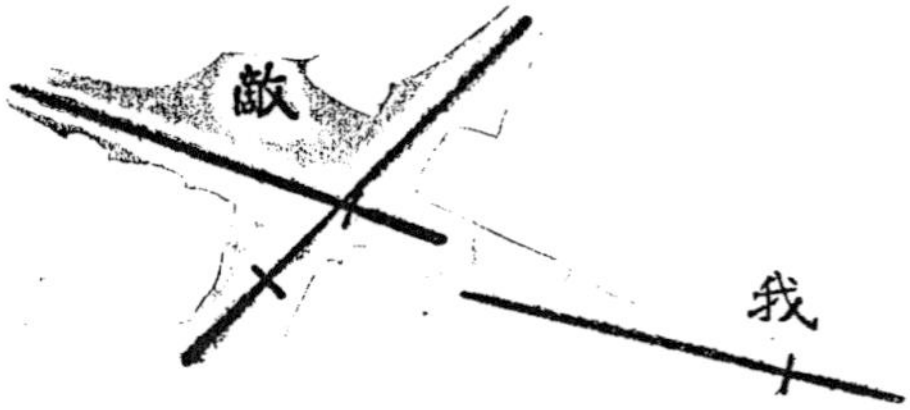

(10)

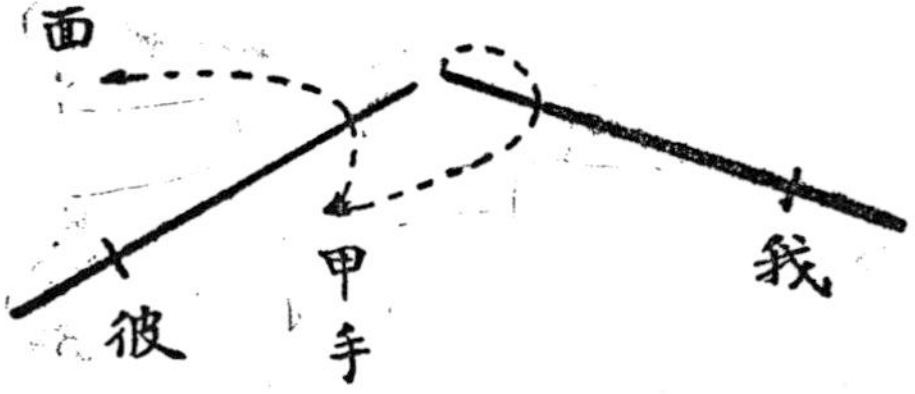

(11)

敵刀尖を左右上下に廻し　突き或は甲手を臨む氣配を見せ來る時は、間を詰めて突きに進み、敵の起らんとする所を打ち、或は外ずして打つなり。即ち7圖の如し。

敵突きに來る時　外ずして甲手を打つ。（8圖）

(12)

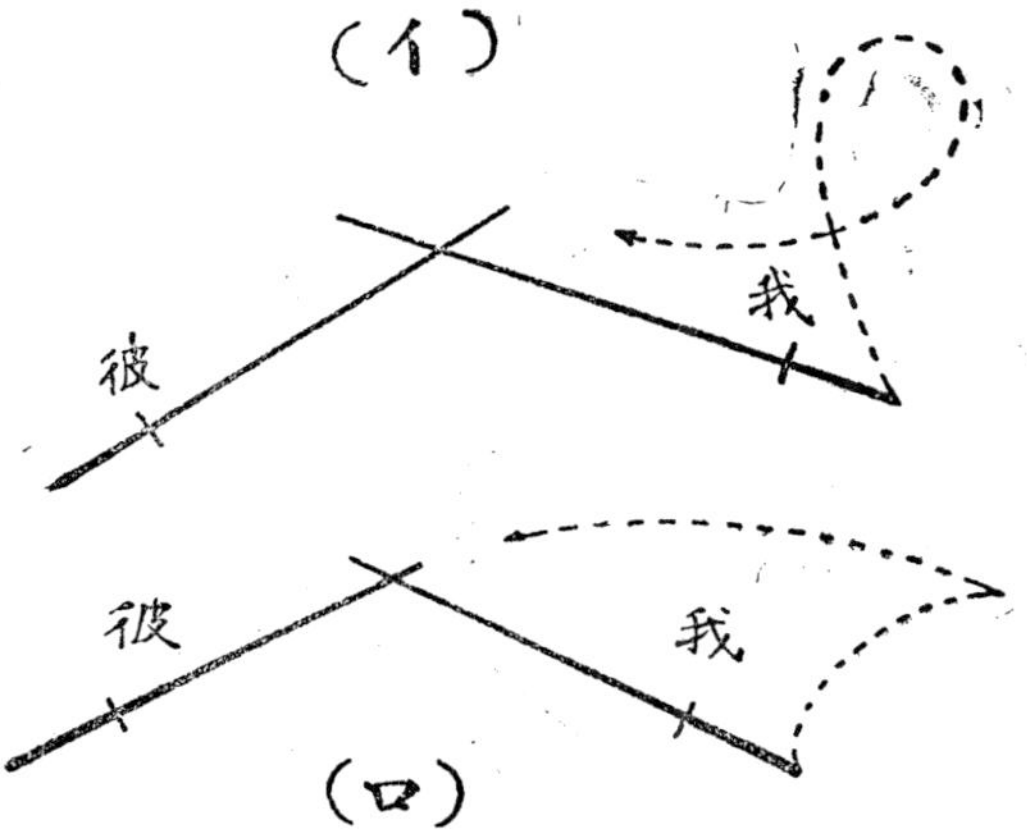

敵刀を上げて打ち來らんとする起りの甲手を、我れ變體して外ずしこれを打つ、9圖の如し。

甲手及面の打ち方

10圖に示す間詰より、左に刀を返して甲手を打ち、甲手防がれたる時は、防がれたる儘刀を返して面を打つ。

甲手外ずれば　突き面に變化すること。即ち11圖に示す如く、甲手を打ちて外ずされたる刀尖は點線の如く下る、其の刹那變刀して黑線の如く突き或は面を打つのである。

敵の甲手業を外ずして變撃

12圖に示す(イ)の如く、敵甲手を打ち來る時、これを變體して外ずし、横面を打つ。又、(ロ)の如く、敵甲手を打ち來る時、上段となりて甲手を外ずし摺り上げ面を打つ。

六　兩手を屈折し、無理なる打ち込みをなし來る時はこれを迎へ撃て

敵兩手を屈折し、我が面を臨み來る時は、直ちに其の起りの甲手を撃つべし。敵兩手を屈する時は、其の兩手には力凝り、上體と兩足との自由は拘束され、全體の均衡運動は敏活圓滿を缺きて、突嗟の動作を誤るものである。此の動作誤れば氣は自ら怖れとなり、また心亂れて其の打ち込みは充分ならざるものとなるのである。故に此の虛を迎へ撃つのである。

七　構へ嚴重にして、變刀又上手なりと雖も、心に虛あれば脆く破る。

即ち如何に構へよく、また如何に操刀鮮かなる者と雖も、心、實に充たざれば、其のよ

き構への活用、及び業の善用伸張を誤り、瞬時敵の電撃に合ひて慘敗を喫するのである。故に自己を守らんとし或は敵を打たんとする氣の起りたる時は、我が心は敵の變形に奪はれ易く、隨つて隙を生ずるものである。故に三段の構刀變化を根本とし、間の變刀攻進により て、敵の固く守る實を外ずし、弛みある虚に攻め入り、且つ敵氣を我が變構に奪ひて其の構刀の亂れる刹那を打つべきである。

敵、左右上下に刀を振り、面或は突きを臨み來る時は、體を外ずして拔き胴又は應じ面、胴、横面、其他横打ちは構への儘、起りの甲手を打ち、他に變化する時は敵の實を外ずして虚を制することを得べし。これ間合必勝上極めて緊要なるものに屬す。

第一圖

第二圖

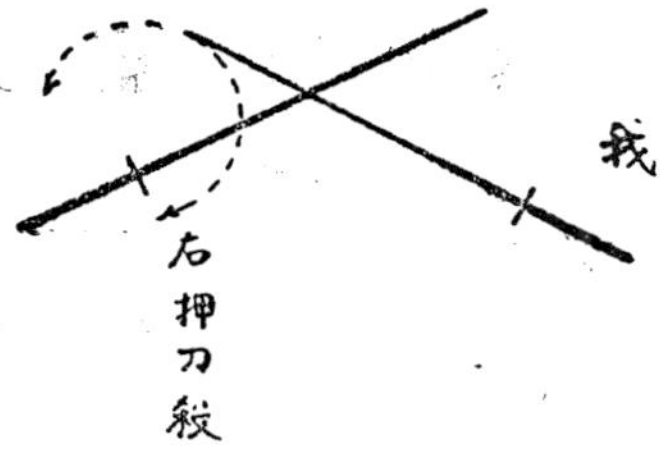

八　間詰めと、外ずし業に強くなる方法

（一）間詰より尚一歩（第一圖點線刀の如く）先に入りて間を強くすること。

敵の下段の時は中段にて攻め、敵が青眼中段に變刀して攻進し來る時は、其の刀を第二圖に示す如く左右に殺し、突きに進み或は甲手打ちの突撃に移るのである。

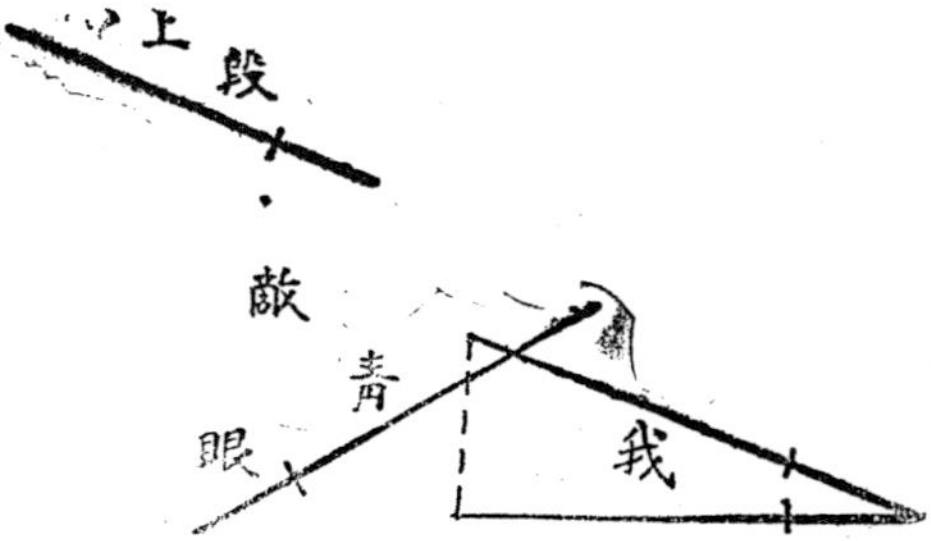

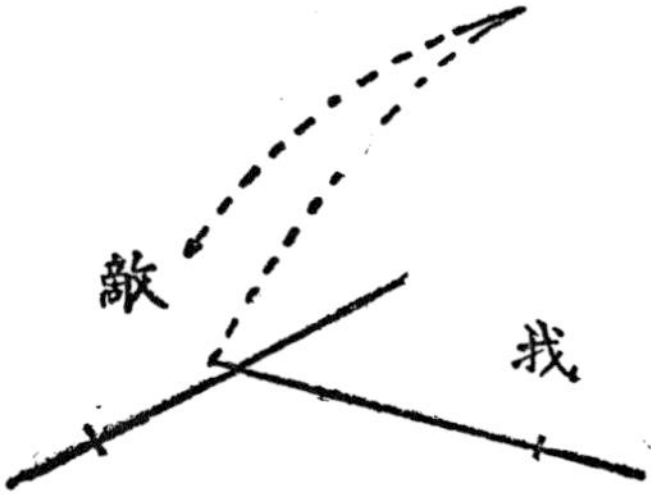

（二）間の變刀に迷はず正確に業を施すこと。

敵の操刀變化による強氣には間を切りて擊突を外ずし、敵盡きたる處を制す。これを進退業と云ひ、進退の敏捷且つ刹那的なるを要するものである。

（三）外し業に強くなること

敵刀を外す時、大きく上段に振り上げて打つ時は、敵に胴を打つ機會を與へるものである。故に手の抜き打ちは間髪に行ふを要とするものにして又外し業は、必らず機敏に全體を前後左右に變體するを必要とす。

我が下段刀を、左右に開きて攻進するは、敵氣を之に誘引するにあり、故に敵これに乘じて面或は突きに來らんとせば、其の起りの甲手を打ち、或は抜き胴を打ち、又面及び甲手に打ち返すなり。

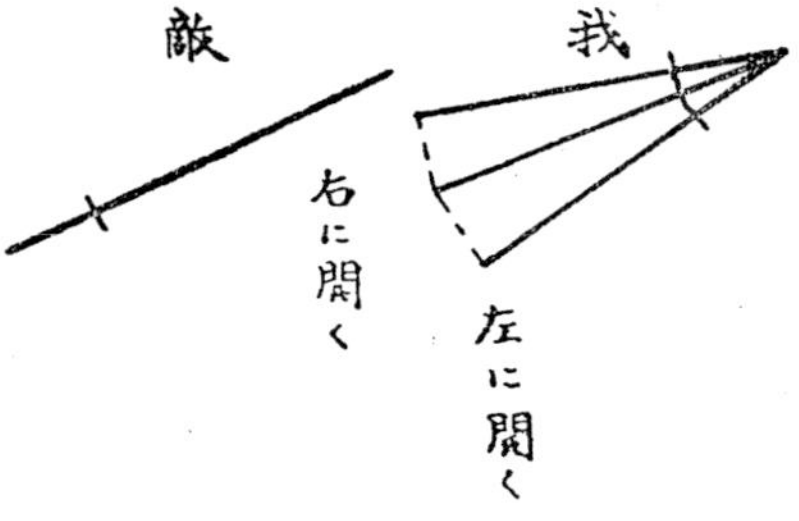

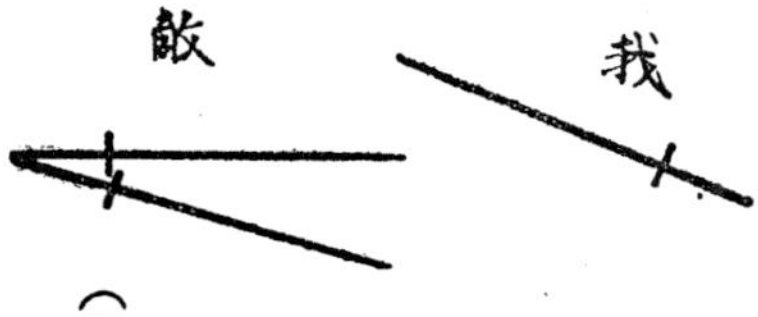

敵下段に進み來る時は、中段に攻め、敵中段となる時は下段に外ずし、敵下段となる時は伸び面又は突きに、青眼となる時は甲手を打つのである。

(四)同一勢として業を施すこと

敵下段中段に攻進し來る時は、我れ同一

撃突連續、變化の刀勢として其の攻めに應じ、間詰めに內甲手或は諸手突きにて攻撃し、撃突連續、變化の業を刹那に行ふべきである。

上圖の如き鍔摺り合ひの間合にては、甲手、面、胴、或は突きの業を施す餘地は全然なきものである。故に柄にて押し防ぎ叉落ち着きて柄にて攻め、別れんとする刹那打つのである。斯る柄攻めの間合に於て、敵若し柄攻めより變體して體を崩し、或は足拂にて體及び手の弛む刹那は、眞正面を打ち或は返し胴を打つのである。

九　相氣の術

相互構へたる間より、間詰めに入るは即ち相氣の作用である。彼我接するに從つて氣充ち、相一致して攻防變化の業を施すを相氣の術と云ふ。尙相氣の術は、氣充てる者、氣充たざる者を包含し、强き者、弱き者を倂呑するのである。これ即ち相氣の術の作用にして自然の理である。

身體、業、動作進退の立派さは、充氣の如何に因て決せられ代表せられるものである。

即ち氣力全身に充溢せざれば、業は脆く萎微し易く、體に凝りて虚となり易きものである。隨つて破綻の原因の多くは玆にあるものである。故に敵攻進し來る時は、我れ又敵を攻め返す勇氣を必要とするものである。

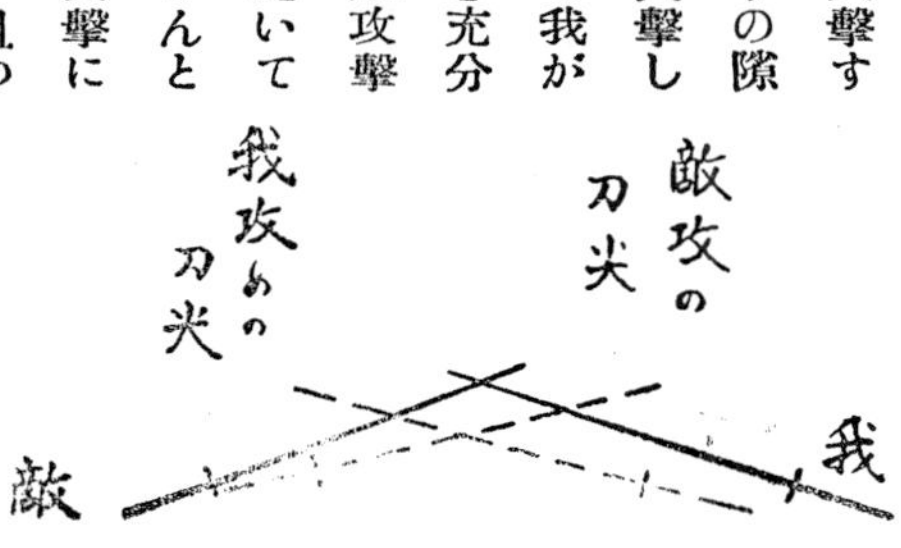

下圖の如く、敵攻進し來れば、我れ又彼れを突撃するの氣力ありてこそ、彼れの突撃せんとする起りの隙或ひは彼れの起りを撃突することを得、又彼れ突撃し來る時、其の實を外ずし、或は防ぎ、敢然進みて我が業を伸ばし、且つ積極的に、進取的に、我が業を充分ならしめて彼れを撃滅し得るものである。故に充氣の場合、敵攻撃し來る時、我れ無爲に退却するは、敵に撃突の機會を與へ、延いては慘敗を喫するの憂き目をみるのである。何となれば、退却せんとする時は勢ひ其の刀勢崩るゝが爲めである。而して又、敵の攻撃に合ひて、退却して受けて後攻撃に出ずるは相氣の術にあらず、且つ

それ自身卑屈なるを以て、心體共に萎徵峻巡せる行動となり、破綻の原因となるものである。

十　勝敗の分れる一刹那

中段に攻めて間を詰める時は、敵の突擊する間を奪ひ、彼れの起り或は退る刹那打つことを得るものである。又敵攻勢をとりて突擊に出でんとする時、中段にて敵刀の上に乘り、敵手に突入する時は、其の業を殺して躊躇する處を制する事を得るものである。要するに勝敗は敵手に入り起り迷ふ一刹那にあるのである。即ち間を近くして戰ふは不利なれども、間合より勢ひ込めて攻め詰むるは必勝の一法である。

間を詰むるに、敵より詰め來る場合と、我れより詰むる場合と、又双方同時に詰むる場合との三つあるものである。敵より詰めたる時は其の變刀によりて業を施し、突擊する業を殺し或は起りを打ち、或は外ずして突擊を敢行するのである。故に瞬時も構へに固著すべきものにあらず、機に應ずるの氣を失はざる樣注意すべきである。我れより攻めて詰めたる場合に於ても以上の如く、且つ我が攻めに應じて敵油斷なき時尙攻勢に出でて打たんとすれば其の起りを打たる。故に攻めつゝ敵構への動靜を判斷し、守る所、防がんとする所の敵體の虛隙を間髮を容れず突擊すべきである。

間詰めには何等の猶豫なく、一瞬刹那、電擊業を施すべき所にして、屹として守るべき地步にあらざるは玆に言を要する迄もなく、間詰それ自身の目的より見て當然のことである。

試合に臨みては膽を大にして、剛氣何物もなく、恐れず、恰かも意氣の權化なるかの觀あらしめなければならないのである。即ち充分なる業の發揮は、此の膽、此の意氣にあるのである。

敵間詰めにて其の刀尖を直線的に上下に變化する時は、敵我れの何れを臨むものなるや其の刹那迄不明のものである。隨つて其の刀尖變化の微妙に氣を奪はれ易く、或は憶し、或は鈍り、其の結果は敗慘の憂き目を見るの愚に至り易きものである。故に斯る場合、敵の構刀上下に支配されず、意に介せず、心に止めて、上下變化の刹那、機の先を制して突き、或は甲手を制して敵の業を制すべきである。此の場合受けんとする心起れば、我が業我が氣共に敵の術中に陥りて敵に制せらるゝに至るものである。

間合に於ける敵刀の動き、其の形狀變化に際しては、リード即ち引ずられずして我れより應ずる心持を以てし、必らず其の變構變形には攻め合ひて勝つことを要するものである何となれば此の攻め合ひに勝つ時は、弛む刹那突擊業は自由自在に施すことを得るを以てなり。左に其の場合に於ける攻めの方法を示さんに、

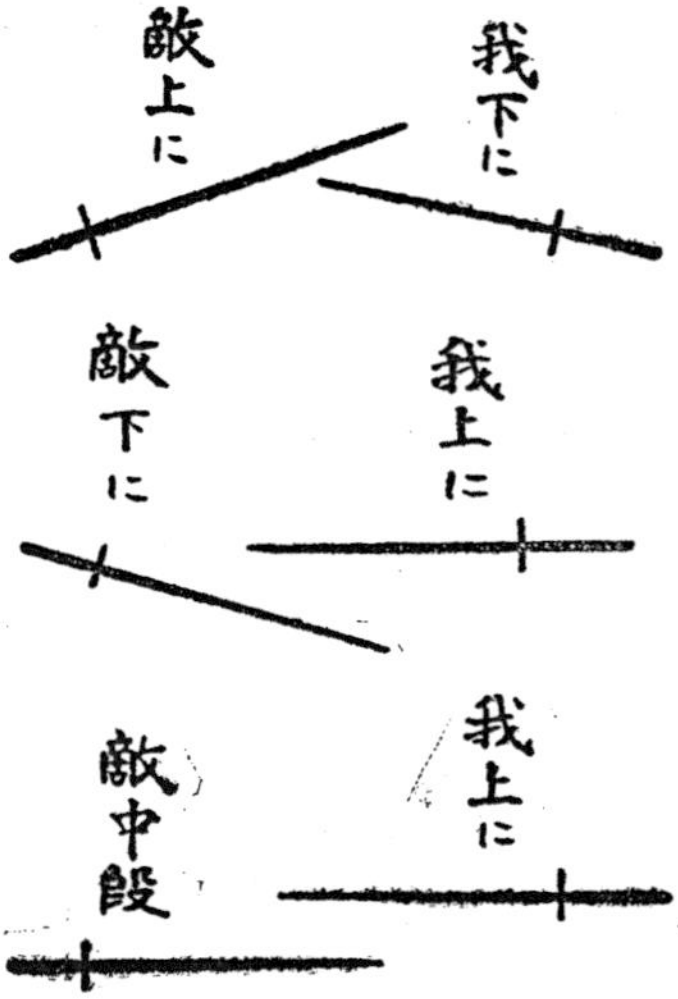

▲攻め刀を何故上下に動かす？

是即陰陽二性の理の具現にして、體氣共に之に一致せしめ全體活動の自由圓滑を期せんが爲めである。故に相氣を失へば怖れとなり刀は上調子となりて泛び兩手は力を失ひて虚隙體となるのである。

敵を攻むるに、上より攻むる場合と下より攻むる場合との二つあり、敵青眼の時は中段に、下段の時は又中段に、中段の時は其の刀の上に乘じて間を詰めるのである。これを攻めの變刀と云ふ。此の刀の變化によりて間詰まる時は、敵の突擊を防ぎ得て尙其の弛みを擊突し得るものである。

敵我れに對し擊突せんとする氣宇漲る時、我れ其の狀態に囚はれ或は怖れを抱く時は、我が氣は敵に倂呑されて受けの氣味となり、防ぎとなり、氣は敵刀變化に奪はれるを以て刹那の業は鈍り、突擊せんとしてなし得ず、且つ其の業は充實を缺くを以て奏効なし難きものである。故に斯る場合敵の形狀變化に奪はれず、其の變刀の際、其の先に攻入擊突する業を習熟すべきである。

體當り足搦みにて敵倒れたる場合は、間を切りて敵の起き上る刹那を正確に打つべきである。

練習なると試合なるとを問はず、體勞れ、氣倦まんとする時、常に五分間勘忍の習性を作り、全體力疲勞して動かざる時と雖も尙五分間の忍耐努力精勵の氣を養ふを得ば、無念無想神秘に通ふ業と一致して偉大なる効果を具現することゝなるのである。

間にて敵進み、刀を上げて打たんとする時は其の起りの甲手を打ち、敵上段に振り上げ或は間より伸び面を打たんとする刹那、電撃胴を打つべきである。

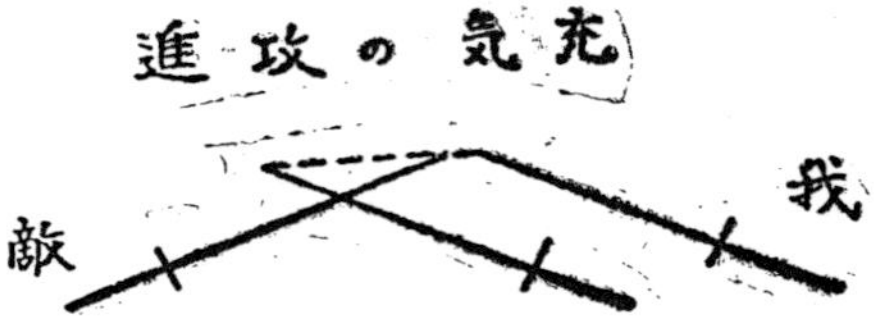

十一　進退刹那の必勝法

▲進退刹那の必勝

充氣合致して一方大氣なる時は、他方の充氣はこれに呑まれ或は壓せられて體の進退業の輕妙を缺く、充氣等しき時は、攻めにて敵氣を破り或は敵の突擊する刹那、間を切りて外ずす、即ち敵氣を破るのである。此の刹那、甲手面又は胴面と連續業を施して敵氣の弛む刹那を完全に捕ふるを得ば彼れを制するは易々たるものである。

間詰めにて構へを崩さゞる時は、攻守共に强き氣體である。隨つて敵突擊し來るとも其の業は正確なることを得ざるものである。

刀を上げ構へを崩す時は、敵に突擊の隙を與へるのみならず、これを

防ぐに力不足となるものである

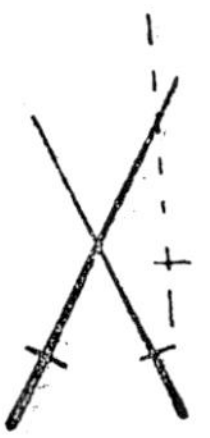

互に接近し刀を組み合せたる時は離れ際に圖の如く刀を上に繰りつゝ氣をこれに奪ひ、返し面及胴を打つ業あり、然れども其の手の上りし時、一方胴を先に打つ時は捷く制することを得るものである。

下圖の如く甲手を刀腹にて受け、返へして甲手を打つこと。

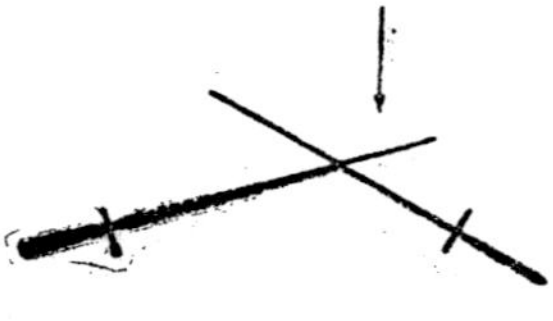

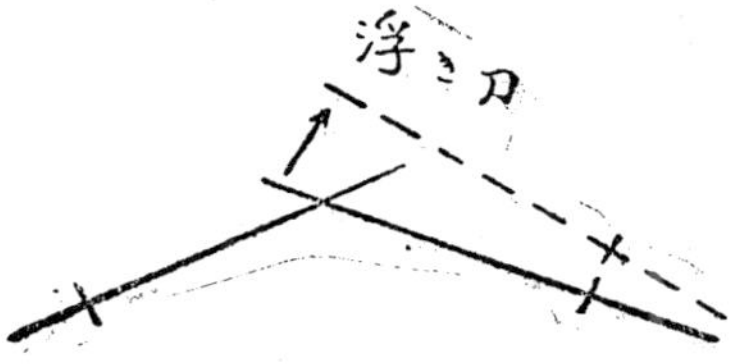

⊙注意

無茶打ちにて試合に强き者あり、又間遠く或は近くして强き者あり、或は中段に或は下段となりて强きものあり、構へに種々ある如く、各人の得意得手とする業は、各人各様千差萬別なのである。故に應じ返し業及び間の進退、或は防禦擊突其の强き實を外すし或はそれを利用して弱きを擊突する樣實習すべきである。

試合者始めての立合ひには刀を合はして間をとり、敵の動靜を見るべし。此時敵に得意の業あらば、敵は其の業を活用せんと絶へず留意するものである、又隱さんとしても自ら現はれざるを得ざるものである。故に間を詰め來るものは、起りを打たんとするか又間詰めの業に强き者である。即ち變刀侵入深く來る者は近間の業に强き者である。刀尖を離して變刀する者は、遠間より飛び込み來りて業を施すに强き者である。故に刀を合はして間に進退する間に、彼れの特性を感知し、夫れに對する業の應用を習熟することは緊要なることである。

十二　間の掛引き

間合の掛け引きに付ては、第二間合に接近して刺擊する人あり、又第一間合より僅かに進して擊突する人あるのである。故に前者の如く近間を選びて擊突せんとする者には遠間を切りて對し、近く攻進し來る時は其の起りの先を打つのである。第二者の遠間より擊せんとする者には、自分より間を詰めて攻め、敵の業を殺して我が業を施すべきである。此の間の遠近を適宜上手に行ふを掛け引きと云ふのである。以上は敵に隙を與へず、尙彼れの起りを制する必勝法とも云ふべきものなる故、常によく習熟されんことを望む。

左に秘訣の大體を說きて參考に供せん。

(一)敵接近し來りて業を施す時　其の施す間髮に一步退り、敵の盡きたる所を打ち或は施す起りの甲手を打ち、或は利生突きを行ひ、防がれたる時は隙さず其の反對側を打ち甲手の時は面又は突きを連續して施すのである。

尙突きを防がれたる時は、甲手又は面胴に變化して、連續敏捷に施すのである。

(二)鍔摺り合ひとなり　敵我が體を押し來る時、足搦みにて我が體を倒さんとする時は體を左右に變じ、敵體の橫脇を押して其の業を制し、敵離れんとする刹那引き胴或は甲手を打つのである。

(三)遠間より中段攻めの刀勢にて突き來る時　左右斜に其の刀を押へ、或は外ずし面の時は左右に拂ひ、或は摺り上げ胴を打ち、甲手の時は卷き落し、或は刀を外に開きて其の刀を外ずし、或は刀を開きて刀腹にて受け、應じ返しの甲手を打つのである。

完全に防ぎたる時は、敵の刀勢は必らず亂れるものである。故に其の亂れて立直らんとする瞬時撃突の業を施せば必らず奏効するものである。此の場合、人によりては竹刀の亂れたる儘横打ち或は無暴なる突きに出ずるものある故特に注意せられたし。此の横打ち或は道具外ずれの突きは當然勝負とはならざるものなれども、體の崩れたる無理な撃突は意外の場所を撃突され負傷する恐れあるものなれば充分注意を要すべきである。

(四)中段にて攻撃する時　敵單に兩手を伸ばして突きて防がんとする時は、甲手を斬撃するのである。甲手を防がんとする時は摺り込み面を、以上は中段にて攻入する基礎業である。

(五)甲手を防ぎたる時は　直ちに變じて甲手面或は突き業を必らず行ふべきである。これを變化業と云ふ。

第十一節　起りを制する業

一　構への起りを制する業

構への起りとは刀を合せたる時或は接觸して離れんとする時、敵の打たんか突かんとする氣の其の變刀の利那を云ふものにして、これを突撃して制するを、起りを制すると云ふのである。

敵其の構刀を稍々上げ、我が面を打たんとするの氣現れたる時は、敵刀は氣に連れて斜になるものである。故に其の機に我れは進撃して彼れの甲手を打つは効を奏するものである。又敵刀斜に振る時は胴を打つ時にして、其左右の横に竹刀を振り進む時は、利生突きを施すべきである。又敵中段下段に變化して攻め來りたる時、其の起りの刀腹に乘つて突入する時は、敵の刺撃の勢力を崩すものである。故に此の際敵の行爲を意に介せず、敵の起りの業を制すべきである。

二　構刺撃の起り刀を制すること

敵甲手打ちたる時は其の刀を我が刀尖にて卷き斜に彈ねてこれを制す。上段又は上げて打つ時は、刀腹を斜に切り落す、中段より打つ時は、其の力弱きを以て刀を卷き落し、これを制し打つ。又面の時、上段より正面、横面を打つ時は左右の斜に刀を斜にして充分切り落し、伸び面の時は靑眼刀を斜にして上に摺り上げ、刀腹にて敵刀を制するのである。

又突きの時は下段突きなれば利生突きにて起りを制し、青眼及び中段にて突く時は、左右の斜に卷き落して、其の起りを制するのである。又間近き胴の時は、刀を竪立として中柄にて制し、遠間より打つ時は、刀腹にて打ち落し其の起りを制するのである。

斯の如く敵の起りの刀を制する時は、必らず其の刀勢を破り、彼れの兩手は力充分ならず、進みて打てば必らず彼を制し得るのである。攻防の妙、勝敗の分岐は實に一擧に決せられるものなるを以て、熟讀翫味、充分なる實地訓練を積まれ、應用自在の妙を期せられよ。

三　攻めより起りを制すること

敵、中段下段に變化する時、我れこれに應じて其の構へに隙あらば直ちに刺擊するのである。この時我れ防ぐことのみ注意すれば、構刀自ら固くなり、又迷ひあれば敵刀の變化に氣を奪はれ、體氣力共に自己の構形を崩すに至る。故に敵變刀して我れを刺擊せんとせば、其の變刀に從ひ彼れの刀勢を制し、或ひは振り上げ打ちなれば甲手を制し、斜打ちは利生突き、又は中柄及び刀腹を押して其の業を制するのである。要するに敵の變形は、刺擊をせん爲めの變形なるを以て、其の構形變化の間、我れ靑眼構にて對抗し、其の刀尖を敵の咽喉に擬して進めば、自ら其の刺擊の起りの氣を制し得るものである。此の際、敵變刀して其の起りの氣を色々に見せ、我れに誘ひを掛くるものなれども、其の變形及び種々の氣を我れ意に介せず、瞬時電擊を加へる時は、彼れの誘ひの業は何等の價値もなく、隨つて効を奏せざるものである。又對抗せる間合遠き時は、誘ひも逆も何等の効もなきものにして、殊に敵變刀しつゝ接近し來たり、我れを刺擊せんとする起りの刹那を打ち、或ひは突けば、全く彼れの色も誘ひもなくなるものである。元來靑眼構なるものは、刀を稍々右に開きて甲手を守り又全體の防禦力充分なる構へである。又氣は敵の動靜に充分なる注意力を放ち居るものなるを以て、敵の攻擊に對する防禦、變刀に對する迷ひ、我れ打たん、打たれざらんとする心氣の迷ひ慾心なければ、決して敵の變刀動靜及び種々に見ゆる氣に釣られる事はなく、却つて我が構へのもつ攻防完璧の力は、彼れの打たんか突かんとする慾心を制するに充分なるものである。

自己の靑眼構刀を、平靑眼又は中段に變化し、間合近く敵に接すれば、敵は我が構刀變化の微妙なるに直ちに打氣を見てとり、種々に變刀し、或ひは我が變刀を隙なりと誤認して攻擊せんとするものである。故に其の起りを我れに打たれるものである。即ち慾心ある結果である。此の際、我が變刀に間を切りて構形を變更せず、心氣力を充溢せしめて、餘力を充分に有せしむるならば、我れは彼れに對して如何ともすることは出來ぬものである。

以上の如き場合に於て、其の變刀の時、爲すべからざる時に於て刺擊をなすを以て、其の起りの胴を拔かれ、或は突き或は甲手を打たれて起りを制せらるゝのである。又此の時即ち變刀して攻むるを、防がんとのみする故に、注意力は一方に偏し、隨つて全體の均衡はとれず、隙を生ずるを以て制せらるゝのである。

所謂構へて一心一刀の心氣力充溢すれば、如何なる場合に臨みても、誘ひなく、色なく、機に進み、變に應じて、打ち、突き、彼れを制する應變自在の業となるのである。これに反して氣に迷ひ心に邪心を生じて、種々に變化をなす時は、或は慌て、焦り、防がんとして又打たんとし、遂に起りを制せらるゝのである。故に此の點には充分に考慮を拂ひ、細心の注意努力を以て、一心一刀の業に熟達する樣心掛けねばならぬものである。左に一心一刀に對する注意を列記するを以て、熟讀翫味、熱心に練習せられたし。

(一)怖氣或は焦る時は　正しき打ち方を失ひ、敵の變形に迷ふ。

(二)敵の業に氣後れし　威に壓せらる時は、我れ守勢に凝りて刺擊の業を失ふ、又防禦充分ならず。

(三)敵の刺擊或は變化に迷ふは　我が體を固きに失せしめ、應變自在の業を奪はる。

(四)一本打ちは　外れ防がれたる時、後の先にて制せらる。

(五)突かん打たんとして　心迷ひ氣焦り、體滯る時は、敵に我が氣の起りを察知され其の起りを制せらる。

(六)我れ攻進し　敵又これに應ずるは理の當然にして、互に進み合ひたる時は、業は同一となるのである。此の同一の業なる時、敵面を打たんとする時は胴に、胴の時は突きに甲手の時は横面に、各業を機宜に適して施せば、同一の起りにて敵を制し得るのである。

(七)敵下段中段なれば青眼にて突き　敵青眼の時我れ中段にてこれを攻むれば、彼れの起りの氣を制するのである。故に左の業を充分練磨し、一心一刀となりて敵氣に奪はれず、これを呑みて起りを制すべきである。

(イ)　敵青眼或は中段構へなる時は　間をとり徒らに進撃せず、其の變形の起りを打つこと。

(ロ)　構形變化したる時は　間に接したる時、青眼の儘にて刺撃すること。

(ハ)　勝敗を顧慮せず　虚心坦懐、敵の所作の起りに刺撃して制すること。

(ニ)　敵の出先きの甲手竹刀を制し　瞬時刺撃にうつること。

(ホ)　敵、我が攻撃を受けたる時は　心氣力共に弛めず、連續的に業を敢行すること。

第十二節　和は心の對照、變は心の邪

和は刀尖の合ひたる所にして　相互の氣刀尖に合致せる時である。圖の如く陰陽の對

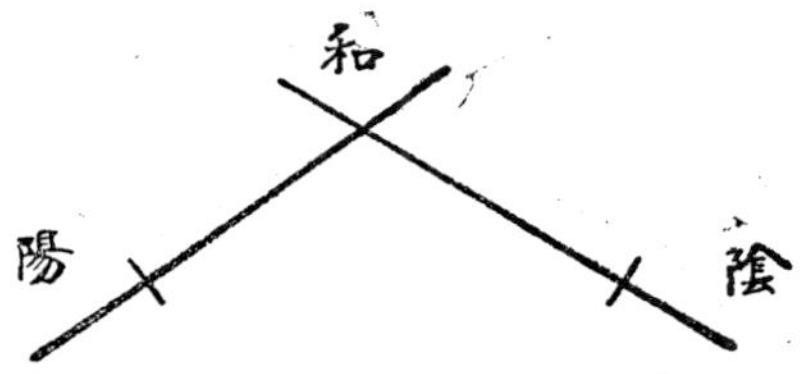

は即ち彼我にして、互の氣は和の對照となつてゐるのである。斯く相互の氣合したる處に千變萬化の業あり、所謂無想の境となり、無想心となりて一方の氣に合致するのである。此の氣を合致せしめ、和の對照とならしめるには微妙なる業を必要とするものである。卽ち氣の和より離れたる業なく、業を離れて氣はあり得ないのである。

氣正しくして一途に働き、我が業に所作に、彼れの氣を奪ふ時は、彼れの業は我れに同化して即ち活殺自在の業となるのである。卽ち彼れの氣は邪にして、迷ひとなり、無想心は破れて我が太刀に誘はれ、彼獨自の業は其處に中絶してしまふのである。故に間の接離の節彼れに奪はれざる樣注意すべきである。卽ち彼我の陰陽は、彼我の和であると同時に、心の正邪を現はしてゐるものである。氣の移る時、防がんとする心に止まるにあらず、打つ時其の心に止まるにあらず、機宜に向つて電光石火攻防刺擊の業を遺憾なく施すべきである。即ち意の心に思はずして、心のこころに思ひ、これに因て變化の玄妙をなすを、氣移りて心和したるものと云ふ。これを自己の身體の動作より云へば、萬遍なく遺憾なき動作にして、體固く、氣躊躇する動作は邪の動作と云ひ心の和を缺きたるものである。即ち身體の自由を失へば、氣又其の移りの自然性を失ふものなる故、物に感じたる機會に、意の心を發揮して猛烈なる活動をなし、心のこころにこれを收めて其の活動を充分ならしめ、全我を盡して活動すべきである。此の心即ち心中何物もなく、自由に働きをなすを相互和の働きと云ふのである。

▲來則向對即五五十、二八十
一九十、即之可和

一九に和し、五五に和したるものにて攻守、打ち防ぎの正法を行ふ。此の時若し心の邪をもちて合すれば其の邪は正法に制せらるるのである。即ち形は心を現はしたるものである。

五五十に和したる處、敵來ればこれを向へ打ち、敵

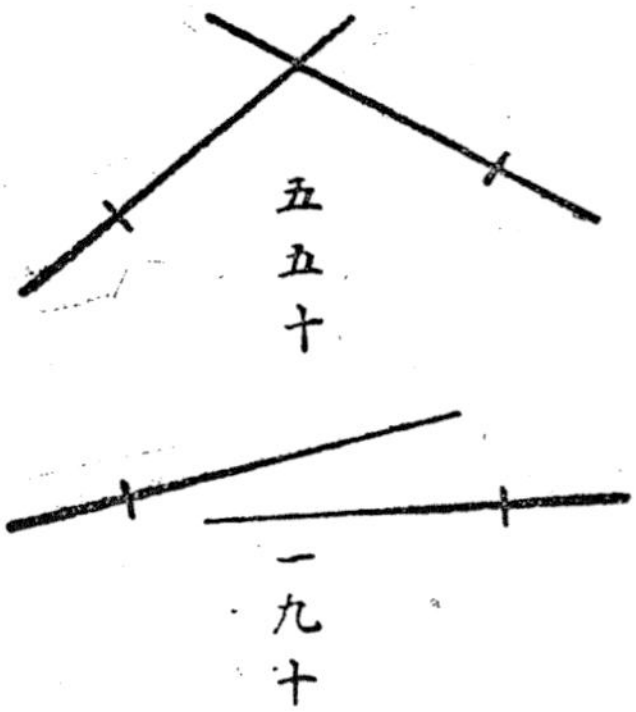

退けばこれを追撃す、これ即ち、和によりて機に微妙の業を施し得るものとなるのである。此の場合、和の心同一なる時は、變化行はれ、邪心あれば一方の正心に併合歸一され、正の自由自在となるのである。即ち邪は瞬時にして破れるのである。初心者の多くは、試合に臨みて、自己の業充分ならざるにも拘らず、敵を打たん、突かんとのみ考へ、或は勝たう敗けまいとする念慮に左右されるを以て、相手の構へに恐怖又は焦慮を感じ、其の打ち込みは充分なるを得ず、随つて迷ひの心となるのである、これ即ち邪心と云ふのである。

全體が進まず、處作に應ずること能はざるも、又足進まずして手充分伸びず、刺擊完全ならざるは即ち邪心の爲めである。故に變化の業を全體に渉りて身心に習熟すると共に、邪念の擡頭を抑壓消滅せしめ、無念無想の境に如何なる機にも變化の出來得る様にすべきである。變化の業と云ふも、單なる業を指稱するものにあらずして知行合一の結果を意味するものである。斯くてこそ變化の業は玄妙であり神秘を罩むるものである。

第十三節　無想の劍心と心

刀の動きは心氣の働きである。故に氣に迷ひ、心に恐怖あれば、體は其の行動を誤りて刀は其の自由を逸するのである。隨つてこれに反して、迷ひなく、心正氣に動きて、元氣一途に終始する時は、機に臨みて先を制し、變に應じて全體活動は敏捷遺憾なきものとなるのである。

古語にもある如く『二兎を追ふ者は一兎をも得ず』と云ひ、劍道の業もこれを行ふに種々あれども、心靜まりて氣一途に集まらざれば、全體活動の圓滿を缺くは理の當然にして、制せんとして却つて自己の敗北となるものである。氣の練れざる者は、兎角業に凝り、心に迷ひ、或は徒らに左右されて、氣の正を缺くものである。此の多種の業を超越し、心の迷ひを脫却し、氣の統制を得て一氣に施す心業を、無想の劍と云ふのである。此の心の業とは劍聖、武藏の說きし『心のこころ』の業にして、氣の業は又彼の言へる『意の心』の業である。更に言を換へれば心の業とは、恰かも亭々天を摩する喬木の根幹の如きものにして、氣の業は其の枝葉にも等しきものである。卽ち心の業に對しては、大木の根幹に於けるそれの如く、敵の業或は氣の颪に當りても微動だにせず、これに反して氣の業たる枝葉は多少の風にも動揺して、果ては落葉敗北となるものである。我が氣如何に騒ぎても、又身體如何に活動せしむるとも、我が心の明を缺き、業心業に達せざれば、其の活動、氣の行動は却つて我れを虚體に導き、破れざらんとして破れざるを得なくなるのである。心磐石にして明を失はず、氣も體に善惡利害を顧慮せずして活動すれば、心の命即ち善にして正、且つ強くして勝ちとなるのである。即ち一切の利害得失を超越して敵に對すれば、既にして敵眼中になく、術略なく方式なくして、我が思ふ所變となり、應ずる所變となりて、敵と我れとの融合渾一は、我れに縱横無碍の業となり、行く所一つとして可ならざるなく、踏む所一つとして正ならざるはなきに至るものである。これ即ち玄妙神秘、偉大なる無想の劍である。

圓は靜にして明　且つ無限である。而して無想の心は圓心に融合一致するものである。即ち無想と圓の關係は同一形の圓二個をとり、圓心と圓心とを重ねて合せたるものと何等變らなきものである。

劍を把りて心無想となれば即ち泰は無想の劍にして、劍心は圓と融合渾一し、圓の持つ凡ての偉大性は即ち劍の心となるものである。即ち前述の如く、神秘玄妙、縱横無碍の働きをなし得るものである。若し心無想に籠らずして活動する時は、劍は其の德を失ひて敵の形に迷ひ、或は自己の氣構に凝りて、攻防術略の明を失ふのである。

氣にも業にも、これを包含超越したる無想に至りて、氣も業も一劍の正に一致し、百方變化の活動をなし、然かも激戰數度、依然として敵機に應じ、爲すべきを爲し、行ふべきを行ひて眞の力を失はぬものである。

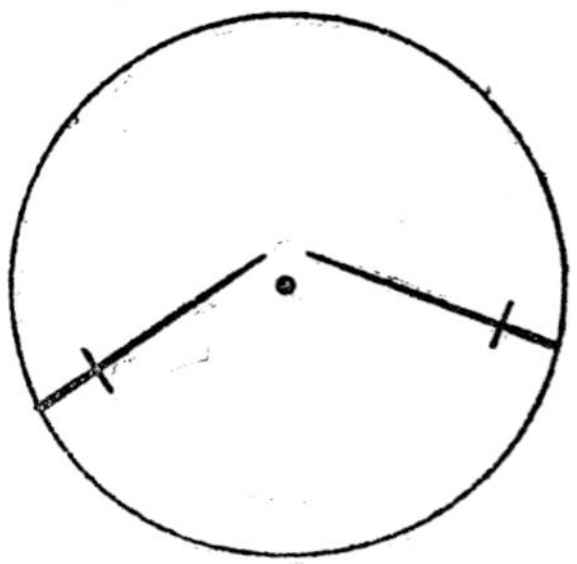

第一圖

無想心、無想劍を强ひて形にとれば、上圖に示す相靑眼の構へを無想心、無想劍と云ふのである。即ち相互の刀尖和し、業の發する形にして未だ發せざる劍を云ふのである。此の無想の劍に構へたる時は、敵刺擊せんとする氣起れば其の構へに現はれ、我が心體に映ずるのである。故に其の起りの機にこれを制し、變に應じて敵を刺擊することを得るものである。此の無想劍には攻め或は刺擊の色なく、或は敵の打たんか突かんとする變刀に反抗せず、逆らはず、敵將に打つ既發の機に業を施す心氣力充分あるのである。又此の構へを守りて一歩進み、青眼中段の間に微妙に變化して敵手に入れば、敵氣はこれに應ず、其の應ずる劍を逆らはず守らず、其の刺擊せんとするに應じて業を施す。即ち敵の變形或は術略に奪はれず、我が心眼に映じて其の起りを制し、或は所作に應じて其の機を制するのである。これ即ち無想の劍である。

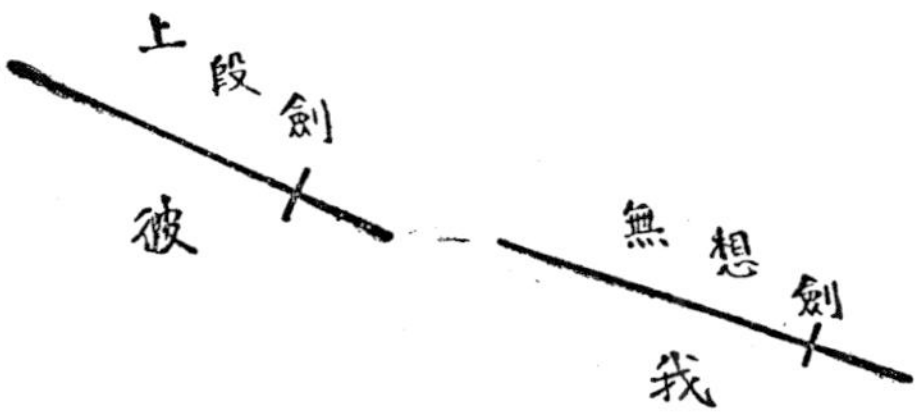

上圖に示す如き構へたる竹刀の相互の對は、一方無想劍にして、一方上段の氣劍である。即ち一刀兩斷の氣剛と無想劍の對である。

我れ無想の劍にて上段の氣剛に對し、從容自若として其の劍に逆はず、迷はざる時は、一刀兩斷の氣劍は我が劍に對して打ち下すこと能はず、よし氣劍よく打ち下すとも、瞬時體を躱して刀を外せば、敵の氣劍は忽ち崩れ、刹那我が無想劍は彼れの頭上を斬撃すること能ふものである。一刀兩斷の氣魄を籠めて打ち下す氣劍は、相手の氣を破る意氣であり、劍の構へなれども、此の氣構無想劍に對抗する時は、氣力體力共に充分の働きをなし能はず、一下の刹那應じられ、拂はれ、外ずされ、石火の業に打たれて其の勢ひを失脚し、逃げ出すより外道なきに至るものである。況や邪氣の劍、迷ひの劍は、其の起りを制せられ、恰かも横綱に對する褌擔ぎの取組の如きものとなるのである。

第十四節　攻守の誘引による刺擊

互に構へたる靑眼は、相互に敵の胃尾を中心として刀尖を着けてゐるのである。此の刀尖合する時は合氣にして、氣合して双方攻め合ひとなり、叉一方攻むれば一方守り、互に進退して其の刀尖を變化し、敵氣を誘ひ、敵の起りを打ち或は體を崩したる時、これを刺擊する戰法を、誘引による刺擊と云ふのである。

前圖に示す如く平靑眼に構刀を開くは、敵を誘引して敵の打たんか突かんとする時、其の起りを突き或は面を打ち胴を制するのである。此の構刀を術理に基きて變化し、敵に突き面の氣を與へるを誘引と云ひ、其の起りを制するは即ち誘引に因る刺擊である。

敵突きに來たらんとする時は、刀を摺り込みて利生突きを、面を打ち來らんとする時は、起りの甲手或は胴を打つのである。又下段誘引等、變形に因り敵の起りを制することが出來るのである。我れ變形して誘引する時、敵上段或は斜刀にて打たんとする時は、其の起りの甲手を押へ、或は突かんとする時、我れ變體して左右の斜より突けば、其の起りの業を制することが出來るのである。即ち誘引して敵に刺擊攻守の氣を起さしめ、其の起る機を逸せず制するの業である。

誘引の業を施す時、氣分に凝りて打たんか突かんとする時は、却つて敵の來る業に迷ひ、失敗を招くものである。故に敵に打たれるか突かれるを覺悟して（此の氣習熟すれば無想心となるのである）一處の機に業を施すことを練習すべきである。

余の體驗に、第一間合にて、青眼に構へて攻守する間、平青眼に外ずし、一氣に伸びて正面を打ちたる時、美事面打ちは成功したのである。此の場合前述の如く、敵に突かれるを覺悟して一氣に打ちたるを以て、敵は我が體と刀の變化に注意し、我れに誘はれて、これを受けんとする所を他方より打たれるのである。誘引の業を施す時、策或は怖れあれば、如何なる名案術略も効果なく、又敵の誘ひに乘じて、打たんか突かんとすれば、一方に隙を生ずるを以て、敵に向ひ飛込むは恰かも飛んで火に入る夏の蟲同様にして決して感心すべき業ではないのである。然れば彼より誘ひを掛けられたる時、如何にしてこれに應ずべきであるかと云へば、即ち彼れの變形に對しては、それに逆らはず、自分を守りて進み、或は構へを開きて、敵の攻略を悉く我れに奪ひ、敵刺擊せんとする未發を反對に制するのである。

最初より此の誘引の業を施すことは至難なるも、この術理を理解し、攻守、防擊、起りを制する業を習熟する時は、自ら智に、體に、心に備はりて、突嗟の間誘引より刺擊を行ひ得るものである。即ち此の備へ出來れば、敵の術略を見定め、誘引して機に應じ時に變じて、彼れの氣に逆らはず、其の起りを制し、變に其の業を殺すこととなるのである。

何人と雖も敵と對抗せる瞬時は、彼れの體如何に動き來るか不明のものなれども、對抗せる氣勢は、自然に彼我の動靜及び掛けんとする業は察知されるものである。故に此の動靜の間、何れを打ち、何れを突くべきか瞬時心に決定すべきものにして、これを直覺的に感銘決定するを得ば、敵の術略も充分見定め、我れ彼れを誘引する餘裕生じて、統制ある我が心眼は敵の全體行動を透視し得て、其の誘引の刹那、全く感應作用と云ふか神秘的靈覺と云ふか、それによりて敵打たんとする起りを打ち、或は受けて打ち、起りを突く働きとなるのである。

要するに最初は、敵の起りの何れを刺擊すべきかの理を悟り、これを實際に訓練して瞬時敢行し得る樣慣らすことが必要である。

誘引の業の原則として、彼れの全體活動を察知し得る注意力を統制し、其の動靜を未前に窺知して、彼れの起りを破ることが必要である。尙平素誘引して起りを制する業を練習するには互格稽古をなし、試合的に硏究練磨すれば一層其の業を正確に會得することが出來るものである。

第十五節　追込み又は退却打ち

一　要領概説

敵攻撃し來り、我れ守りつつ退却する時、敵の打たんか突かんとする所をなさしめ、其の業を外ずし、盡きたる所を打ち、或は再び起る所を打ち、却つて我れ敵を制するを退却打ちと云ふのである。即ち敵の業を外ずして業をとる應じ返しの業である。

敵中段に構へて攻撃をとるは、一方攻めて一方守る構へなれば、其の構へに對し、我れ攻勢をとりて直ちに刺撃すれば、彼れの應じ返しの業にあひて制せられるのである。故に我れ攻勢を持して敵の刺撃を待ち、敵刺撃し來る處これを避けて後に逃げ、其の刺撃を外ずして打撃し、或は尙我れを追込みて刺撃せんとする時は、其の起りを打つ、此の應じ返しの業にて刺撃するは極めて有利なものである。而して追込む時は、靑眼及び中段を崩さず攻めて敵の鍔際迄刀尖を入れ、其の追込みに應じたる時、諸手にて突き、防ぐ所を他の業にて追撃するのである。敵を追込みて、敵我れを打たんとして其の手を上げ、或は飛び込みて打ち來れば、必らず我れ應じ返しの業にて迎へ打つべきである。又中段にて追込みたる時、彼れ青眼に應ずれば、應じたる甲手を打ち或は諸手突きをなす。又我れ中段に攻め、彼れ下段の時は、突き又は伸び面の變擊に移り、間にては青眼より稍々下を上下して其の刀を失はず、敵の追込み攻勢の時は、彼れに打擊の隙を與へぬ樣すべきである。又我れ追込みて、敵退却して間を切る時、我れ遠間より刺擊するは、其の効果よりみて頗る不利である。故に間を攻めて適宜に接近し、油斷なく彼れの起りに注意し、平青眼に刀を落して彼れを突き或は面打ちに誘ひ、彼刺擊し來る時は、橫面又は摺り上げ面或は胴を打つのである。

元來追込みなるものは其の字義の示す如く、旣に氣力的には優勢の地位にあるものなれども、追ひ込みて後の處置或は不注意、不充分なる打ち込み方をすれば、應じ返しの業にて敗北を喫するものである。

退却して敵の裏を掻き、却つて敵を制するに至るは、是を氣分の上より云へば、壓迫的なる敵氣を外ずし、自己の壓迫されし氣を活かして充分なる適宜の業を施す爲めである。

本節に述べしことを更に詳述すれば、即ち、我れ攻めて追込みたる後、彼れ我が追込みの裏を掻かんとする時は、退却して我れの刺擊を外ずし、而して我が起りの業を打たんとするものである。故に決して彼より積極的に攻勢に出ずることなきものなるを以て、追込みの時は靑眼又は中段を崩さず、刀尖の亂れを見せずして自己を守りつつ逃げたるを追極めず彼れの攻進に餘裕を以て待ち、或は刺擊に躊躇する處、すかさず其の構へより突擊變擊又追込みて敵中段の時は、諸手突き、靑眼の時は甲手を打ち、防ぐ處すかさず追込みて變擊するのである。以上如何なる相手に對しても攻勢の構へを崩さず、敵の攻め返し或は打氣の躊躇したる時は、必らず先手に追込みて刺擊を施せば、敵は釜中の魚、袋の鼠同樣となりて、これを制するは易々たるものとなるのである。

以上は追込みの場合なるも、退却して打ち込み彼れを制するも又兵法の一法である。故に有利なる攻勢にありと雖も、其の攻擊無暗矢鱈にては何等の奏効なく、却つて敵に乘ずる機會を與へ或は利用されるが關の山である。即ち敵飽迄攻勢に出で來り、我れ不利なるにも拘らず敵の刀勢に向つて攻擊すれば、敵に應じ返され、或は其の起りを打たれて益々不利に陷るのである。故に此の場合に於ては、退却して敵の攻擊を外ずし、尙追込み來る時其の刀勢を左右に崩し、變じて敵の意表に出ることが必要である。又退却して敵の業に應ずるは、構への變化、攻勢の利不利に拘らず氣分の問題も極めて密接重大なる關係にあるものである。殊に試合等に於て勝負にのみ拘泥する時は、氣に迷ひ起るは必然にして、自信ある業も充分伸びず、却つて失敗を招くのである。故に充氣によりて敵のいづれを打ち或ひは何れに應ずべきか、又我れの裏を取らんとする氣があるか等攻進退擊の術略を窺知し、彼れの攻進せんとする瞬時、未發の業を刺擊抑制し、又變應の業を通明する樣なすべきである。『中段に攻めて甲手を打ち、或は突きに變化するものあり、或は靑眼より甲手を打ち、面に變化するものあり、其の攻擊を突嗟の氣配に通明して、其の攻擊を防ぎ或は應じ返しにて後の先をとるのである。

相互間合に進退するは、各自都合よき間を得ん爲めなれども、自ら其の間合一定し大差なきものである。然れども一定の間にて一定の業を施すべしとは定まり居らざるもの故、未發の氣配を察知することは、極めて重要缺くべからざるものである。未發の氣配を窺知する能力の有無或は其の濃淡は、大極より見て既に勝敗を決するものである。故に此の氣配を察知する能力を日常練習し、試合に臨みてこれを充分發揮し得る樣すべきである。即ち左の業を日常熱心に練習せられたし。

(一)面甲手の打ちは　多く中段攻めより進化し、諸手突きも又中段より變化するものである。故に此の氣配を察知することに力め、漸次習熟して、彼れ業を施さんとする瞬時我が氣に通ずる樣努むべきである。

(二)青眼の刀を振り上げたる時は　概ね正面及び甲手を打つものである。而して間々胴に來ることあれども、振り上げたる攻勢の氣配は簡單に我が氣に通じ、これを察知することを得るものである。

(三)突きの時は　青眼の刀尖稍々下り、打ち方の刀とは全く相違するを以て、敵の狀態に留意すれば、氣自ら通じてこれを察知し得るものである。

(四)青眼より稍々上にて返す時は　必らず横面又は胴を打つものなるを以て、前と同じく氣配を察知するものである。

（五）彼我接觸したる時　我れ構へを崩さざれば、打たれること絶無なるものなるも、其の離れんとする際、胴或は甲手或は摺り上げ面を打つものである。然れども我れ構へを崩さず守れば、其の氣配自ら通じ、彼れの狀態如何を察知し得て、先の業を施すことが出來るものである。

所謂凝視は、業の起る氣配を直覺的に通感するものにして、即ち以心傳心と云ひ、神妙自然實に微妙なる感應作用となるのである。

世に言ふ天才兒必ずしも終生の天才たらず、天才たりと雖もこれを磨かざれば、其の才凡庸に劣るは必然の理にして自然である。燦然光輝を放ち幾多寶玉中に君臨する金剛石と雖も、地中に埋沒せる儘にては其の本來の性も發揮すること能はず、幾多の加工工匠の努力を經て漸く燦光眩しき本性を發揮するのである。

而して近代科學の發達は、人智の涯しなき向上となり、從來天才兒或は先天的特有性を有するもののみの味ひ得たりし境地も、今や開放されて自由に委せられ、天才と凡庸の區別は完全に撤去されたると同一現象を呈するに至つたのである。即ち身凡庸なりと雖も、其の努力の如何は必ずや天才の域を摩するものである。故に道を學びて忠實なれば、嘗つては憧れし先哲の經路も遠く彼岸のものたらず、理想は現實化して遂に我れ至高に到達し最上の勇者となり得るのである。劍道又然り、故に此の微妙神に通ずる氣配の感知は、我れ不斷の努力と注意を怠らざれば、習ふ處自から道に習熟し、心眼活力たる感應作用の自由は必らずこれを體得することを得て、敵の狀態より未發に業を知り、其の起りを制し得る樣になるのである。倘此の直覺的感應作用は、間合の業或は接觸による業にも機微に働き、我が業我が行動を遺憾なからしむるものである。故に不斷の習熟を怠らず、玆に到達する樣益々精勵努力すべきものなり。左に要項を說述し諸賢向上の參考に供せん。

二　業の窺知と變化

（一）青眼構への刀尖を稍々右に外ずし　進みて刀を上に返へして甲手を打ち、或は敵斜刀に構へ、手を上げ甲手を打つ時は、これを外ずして變體し、横面を打つのである。

（二）我れ下段にて追込む時　敵上體を退き或は構へは其の儘にて首を退く時は眞直に

突けば充分極まるものである。若し敵が下段に攻め來る時は、突きの起りを我れ鬪せずして反對に突きに出ずれば即ち利生突きとなり、敵より早く我が業を先になす時は効を奏するものである。

(三)上段構への時は　刀を敵の左甲手に着け、自分の體を防ぎ、「常に右に變體して甲手及び逆胴を打つのである。

(四)青眼刀を組合せたる時　中結の處より刀尖に沿ひて下より上に曲線を畫き、諸手にて突くのである。圓を畫けば、刀尖左右に變化し、隨て敵は我が刀尖の寄る處に偏寄するものである。故に其の何れの一方に偏寄するも、敵の構への中心に隙生じ、我れ無想に籠りてこれを突けば必らず當るものである。而して又、敵其の刀尖に圓を畫きつゝ我れに迫る時、我れ一歩進みて突撃すれば、即ち利生突きとなり、敵の突きを防ぎつゝ我れ反對に彼れを突き得るものである。

(五)鍔摺合ひとなりたる時　敵足搦み或は倒さんとする時は、敵の中柄を握り、足を左右の斜に避くれば、敵の攻撃を防ぎ得て倒されることなく、敵離れんとする時、面又は甲手を斬撃し得るのである。

又此の時、敵竹刀を逆にして首を拂はんとする時は、拂はれたる儘逆胴を打ちて變體するのである。

(六)中結の所に組合せ

構へに氣をとらるゝときは刺撃せらるるのである。これを間近きと云ふ。間近き時、業捷く來るは當然にして、これに應ずる力充分ならざるときの多きものである。所謂應じ返しの業に障り生じ易きものである。故に敵の業を利用して却つて彼を破る業あれば格別なれども、往々にして斯る突嗟の場合には、眼と術略の相違し勝ちのものにして、これを防ぐに暇なきこと多く、且つ防ぎ損ふときは必ず打たれるものである。故に相互の刀尖中結の處に組合ひて攻むる時は、其の起りを制するか、或ひは敵の刺撃の刹那、變體して其の刀を外ずし刺撃を行ふのである。例へば甲手の時は外ずして面、面の時は胴を打ち、敵上の時は下に、下の時は上に、各適宜の業を施して、實を避け虚を打つのである。又刀を組合はせて我れ不利なる時は直ちに一歩退き、元の間をとりて攻守の機を窺ふのである。此の點試合には最も必要にして、勝負の分れる所此の間の如何にあるとも云ひ得る程のものである。

第十六節　隙を敵に與へざる秘法

凡そ運動競技と名のつき、或はそれに類似せる内容を有するものなれは、敵に隙を與へざるは自己をして勝利の榮冠を戴かしむる最良の方法なのである。劍道試合に於ても此の理は當然適用さるべきものにして即ち試合必勝の秘法に屬するものである。

此の敵に隙を與へぬと云ふは、例へば敵靑眼の時は中段に、中段の時は下段に、敵の氣分變化に連れ、其の變形に應じ、構へ變化により隙を與へざるを云ふものにして、變形により攻撃の氣機を制し、乘ぜんとする機會を與へざるものを云ふのである。以上の如く此の變刀は、敵心の起りに逆はず極めて自然に應變すべきものにして、又敵に進擊心を起さしめず、即ち隙を與へざる變化であり、間にてこれを行へば、未發を防ぎ、或ひは其の氣を抑へることは可能となるのである。此の自然變刀は、攻め合ひて敵の業に逆はず、又攻擊せんとする氣配もなく、隨つて彼れにも反抗心生ぜず、彼れの氣、彼れの體は攻擊せんとする一方に偏して我が體の崩れ或は隙を窺ひ、自然彼れの體には防禦に對する油斷は生じてゐるものである。而して又我が構への變化は、彼れの攻擊せんとする氣宇も、其の決行をなさしむること能はざる體である。卽ち彼れに隙を與へざる變刀にして却つて彼れに油斷を生ぜしむる變構となるのである。故に機を見て眞直に擊突に伸びる時は、彼れの油斷心を不意に襲ふこととなりて受けんとして受くること能はず、或は判斷の餘地なく、我が擊突の業は美事に極まるものである。

一、變形による業

下段に刀尖を下げたる時は、突擊の氣勢を示す構形である。隨つて此の氣勢に對しては概ねこれを防がんとして、突擊の氣勢に氣を配り、爲めに其の構刀を崩して下段構へに應ぜんとし易きは自然の理にして且つ自明の理である。故に防がんとして其の防禦の適所に變刀する他の隙を電擊攻進する時は、敵の變形したる不注意の處を擊突奏効するものである。又これ中段にて追込み、尙其の氣勢を連續して攻進する時は、我が構へは突き面を打つ狀態となり、敵打ち來らんとすれば起りの刀を制し打ち、或は崩して打ち、又甲手面の狀態に心を配る時は、彼れの構刀は自から其處に偏して防禦の刀勢となるものである。故に彼れの注意力散漫なる他方を變撃し、或は敵攻めに變化する時は、又其の一方の隙を打つのである。

二、實を外して虛を制す（氣分と變形の相違する場合）

相青眼の刀尖を中段下段に變化する時は、敵これに應じて青眼に攻め、或は中段に防がんとするものにして、其の形狀變化により、自から氣力に差の生ずるものである。

我れ青眼構への時は、敵の打たん突かんとする氣勢も意に介せず、氣に迷はずして動かざる時は、敵の擊突せんとする起りを制することが出來るのである。

青眼に攻進して突擊の氣勢を見せる時は、敵はこの構へ、此の氣勢に對し、拂ふか攻め返すか或ひは刺擊に出するか、何れにか必らず應ずるものにして、體形自から變化するものである。此の變形の瞬時、其の變形の隙に、即ち變形右に崩れる時は左より、下の時は上に、上の時は下に、各適宜に業を施す時は、敵の實力を外ずして虚を突き、守り薄き敵の箇所はこれを制するにいと易きものである。即ち敵の實は、其の打たん突かんとする處にあるものにして、虚は其の實を避けたる反對側即ち力なき守り薄き所にあるのである。これに同じく我が變形とても、必らず變形の一方には侵入され易き所あるものなる故、其處に心のこころを放ち、意の心に動きて氣の活用、即ち業を伸ばすべきである。此の心氣に生れたる變形は、敵に對し攻勢をとり擊突奏効の實力を有すると共に、敵の攻擊に對する準備整へる結果、自己より變形して體を崩したる處に敵氣を誘ひ、其の實を避けて虚を打つことが出來るのである。

變形の効果を擧ぐるには云ふ迄もなく、我が意圖と敵の意志或は狀勢とは常に相反し、少くとも變りゐることを必要とするのである。例へば中段にて敵の甲手を攻むる形狀の時敵これに注意すれば隙かさず面を打ち、或は突きを攻むる形狀の時、敵これに注意すれば甲手を打つのである。要するに虚と實の分岐點は、相互意圖の相反する所に生ずるのである。故に我が意圖と敵の意圖の同一なる場合、例へば我れ中段に進む時、敵これに逆はず然かも同一形狀をとりて應ずる時は、即ち實と實と合致するものにして業は同一となるものである。故に我れ若し變形して擊突侵入すれば、却つて自己を危地に導くものである。故に變形は敵の實を外ずしたる變形でなければならないのである。

又接觸したる時は、對抗せる彼我の間合あまりに近きを以て、竹刀變化の餘地なきものである。隨つて直接體力の戰ひとなり、體の業となりて敵力を利用し、變體して敵の實を外ずし、隙に擊突の業を施すことになるのである。第一間合より第二間合の進退には、實に微妙なる操刀變化となり、機に臨みて體の業或は氣の業となりて千變萬化の業となるのである。此の間合に進退する間、一種異樣の姿勢をとり或は手を逆に振り廻したり等して面又は甲手を打つ場合があるものである。固より無理なる業には相違なきも、これも其の實を外ずし、虛を打ちたる場合なのである。

此の實と間を外ずして虛を制すると云ふことは、しかく簡單なるものにあらず、其の鍛錬は一生即ち不斷の努力修業に托して初めて可能なるものにして、又それだけに此の實を外ずして虛を制する業は廣大無限なるものである。

三、敵の構へを崩して一氣に攻撃

試合の實際的開始は、第一間合の刀尖相摩す時にあるものである。此の刀尖交叉せんとしたる時が相互の鬪氣合致したる時である。此の間合は普通七尺六寸前後にして、柄元を中心として刀尖を以て畫きたる圓内は、自己の攻防變化の策源地であり本城なのである。

（備考　普通竹刀の長さは三尺八寸である。然れども各人に適する竹刀はと云へばそれは各種多様である。元來竹刀の長さは各自の水月より下方の身長と同一であるのが最も合理的なるものであると想ふ。）

第二間合に進み、敵刀の中結の處に侵入すれば、既にそれは敵陣圈内なるを以て挑戰となり、更に進みては電光閃々たる接戰となるのである。要するに攻撃して敵の構へを崩壞すれば、敵の攻撃力防禦力共に鈍り、或は戰鬪力を失ふことゝなるのである。故に攻めの變刀は敵の構へを崩すのが目的であり、漫然と變刀することは百害あつて一利なきものなる故よく〳〵注意すべきことである。

四、我が變化刀の隙

敵氣を攻むるに、我れ中段構へなる時は自己を守り、一方敵を攻擊する力は充分に備はれものである。然れども其の變化刀に止まる時は、即ち我が體は隙となり、又青眼より拜み打ちの氣勢にて、手を稍々上に上げ、或は刀尖上がる時は、自己の體に隙生じ、打たんとして却て其起りを制せられるのである。又斜に刀を上げ、或は竹刀を廻すことは其處に隙を生ぜしめるものにして、一刀兩斷の上段には、突き或は胴の隙があり、下段には面の隙があるのである。故に上段に、中段に、下段に變形して一瞬時たりとも留まる時は、それは皆隙にして、留まる刹那敵の電擊に逢ひて慘敗の憂き目をみるものである。故に上段、中段、下段の變刀は敏速に行ひ、然かも其の間間隙なき樣變刀すべきものである。即ち一氣に業を施すことが肝要なのである。

第十七節　業は腕力及び惡氣を制す

一　概　說

如何に腕力あり、又如何に惡氣旺盛なりと雖も、正に籠れる眞の業あれば、暴慢疫鬼の如き力も、或は萬物頽廢せしめずんば止まざるの毒氣も、彼れの持つ凡ての力は、我が正氣に籠り眞に充溢せる業に壓倒され或ひは彈ね返されて、我が强き彈力性を威示し、再び彼等邪惡の跳梁を許さざるものである。即ちこれを劍道に於ける劍術なる形而上に見るも、正法に於ける充實せる業は常に部分的眞理の體現である、即ち强である、善である、大であるのである。又業は斯くあらなければならないのである。故に充實せる業に對抗しては暴も惡も獰猛なる本性を發揮すること能はず、却つて業に降り、其の憐憫の情を乞ふものである。即ち彈力性に富む柔なる業は、よく暴剛の力を制し得て餘すところなきものである。

業は强靱にしてよく外壓に堪へ、然かもその外壓に反比例して猛烈なる反撥力となり、或は又柔なる業の性は、暴剛惡の力及び其の氣力に對し、これを柳に風と受け流し、彼れの虛、彼れの弛みに伸びて何等の無理もなく、こだわりもなく、自然に且つ合理的に彼れを制し、彼れ又自から我が眞業に降伏し來るものである。

業はこれに對抗する外、力に對して硬軟自由自在である。柔にして柔ならず、剛にして剛ならず、機に臨み變に應じて、强ともなり軟ともなるのである、即ち中、剛にして外、柔、逆らはず抗さず、然かも倘他色に染まず、勇往邁進獨自の境に終始してゐるのである。故に劍をとりて業を行ふ者、よく業の本性其の眞質を充分會得して、業本來の使命及び獨自の境を完全に現はし遺憾なきを期さなければならないのである。

玆に各項に涉り、業による制敵手段を詳述せん。

二　應じ返し業にて敵氣を制す

業充實して强固なれば、敵の剛力を防ぎ、外ずし或ひは利用又敵の剛氣を制するのである。即ち體力も氣力も業に倂行せざれば何等の價値も現はさゞるの結果となるのである。例へば我れ甲手を打ち、敵これを防ぐ、それと同時に我れ敵前に躍進して電擊彼れの面を望めば、敵は自己の攻擊の餘裕なく、隨つて我が迅雷攻擊の防拂に專念し、我が業の微妙速變に氣を奪はれるのである。即ち彼れの攻擊意志、其の外發的の意氣は我が業に蔽はれて然かも收縮し、嵩じては滅却するに至るものである。又一方、敵無暴の意氣に駈られて我れを腕力に壓倒せんとし、種々なる變化擊突に出ずるとも、我れ正しく充實せる業に防ぐ時は、敵連續如何に激しく我れを襲ひ來るとも、我が業はこれに善處し得て尙餘裕あり。これに反して敵の無謀暴擊は、自己の體力氣力を徒らに浪費し、虛隙なき我が業に制せられて、彼れ自ら擊突の氣を失ひ、或は體を崩し或は構へを失ひて、果ては我が業に降伏弄浪せられるに至るものである。

業正氣に籠れば體自ら順應し、業正氣を缺きて惡氣に支配され、心無謀に動きて業を行はんとすれば、體は其の本性を誤りて順應を缺き、果ては一方に偏して虛隙となり、大風一過哀れ亂折木の慘狀を呈するに至るものである。即ち體順ならざれば打つて防がれ或ひは外ずされ、敵の應變自在の業に逢ひて、氣力體力共に盡きざるを得ないのである。而して多勢に對する場合、或ひは自己より體力氣力共に勝れる者には、既に其の體氣兩力に壓迫されてゐるものなるを以て、我れ充實せる業にて氣を制し、體力の剛を外ずして其の盡きたるに業を施すべきである。業常に剛惡に勝つ實例に鑑み、益々術理研磨に精進すべきである。

三　小業にて敵勢を亂し大業にて擊つ

小業とは我が全體活動を微妙に且つ敏速に行動せしめ、敵の伸びんとする力を抑制し、或は敵の攻守變形を打ちて其の勢力を崩し、我れ乘じて大業にこれを制せんが爲めに行ふ業を云ふ。即ち大業に對する相對稱である。故に小業は、敵の攻守變形のみを崩すの業である。例へば下段中段に變化して敵氣を誘引し、或は起りに、或は隙に、敏活捷徑に業を施すが小業の特長であり使命であるのである。而して小業による敵體の崩れたる瞬時、體を充分伸ばし、全魂全身を擧げて大業に出で、擊突敵を征服するのである。

小業は前記の如き特長及び使命を有するものなれども、然りとてコセ〳〵せず、順調自然の形に變動し、且つ心は細心緻密周到に働かし、眼は徼に入り細を穿ちて動靜察知の使命を全からしめ、敢然敵氣に臨む大業をして、其の施す所充分ならしめなければならないのである。大業に至りては、業是膽の化身の如く、決斷至剛、身命を放擲して美事敵を一擧に制する男性的なる業である。

以上の如く小業にて擊突の誘引を作り、大業にて雌雄を決するものなる故、小業大業いづれの一方に偏するも不可なるものである。これを名付けて病刀と云ふ。即ち小業のみにてはゴチヤ〳〵するのみにて刺撃充分定まらず、又大業のみにては攻防刺撃の細心の注意を缺き、擊突せんとして却つて裏をかゝれるの結果となるのである。一般的に小軀の者は小業に、大軀の者は大業に偏するの傾向あり、これ自然に副ひ最も合理的なる方法の如く見ゆれども、劍術本來の目的よりして矛盾不合理も甚だしきものであると云はなければならない。故に小業に偏する傾向ある者は努めて大業を研究し、大業に偏せんとする者はよく小業を研究して、自己の天賦の短所を補ひ、業の調和、全體調子の圓滑を計ることが肝要である。即ち何れの一方を缺くも業の圓滿は保てず、隨つて微妙なる業及身心の健全は得られざるものである。

四　先手及後手必勝法

先手とは敵業を施さんとする先に業を施し、敵の氣力或ひは體力を制する業である。後手は敵の先即ち敵業を仕かけんとし、或ひは仕かけたる瞬時後の先をとる業にして、例へば出會頭を打つ出會面、或は敵打ち來りたるを拂ひて甲手を擊つ拂ひ甲手の如きものである。先手は敵の構形變化の際に、或は刺擊せんとする際に乘ずる業である。即ち先手は氣分に弛みなく、敵の先に矢繼早に打ち込む業にして、後手は元氣に滿てる敵の業に應じ、其の意表に出ずる業なれば、後手なりと雖も敵の氣力に劣るは絶對に不可なのである。卽ち敵の先鋒を挫き外ずし、或は防ぎ破る勇氣を要するものである。先手は攻擊追擊戰であり、後手は防禦變擊戰である。卽ち攻擊强ければ彼れを倒し、防禦强ければ彼れの業を制して變擊を全ふするのである。

先手の場合は敵の氣も術略もこれを察知するに易く、且つ敵を呑み機先を制するの妙を得て大體に於て有利な業である。これに反し後手は突嗟受身に立ちて防ぎ、或ひは外ずして敵の攻擊を破り、瞬間後の先として刺擊に出ずるものなるを以て、地の利惡く防禦適當ならざれば不利なる業である。卽ち防禦戰は字義の如く、敵の攻擊を防ぎ虛に進みて攻擊に出ずるものなれば、防禦の構へは最も確實なる卽ち敵の攻めに對して守り崩す方法を知らなければならぬのである。

前述せる如く先手と云ひ後手と云ひ或ひは又其の業の利不利と云ふも、畢竟するに間の利、地の利を意味するものに過ぎず、如何に地の利有利なりと雖も攻防變化の實を誤れば即ち不利に逆轉し、如何に不利なりと雖も、防撃變化敵の業を制すればまた轉じて有利となるものである。即ち利不利は絶對的のものにあらずして相對的なるものである。然れども間の利、地の利を正確に把握するを得ば、我れ既に敵の機先を制し得て勝利者の榮冠は眼前に輝くものである。故にこれを正確に把握し置くことは極めて肝要なることである。

以上の如く戰鬪は我れよりするか、彼よりするか、或は又彼我同時に戰端を切るかの三方法以外にはなきものである。然れども能ふべくんば、我れ敵の機先を摑みて攻撃に出ずるは戰鬪第一條件にして、戰ひの頂點を見究めてこれを突破する實力と共に勝利の原因となるものである。武藏『五輪書』に曰く、『三つの先とは一つは我れ敵の方へかゝりての先なり、二つには敵我が方へかゝる時の先、又三つには我も懸り敵もまた懸る時の先、是れ三つの先なり。我れ懸る時の先は、身は懸る身にして、足と心を中に殘し、たるまずはらず、敵の心を動かす、是懸の先なり、又敵懸り來る時の先は、我が身に心なくして、程近き時、心をはなし、敵の動きに隨ひ其の儘先になすべし、また互ひに懸り合ふ時、我が身を強く、ろくにして、太刀にてなりともまた身にてなりとも、或ひは足にてなりとも、心にてなりとも先になるべし、先を取る事肝要なり。』と云へり。

要するに敵の先を制し、或は後の先を制するも、我れに不動巖の如き心ありてなし得られるものにして、これありて意力、氣力共に停滯することなく、懼れず、惑はず、自から心體の定を得て攻防の機微を察知し、攻擊の因を作り所謂勝ちの先となるのである。故に先手の業に習熟すると共に防禦力を强固とすることが必要である。尙これを詳述すれば、先後の業は既に形のみに屬せず、氣力的、氣合的のものである。即ち虛心平氣、心中我れなくんば既に敵眼中になく、敵の攻防術略は慾心なき鐵石の心に映じて、刹那先手となり或ひは後の先となりて、應變自在、心體の行動縱橫無礙となるのである。後手より敵の攻擊を外ずし、或ひは應じ返し、又起りを制して打つも、防禦轉じて攻擊に移るも、實に此の鐵石心に基くものにして、九死に一生を得、或は死生轉換の妙手と云ふも皆玆にあるのである。

以上戰ひて勝つ必勝の原理である。

五　變化の必勝

青眼構は、意力伸び、氣力全體に充溢せる構へなれば、體強く、虛心平氣敵に對抗し易き體勢である。即ち此の構へは、敵を侵入擊突するに有利なる構へにして、これを青眼中段の間に自然上下動に變化する時は、敵氣はこれに誘はれ、或ひは彼れの統一を錯亂せしめ、體を崩し氣を失ふの結果は我れ攻擊の時機となるのである。故に彼れに勝つとは、虛心坦懷の構へを中心とし、虛を作らず實に變化し、其の自然力を失はぬ構體にあるのである。此の構へ變化して、打たん、突かん、勝たん、防がんとする氣に凝り止まるときは、既に我れ虛を生じ、敵侵入の機となり或は打たれるのである。即ち構へ及び變化刀は止まることなく、敵氣に隨ひて是を誘ひ、或は攻擊する業となり、敵の業、止まる所を擊突するのである。是れを自然力或は變化力と云ふ。

又青眼構へは、敵の所作を知り、これに應ずるの刀にして、又此の構へ變形すれば、誘引となり、或ひは攻めとなりて機を制し、或ひは變に應じて機を打つのである。相互刀尖を合したる時は、氣の和にして隙なく、變形して離れたる時は氣の和は破れ、瞬時電光石火、各自氣の儘に奮迅擊突一擧に生死を決するのである。此の爭鬪の時、打たん、突かん勝たん、防がんとする私心あるを、氣止まると云ひ、虛心平氣、機に從ひ、攻防變擊するを氣の移りと云ふのである。即ち私心と無想心の對となるのである。度々述べし如く無想心とは、單なる自己の心理現象を云ふにあらず、彼れの術理、計畫、動靜に對して精神統一し、彼我兩心の渾一したる全く私心なきを云ふのである。

臨機應變敵を制すると云ふは、青眼刀を根本中心とし、其の變化刀により、敵の統一を亂し、私心の太刀を打つと云ふに外ならぬのである。中段下段と刀尖を變化するは、自己の體の中心、又敵體の中心に合致する自然力にして、其の變化によりて統一心を竹刀に集中せしめ、千差萬別の業の動靜に凝集せしむることが出來るのである。即ち敵心を刀尖に奪ひ、我が業に統一せしむる時は、彼れの攻防術略は、我が無想心に歸一するを以て、我が行ふ所道となり、即ち活殺自在の利劍となるのである。故に構刀を正しく、且つ變化は正法に則りて構刀の中心を失はしめず、次圖の如く施して、敵氣をこれに集中せしめ、或ひは誘ひて一方に偏せしめ、其の心を我が統一に奪ひて、彼れの無意識を制するのである。彼れの無意識とは、彼れの活動エネルギーを我れに奪ひて、我が無想心に歸一せしめたるを云ふのである。

敵に向ひて自己の體の中心より、左右の斜に刀を變化すれば、手は逆となり、體に隙を生ずるものである。又竹刀の手を逆にする時は、構へ崩れて隙體となり、然かも尙自己の術略を失ふものである。故に青眼より中段に、中段より青眼に、一直線の上下動變化は自己を守るに充分にして、又敵を擊突するの構へとなる。即ち此の微妙なる刀尖變化、攻守共に強く悠々迫らざる我が氣に壓せられて、自ら敵氣我れに合致し來るのである。これ即ち變化の必勝原理である。

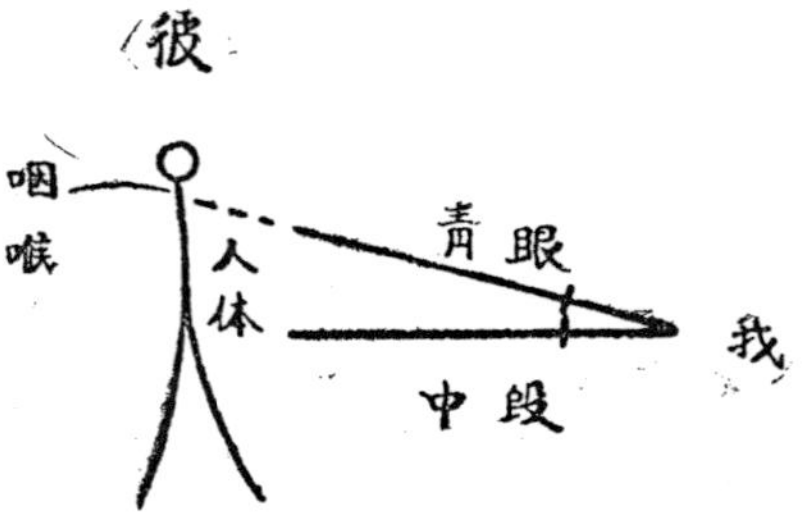

六、先先の必勝

充氣我れにあるときは油斷なく、體力は緊張し、注意力旺盛にして彼我の動靜は所謂心眼に映ずるのである。故に敵、刀を變化し、或ひは攻め、或ひは擊突し來るとも悠揚迫らず、彼れの術略、彼れの起りは其の未前に察知し得て、敵刀の變化に應じ彼れの先手を打ち、彼れ防げば又其の反對の隙を擊破し得るのである。これ即ち先先の必勝と云ふ。以上に反し、氣滿たずして敵氣に迷ひ、體弛緩して敵の充氣に會へば、我れ自ら敵の未發に怖れ、注意は自己の一身に偏し、敵の動靜變刀に釣られざらんとして釣られ、氣に破れ、業に敗けて、自己のほどこす攻防の業は完全なるを得ざるに至るものである。故に平素の練習に於ては飽く迄敵の先に打ち込み、敵を倒すまで業を繼續し、心を無想に籠めて、自他の注意力を充分ならしめる樣努力すべきである。斯くすれば、試合に臨みて、自己の自然力を充分發揮することを得、油斷なく、體力に弛緩なくして、强烈なる力の發現となるのである。平常練習に於ける打ち込み練習は、此の機先を制する業に適用して妙であり、體の行動を敏捷にし、體力及び業の完全養成、或は精神修養に極めて顯著なる効績あるものである。

要するに彼我接近したる時は、必ず先手即ち先の先をとるにあらざれば、後手即ち後の先を取るを要す。彼の術なきものが術あるものに勝ち、小術よく大術を破ると云ふは皆この先手後手の關係である。故によく此の文意を味ひ、先手、後手の兩業に習熟し、敵の先先に出する様心懸くべきである。

第十八節　氣にて業を業にて氣を制す

一　業と氣

下段の氣強く、攻めて突きに出でんとすれば、敵はこれに怯れ、或は甲手に攻むれば、これを防がんとして構へを開き、又突きならんと想へば、避けんとして刀を上げ、胴ならんと想へば、自ら手を縮め、體を避けんとして左右に曲げるのである。即ち氣に怯れあれば手を縮め體を固くして活動力を鈍らしめるのである。即ち業は敵氣に壓倒されるのである。これに反し敵如何に打ち、如何に突かんとするも恐れず、迷はず、自若として其の體勢を崩さず、業に隨ひて敵の出先を刺擊するは卽ち業にて氣を制するのである。また、敵の業起る時、其の先を擊突すれば、敵の業崩るゝか、或ひは彼より先に我が業をほどこすを得て敵を制するのである。此の業は敵より業をかけんとする時、我れそれを防拂せんとする氣を起さず、怖れず、敵の起り業を敢然打つて出するは、これ又氣にて業を制するのである。

二　充氣と攻擊

敵攻め來る時は、敵の狀態により我が刀尖を變化し、攻進する彼れの實を外ずし、其の虛に刀尖を着けて、逆に攻制するのである。即ち敵の充氣を外ずし、彼れ注意を缺く處を壓迫して其の氣を制し、彼れの攻擊業を制するのである。氣を壓迫すれば彼れの目的とする業は萎縮し、隨つて我が攻擊に會ひて、敵は他の業に轉換するか、或ひは防がんとする迷ひを起すのである。此の刺擊の氣を失はしめたるを、充氣を制したりと云ふのである。而して充氣を拔きたる所は我が攻擊の絕對機會である。

三　逆手と順手

構への時、手を體に引く時は、背中を丸くし、受くること遲く、且つ左手の力は拔けて右手の力のみとなり、拂へば竹刀は廻りて崩れ、全く逆手となりて刺擊の力を失ふのである。又打ち込まんとする竹刀を下に打つときは、竹刀の反動に因りて體は崩れ、又外ずして兩手を伸ばさせる時は、竹刀の變化卽ち業を失ふのである、これ皆逆の働きである。要するに逆手は竹刀を崩し、攻擊に極めて弱き體力となり、攻めて充分なる打ち或は突きをなす能はざるものである。

順手とは、右手を絞めて上下の反動を作り、左手を絞めて右手を送り、兩手を揃へて平均の力、即ち均衡を保てるを云ふ。順手は攻防に强く正しく、隨つて體を崩さゞるものである。

四 順手と業の變化

敵の手を崩して業を施すには、我が手を順に働かし、正確なる業を施すを要す。例へば面を摺り上げて斜に防禦する時は、敵の兩手は斜に崩れるものにして、又敵伸び面を打ち來る時摺り上げて眞直に防ぐ時は、其の兩手は上に伸びるものである。故に斜に手の崩れたる時、面の上に伸びたる時は拔き胴を打つ、これを順手の業と云ふ。敵中段より甲手を打ち來る場合は、靑眼にて兩手を斜に其の刀を卷きて打ち落し、または下段靑眼にて打ち來る時は其の刀尖にて刀腹を彈ね上げ、上段或ひは間より刀尖を上げて打ち來るときは斜に刀を切り落し、中段より摺り上げて打ち來るときは斜下に打ち落して、其の刀勢を崩すのである。突き來る時、これを左右の斜に拂へば、敵の竹刀は左右に流れ、必然的に體勢は崩れるのである。此の體力なき敵を刺擊するは容易にして即ち順手である。

五　上體の伸びと手脚一致

右手に力多く加はれば自然力足に這入り、右足を强く踏むは、右手に力偏することとなる。即ち病刀と云ひ正確なる業を施すこと能はざるものである。故に切り返し體當りにより、上體を伸ばし、兩足を輕く進め、捷く働かし、一局部に偏せざる樣すべきである。

六　心眼一致

心無想を失へば自から良智を誤る。即ち自己の認識或ひは意識的判斷は、既に私心私慾を多分に包藏せるを以て、自己の爲す凡ては正確敏捷公平を缺くものである。これ既に敗因である。又無想の心境に波立てば、自己の氣は徒らに焦り、或ひは恐れ、然かも逡巡躊躇して自己の判斷を誤るは明かなる事實である。又眼は自己の全體活動を違算なからしむる斥候である、前哨戰である。眼光活力なくして鈍く、且つ轉々として一定せざれば即ち氣に弛みを生じ體は隙を生ず、即ち眼光自他に透徹せざれば、心自他を歸一包含すること能はず、隨つて判斷自から正なるを得ず又定ならざるものである。即ち眼光死活は勝敗の直接最大原因である。

俗言にも「眼あれども節穴同然」と云ふ如く、眼活力を缺き或ひは無想心破れて靜正の鏡に波立てば、全體行動は無爲となり、却つて敵に利用逆用されるに至るのである。眼の効用價値は事物を正確に、且つ明瞭に描寫するにあるのである。これを缺けば前述の所謂節穴同然にして、寧ろ無きに如かざるものである。而して眼一事に集まると雖も、眼光爽やかならずして生氣なき時は、一物を凝視せし一事のみ。全體活動稍々充分なりと雖も、これ又節穴と五十步百步の差にすぎざるものである。實に眼の生氣、活力等の有無は其の充、不充分と共に、眼の効用及價値を決定するに充分なるのみならず、自己の直接行動及び心的判斷正否の最大原因となるものである。

眼光一定して對照物に遍ねく、或は其の中心點を誤らずして全體に及ぶ時は、心は自ら波動を靜めて一定す。其の逆も又眞である。逆とは心の無想を意味するものにして、心無想なれば、眼又本來の使命を誤らざるを云ふのである。斯くの如く眼一定一事に集り、精神統一を得て、氣全體に充ちて落ち着けば、我れ迷ひなく、恐怖なく我が全體行動は正にして善、且つ人の持つ最大限度の力を發揮し得るに至るものである。故に敵の動靜術略は我が眼、我が心に其の正映を寫し、良智は無想に働き、神秘の感應作用は、微妙なる全體行動となり、刹那、臨機に善處し得るの偉力となるのである。氣の業と云ひ、又體の業と云ひ、或ひは心の業と云ふも、眼は皆これ等のもののエネルギーである。斯くの如く眼の正視、定視、全體視は、心を無想に導き、氣體これに合致して其の正を誤らざるものなりと雖も、相當術理を會得し、又心的訓練の經驗者にすら多勢を相手としたる場合は、氣に勞れ、隨て視力自から減退して、攻防の正を誤るものである。殊に初心者に於ては、氣に障害あれば必ず目を閉ぢ、全形に透徹せずして一部に囚はれ、眼と心とは連絡なき別個の働きをなして行動を誤るものである。即ち心の明を失へるものである。以上の如く眼と心は絶へず如何なる場合にも連衡を保ち、且つ各々其の使命を充分に果し得る樣練習すべきである。試合に臨みても、眼は眼としての効用を誤らず、心無想を守りて其の本來の使命を辱かしめざれば、技術的の障壁は殆ど撤去され、或ひは小術よく大術に勝ち、劣者よく優者に勝ち得るものとなるのである。何となれば、優者如何に技術に長じ又高壓的に出ずとも、其の眼、其の心、一致協力せざれば優者本來の實力を發揮すること能はず、これに反し、劣者と雖も心眼よく一致し、其の本來の使命を充分果たすに於ては、劣者必ずしも劣者ならず、業は既に瞬時最上域に到達せるものと同一となるのである。即ちプラスマイナスのイコールに合致するものである。

第五章　術理研究

第一節　業と心的行動

詳述せる試合事項は、基礎的術理の研究事項とも稱すべき極めて大切なる事柄である。而して其の術理的練習の蓄積は、攻防擊突機宜の業となり、ピンチ（機會或は危機）に臨みて從容業の體現に萬全を期し得るものである。

尙攻擊は最善の防禦なりと雖も、此の積極的意味以外に、消極的內容とも云ふを得べき攻擊力の內容、即ち攻擊業の前提とも云ふべき防禦力を充實すべきことは、事理上極めて明々白々なることであると想ふのである。何となれば、如何に攻擊は最善の防禦なりと雖も、それは合法的にして然かも斯くあらなければならない場合に限り、前述の言は完全に適用されるものにして、此の他の場合即ち合法的ならざる場合、或は爲すに要せざるに徒らに言葉の表面に囚はれ、亂擊亂突の如き結果に陷らば却つて其の攻擊は自巳に禍ひし、實體は虛體となり、制せんとして制せらるるは火を睹るよりも明かなる事實である。故に自己の攻擊力の充分、內容の豐富を計らんとせば、勢ひ防禦力の充實を計らなければならないものである。

斯の如くして防禦力充實せば、敵の擊突變擊に逢ひて躊躇することなく、却つて敵の施さんとする業を擊破し、或は盡きたる所に我が攻擊を加へ得て、完全に變化の微妙を實現し得るものである。

玆に防禦の方法を列擧しみんに、即ち摺り上げ、左右拂ひ、外し、受け流し、卷き落し押し、鎬ぎ等々があるのである。以上の防禦を敵の業即ち擊突の如何によりて施し、尙變擊迫突して彼れを制するのである。卽ち敵の强力と業を殺し、刹那的に自己の擊突を完全ならしむるに精進するなれば、所謂自信ある業となりて、試合に臨みて充分なる活動をなすこと能ふものである。防禦なれば應じ返しの業も出來ず、又敵の擊突に怖れて連續變化の妙諦を行ふことの至難なるは容易に首肯し得ることならん。所謂劍道術理の妙諦會得なるものは、攻擊法と共に防禦法をも會得することである。(玆に攻擊法或は防禦法と云ふもこれは便宜上の區分にして別個のものにあらず、卽ち攻擊と防禦とは不可分離のものにして、攻擊法卽ち防禦法、防禦法卽ち攻擊法にして、一枚の紙の裏表の如きものである。)防禦法として一般に行はれつゝある種類要領左の如し。

一、摺り上げ。靑眼刀を眞直に上げ、半圓を畫きて敵刀を摺り拂ひて防ぐ法。

二、左右拂ひ。刀を斜に上げ、左右の下部側面に半圓を畫きて刀を拂ひ防ぐ法。

三、外　　し。敵の攻め或は突擊の刀を構への兩手を他方に躱して外ずし防ぐ法。

四、受け流し。刀を斜とし刀腹に敵刀を受け流して防ぐ法。

五、捲き落し。敵の構刀及び突き甲手の刀を靑眼より左右に一回捲き落して防ぐ法。

六、押　し。敵の打たんとする刀腹又は兩手を刀尖にて押して防ぐ法。

七、鎬　ぎ。刀を上下斜に小圓を書き敵刀を輕くながし防ぐ法。

以上各項に述べたる要領は、間を原則として構へより防禦する方法である。平素の練習にても何等の工夫もせず又術理の研究練磨もせず、漫然同一のことのみ繰り返して練習するものは、向上進歩は勿論、試合に於ても臨機の處置なく、毎戰破らるゝの悲運を招くものではなからうか？　劍術の妙味は、奇正虛實變化の眞理に向つて練習し、而して機に臨みては猶豫なく其の機を衝き、虛を破り、變に應ずるにあるのではなからうか？　此の妙味を練磨味得するは、即ち間を原則として攻擊と共に防禦を研究するにあるのである。業を練習する時は體と變刀の順正なることに意を注ぎ、間を誤らずして攻防の業を施して隙を打つのである。而して間に於ける自他の邪は隙にして、邪を以て打ち込むは却つて敵に裏を搔かれるものである。隨つて敵の邪刀に對しても同一理法にして、其の突擊の起りを制することが出來るのである。又間合にて攻め合ひ、然かも擊突する隙なきときは、間を切り、徒らに擊突するを防ぎ、敵の充氣を外ずして弛む隙を打つのである。即ち間に於ては、敵の業を外して、虚隙を打ち込み或は變に應ずるのである。又敵我れを追ひ込み、間詰めとなりたる時は、受けんとすれば應じ返しを弱くし却つて打たる。故に彼れの變刀を打ち或は眞直に突き、或は起りの甲手を打ちて、彼れの勢を破り、彼れを崩して、彼れの隙を制するのである。又間詰めにて敵守る時は其の刀を返して摺り込み、甲手を打ち、或は突き、連續業を施して敵に刺擊の餘裕を與へず、擊突業を先に先に施せば、遂に彼れを制することを得るものである。又敵中段構へにて間に攻め來る時、其の氣勢の刹那、突き返す時は彼れの擊突せんとする意圖を制するのである。また敵突擊し來れば刀腹にて左右に鎬ぎ、其の間髮を打ち、後の先の業を完ふして制するのである。間近くなりたる時、勝たんとして焦るは人情の常なれども、此の場合慌てゝ打つは、其の起りを押へられ、或ひは打たるゝのである。又打たれずとも押へられたる時、打たんとする體に無理を生じて、完全なる業を掛けることは出來ぬのである。故に間に於て業を施すは、進退間の廣狹により、刀尖變化の微妙に敵氣を攻め、或ひは誘ひて奪ひ、其の空隙を突擊するのである。即ち我れより間に入り、或は彼れ間を詰める瞬時機敏に變化し、或は守り、或は崩れる隙に攻擊に、突入に、自由自在に、全體を充氣にて業を施し、其の剛氣を破り、精神を制し業を殺すのである。

道場は情實的伏魔の殿堂にあらず、又頑迷固陋なる僻み嫉む精神をデッチあげる所でもないのである。随つて日常の練習に於ては、間合を原則として全體全心を正法に鞘め、眞理と一致して全體の活動をなし、其の迷ひの心を滅し、自我を脱却して良心無垢なる精神たらしむべきものである。即ち間の合ひには氣分を靈聖に一致せしめ、一瞬刹那たりとも邪心を擡頭せしめず、攻め撃突は順正にして氣力を旺溢とし、體力を強くし、油斷なく烈しき活動をなして心を淨化し、自制力を養ひ、謙讓にして且つ果敢力行の心氣を養成すべきものである。斯く心氣を傾注してこそ一心業の玄妙を把握し、自然眞の道法に一貫することを得るのである。即ち正しき練習によりてのみ一方に偏せず、萬技に通じて圓滿なる活動即ち臨機應變の業を行ふに至るのである。此の原理を知らず、或は忘却して徒らに焦り、或は慌てて無暴の撃突をなせば、所謂巷間に云ふ棒振劍術となり、或は又單純意味なき一種の運動となり終るのである。殊に相當腕の出來るものが、亂暴にも相手の腹を突き、相手を酷い目に遇はせることを最善の法なりと考へ居る者も間々見受けるのである。

これ等は、術理の正法より云へば三文の價値もなきものなることは勿論、武士道を標榜せる劍道精神を冒瀆するの最たるものにして、誤れるも甚だしきものなりと云ふを得べきである。

第二節　業と心的行動

精神俗に云ふ所の心なるものの働きは所謂內的衝動の結果にして、氣は其の外部的即ち具體的行動發現の前提とも云ふべきものである。

而して五官による官能作用即ち五覺なるものは、外部的刺戟に應じて內的衝動の因を釀し、氣はそれによりて活動構形の全體を整へ、刹那に臨みて適切なる方法を具體化するのである。

凡そ人にして慾望の支配を受けざるものなく、又感情に走りて、例ひ一時的現象とするも、其の本心を滅却し易きは人の常とするところである。而して此の慾望と云ひ、感情と云ふも、素より不正不純そのものではないのである。即ち其の量或は其の動機、又其の手段等々によりて善悪正邪は決定されるものである。故に其の善用と悪用との結果は、互ひに反比例をなして、プラス、マイナスの論理に合致するものである。即ち結果より見て當初の目的に副へるか、或は遠き距離にあるかと云ふ二様の事實となつて殘されるのである。(尙玆に慾望或は感情等につきて解說すれば、上述の事柄は極めて明瞭となり得るも、それは經濟學若くは心理學の範圍に屬するものなる故、其の廣汎なる範圍に涉りて本項目に詳述するは極めて困難であり、又題意に副はざる故省略す。)

以上の慾望或ひは感情等の洗練されたると否とは、如何なる事柄にも直ちに影響するものにして、飽くなき自我心を助長せしむる感情或は慾望は、結果に於て不合理的であり、且つ必らず不滿足をもたらすものである。劍道に於ても、其の術を練るに於ても、單純なる即ち不洗練の慾望或は感情等の支配を蒙る時は、結果は明瞭に惡の痕跡を止めるのである。即ち勝敗名利に奪はる時は、心は明を缺き、業は迷ひ、體は順逆を誤りて、氣又劍尖に鈍るのである。隨つて終始氣合的に健闘すること能はず、時に猛勇を振ひて能く大敵に對抗するの慨ありと雖も、これは單純なる一時的現象にすぎざるものなれば、僅かなる蹉跌違算にも、意氣悄沈して正當なる活動を失ひ、所謂龍頭蛇尾の結果に終り、あまつさへ見苦しき慘敗を喫するに至るものである。更に言を換ゆれば、單純なる氣の劍の活動は、劍心に通ずる力の充實を缺き、上調子となりて、心及び體の活動は敵に逆用され、或は錯誤を來たして所定の目的に反するの結果となるのである。之に反して內的衝動其の本然の性に適ひ、然かも合理的正法に基ける心氣の外部的活動は、信念ある技となり、眞技は其の妙を遺憾なく發揮するものである。即ち心眼活力の發動を得て、業は伸び、卑劣なる氣を破りて、元氣に且つ期せずして應變自在となり、思はずして德の敢行者たるの自在境となるのである。

彼の劍禪一致の妙諦も、實に業の神妙術理は心觀にありて、全體の實行は心の如何にあるを悟らしめたるものである。

禪は即ち靜なり、然かも邪念を一掃して覇氣に滿ち、心悠久の神秘に通ひて、泰山鳴動するとも微動だにせず、自若敢然、眞に向つて勇躍するものである。即ち信であり神の心に合致するものである。

斯の如く其邪心にして眞劍なれば、敵の動靜術策は手にとる如く、我が心眼に映じて然かも何等の脅威をも感ぜず、隨つて全體の行動に障害なく、業は活殺自在の妙法に適ひて爲すに成らざるなき活人劍となるのである。要約すれば、業は心の利劍であり、其の純正の具現であらなければならないと云ふことになるのである。

第三節　業を施す機宜と其の研究

第一　五分の對

彼我交はる兩劍の和が、上圖に示す如く。一直線上の一點に交はる合氣は、彼我共に五分の對である。

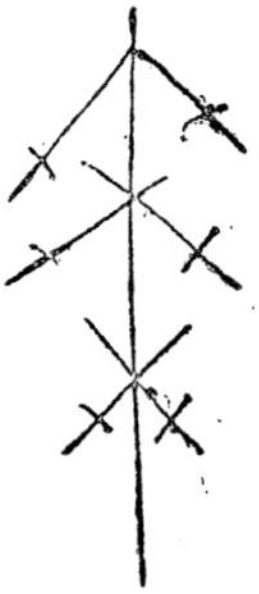

第二　變化の對

（相交はる二劍の持つ力の强弱を表はしたる圖である）

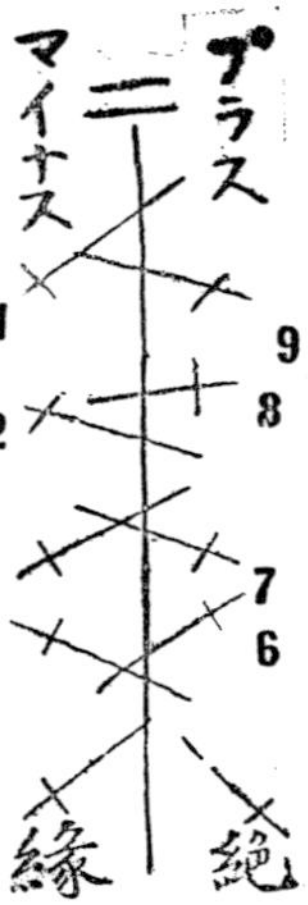

第一に說明せる間合の力は、五五十の對を示せる圖にして、互に同一の力である。

對構當初の位置にて、相互刀を合せる時は、第一圖の如き合間となり、相互の間詰め接觸は、五分の力の對をなすのである。第二に示す如き變化の對に至りては、攻擊防禦の機會となり、何れか虛隙を生ずるの時である。即ち勝敗の第一期的分岐點とも云ふべき時である。第二の變化は、第二圖に示す如きプラス・マイナスの力となり、突擊攻防の業を施すの瞬前の合氣であり、卽ち一對九、二對八等、刀力の自然差異を生じて、先々の業となり、或は先後の業となるのである。此の自然刀力の對は、上段中段下段と互に變化し、或は攻擊突入して、制敵手段たるプラス・マイナスの對に變化するのである。此の間詰めにて、三對七、二對八となる刹那、攻防二つの業は結ばれ、瞬時迷ひとなり、或は恐怖となれば、充氣は直ちに伸びて其の虛隙を制するのである。變刀は氣の變化にして、攻防擊突の原則なれば、間に接するに自己の善惡良否を感知し、適切なる業の前提たる刀力の變化に充分意を用ゆべきである。何となれば、此の間に及びて適切なる刀力の變化なければ、如何に焦慮し、又如何に踠くとも、業は死して無氣力無効果のものとなるのである。

此の變化刀に於けるプラス・マイナスの力の原理を知らざれば、氣に恐れ迷ひとなり、業は伸びずして變應の術理を誤るものである。又變化の際、內面的力充實すれば、心は劍心より發して業に籠り、私情は斷滅されて充氣劍尖より迸りて神妙の變化をなすのである。此の內面的力竹刀に籠らざる時は、即ち邪心念頭に往來する時の刀力なのである。隨つて業の自由は拘束され、體又其行動儘ならぬ結果に陷るのである。

五分五分の對形（第一圖の如き對）にて、第二圖に示す如き間詰めとなりたる場合、例へば三對七の對構となりたる時は、七の刀は攻擊となり、三の刀は防禦業となるは、力の均衡上これを通例とす、然れども三の防禦力を以て、七の攻擊力を破り得ることもあるのである。即ち七の强き鬪氣も、氣に滿ちて彈力性ある三の鬪氣に擊破されるのである。

此の力の均衡及び其の應用の是非を窺知して業を練磨すれば、自ら變擊變化の機微を悟りて、敵の强力を奪ひ、逆用して制することを得るものである。即ち斯くすれば、敵如何に業ありと雖も、我れ刹那に彼れの力を奪ひて、彼れの業は虛となり、氣は弛みて、一擧に敵を斃し得る力の和となるのである。故に變化には、刀力の强弱如何に拘らず、敵の刀力を奪ひて我れ奪はれざる樣なすが第一義的のものである。彼の有名なる鬼一法眼の傳書に、

來則迎去則送對則和五五十二八十一九十以是可和矣虛實識陰伏大絕身所縚入微塵活殺應機變化應時臨事莫心動矣

壽永二年二月　　　　法眼鬼一在判

源九郎義經殿

とあり、即ち一九十、二八十の變化によりて業を施し、業は刀力の變化によりて變應すべきものなる故、常に虛實變化に合致し、一定不變のものたること能はざるものである。故に一對九の間にては、九の强さを以て一を制し、一の弱を以て九を制するの變化あるものに

して、虚實變化業の交錯せる結果は、力の順用と逆用との結果を生むものである。故に九の力を順用せんとする時、一の力に逆らはずして外ずす時は、九の力は失はれるに至り、尙其の運用を誤れば却つて逆用されるに至るものである。斯の如く對抗せる力は、其の運行の瞬時變化變用され易きものなる故充分注意を要するものである。又これを他の業に於てみるに、九の力を以て體當りをなしたる時、一の力を以てこれを外ずせば、九の力は一に利用せられ、一は九の强力を應用して彼れを破るのである。

相互の間合の對は陣地戰と云ひ、進退縱橫に變化するを運動戰と云ふ。即ち五五十に合せたる鬪勢は陣地戰にして、これより變化して一九十、二八十等に變化するを運動戰と云ふのである。隨つて此の間に於ける氣分と業の正否は、直ちに心に映じて實を外ずし、或は逆らはず、或は起りを打ち、或は隙に攻擊突入して、紫電一尖敵を制するのである。茲に業は心の反映なりと云ふ理の存する所以にして、知識に依りて術理を知り、其の正邪を辨別し、體にこれを實行せしめて所謂智行合一となり、心術の體現となるのである。即ち劍道學上、心の修養と云ふは、莊嚴深遠なる武士道的精神を打成せる劍道術理の體驗であり知行の合一なのである。故に一業を練習するに當りても、自己の全知識全能力を傾け、萬般の術理を一事に應用し、不斷の努力と注意を以て全心全我を擧げ、然かも無想の生氣に籠りて練磨すべきである。

以上の努力と心術を以て試合に臨むならば、勝敗既に眼中になく、自己に策動なきを以て感ずる刹那に全我の活動となり、體は八方無碍の活動を得て術理の正は完全に自己の收むる所のものとなるのである。

云ふ所の精神の靈化と云ひ、或は又神妙の利劍と云ふも、皆此の心身統一にあるものにして、全心全體を術理に箝めて練習すれば、自から氣に弛みなく、緊張して全身に行き渡り、至純なる心への自覺となりて自信ある業となるのである。

既に述べし如く、一九十、二八十等に變化したる時、虛心坦懷にして此の自覺自信ある時は、敵の動靜は手に取る如く、然かも從容自若として神速應變し、機に臨みて敵の起る間隙を電擊する事が出來得るものである。即ち神速なる措置、鋭敏なる變化は實に其の術理の研究を心行に俟つべきである。

嘗て余輩、某々等相當著名の劍士の試合を見たる時に、一方は比較的業劣れるも意氣强く、一方は業優りて意氣を缺ける對戰であつたのである。而して此の試合の結果に於て、業劣れる者、業の優者に美事勝ち得たのである。即ち氣は業を一氣に制して捨身の業を施し、一方追ひ込まれ、竹刀纏れたりと思ふ刹那、氣の業は敢然伸びて業の勇者を擊滅したのである。即ち平素の練習に於て猛烈なる稽古をなし、心に充實せる意氣の修業を積む結果は、試合に臨みて意氣は業を伸ばし、氣は業の活動を助けて敵氣敵業を壓し、先の先に乘じて擊突を行ふのである、玆に勝敗の分れる第一分岐點はあるものにして、氣の後手となる時は、業よく敵に優ると雖も、絕へず受け身となりて、其の活動は受動的となり易く、焦れば却つて業は鈍り、守りて破らるゝに至るものである。劍術は勿論如何なる競技にても守備の完璧は、必ずしも勝利の原因たらざることを注意して研究すべきである。

又某所の試合に於て、或る劍士は自己よりして構へを崩し、刀を異樣？に振りて敵氣を誘ひ、其の虛隙を求めて打たんとし却つて先をとられて慘敗を喫したることあり。即ち試合に於ける邪惡又徒らなる策動は、却つて自己の體を虛隙に導くものである。此の場合に於ても、打たん勝たんとして策動したるに、却つて敵に其の術略を觀破され、隨つて相手を故意に見せたる虚隙には容易に打ち込ます、機に臨みて逆用されて思はざる隙を打たれたるが爲めである。又或る例に、誘ひを掛けたる者は己れを防ぐ感受性先進して、打撃の意圖は昏迷し、却つて相手の理法正氣に誘はれて破れたのである。即ち邪慾策動を以て勝たんとする者には、判斷力の明は蔽はれ、心理的には幻覺となりて、己れの誘ひは何の効も奏せず、自己より求めて墓穴を掘るが加き結果となり易きものである。

又某々所の試合に於て、一方の者は拜み打ちの構へにて、手を體に面上に兩手を上げて打ち込んだのである。此の時一方の者は、其の打ち込みの刹那起り甲手を打ちて拜み打ちの業は美事破れたのである。即ち構へより刀を上段に振り上げ、或は肩に擔ぎ、左右の斜に手を上げて打ち下す太刀は、所謂一刀兩斷の太刀筋即ち意氣業なる故、攻撃のみの積極的業となり、退却業に缺けるを以て自己の體は隙となりて往々にして起りの甲手を打たれるのである。即ち此の上段業は相打ちの意氣もて制する太刀筋なれども、試合業としては極めて不利なる業である。故に靈劍形地と云ひ刀尖を敵の胃尾先に附し、刀を右にとり其の刀の左即ち眞直に凝視して慾念を拂ひ寸隙を見て其の構へより撃突變化業を敢行するのである。試合に於て上段に振り上げて敵を威壓せんとするは、下手と云ふよりも業の正法を知らざる者と云ふが適當なる位である。

諺に「柔よく剛を制す」と云ふ事がある。即ち相手が打たん突かんとして刀を振り廻し、或は異樣の構へとなりて攻め撃突の勢を示すも地の利によりて靈劍形地を守りて間を切りて逆らはざる時は戰はずして彼れの勢を制して勝つのである。よし撃突し來る共其の起りを體を躱して打ち或は退却して彼れの業を外して虛を制する微妙なる力があるのである、一對九の變化にして、彼九の力を以て撃突し來るとも、一の正しき力を以て外ずす場合は九の力は零となりて一を以て制し得るのである、即ち數字的に負けて事實に於て勝つたのである。即ち柔を以て剛を制する眞理を味はひ、形地を以て剛力を制し、構への攻守より自然に伸びることに精進せねばならぬのである。時に變刀攻め或は甲手に色を見せて面に伸びることを騙して打つと思ふて居る人があるが、これは甚だ誤れるものである。元來業を掛ける時、人を騙して打つ考へあるものは矢張り自分も騙されて打たれるのである。故に構變刀は上段の勢を内に絞め、柔和にして彼れに自然に應じ、或は誘ひ、彼れの撃突せんとする邪心即ち虚隙を打つのである。

術法に「奇を以て正に業を施す」と云ふことあり、即ち自然反動（青眼中段の間縱線的變化）は奇にして、敵これに迷ひ、或は敵の實を外ずして虚を衝くは正である。

青眼刀は業を機宜に施す原形原則にして、刀尖は敵の左眼を目標として着けるものなる故、敵の侵入攻撃を阻止し、且つ攻勢突撃の動靜を窺知して進退活動は自由となる體構である。故に此の細心緻密なる理法に基き、業は變化の機微に應じて敏速に施す樣練磨し、常に先攻して敵の弛みを衝き、或は相打ちの捨身の大膽なる行動をなすべきである。

第四節　間隙と空隙

試合に臨みて痛切に感ずることは、試合中不用意の中に起る間隙と空虚である。即ち平素の練磨の足らざる結果、意外なる時と場所に於て破綻を暴露し、無慘なる敗北をとる人が多い樣である。故に此の間隙と空隙の因つて來る所を詳かにし、且つ機宜の處置を說述せん。

先づ字義的に見るに、間隙とは自己の不注意により、或は誤謬より生じたる隙を云ふ。例へば、爲すべきことを爲さず或は又一方にのみ注意して他方に注意を缺きたる結果生ずる隙である。

空隙とは、一方のみに注意して他方は超然として注意を缺きたる隙、又知らざることを行はんとする無智、或は業の相當あるものが變刀に注意なく不用意に間に立ち、凡てを忘れたるかの如き體虚を空隙と云ふのである。云ふ迄もなく此の間隙ある者は、構へ如何に堅實なりと雖も、又刀を振りても、何等の價値なきものであり必らず失敗に歸するものである。

間隙の生ずる場合

一、變刀して刀を留めたる瞬時

變刀は誘ひ若しくは攻めて隙を制せんが爲めである。故に變刀の際、敵に隙なき場合或は撃突に躊躇し、又は自己の構へに拘泥する時は其の竹刀は留まりて間隙となるのである。

二、撃突の外ずされたる瞬時

撃突して外ずされたる時は、業は兎も角、失敗の念は氣に影響し刹那力を失ふに至るものである。即ち自己の注意力は他に奪はれて間隙を生ずるのである。隨つて此の間隙を撃突される時は、眩惑となり或は迷ひとなりて防禦力は崩れ、引いては全體隙だらけとなるのである。

三、攻め合ひ刀の止まる瞬時

攻め合ひて刀尖隙なく動き、我れ攻進して敵に應ずる時は、敵は我れを撃突するの隙なし。されど我が上下の變刀に氣を止めて注意する時は其の變刀止まるのである。故に隙かさず撃突するの好機であり間隙である。

四、撃突せんとして躊躇したる瞬時

打たん突かんとする時は敵に注意力を集中したる時なれば、自個の思ふ隙なき時は自ら躊躇して手足に起りを生ずるのである、故に其の刹那起りを打つことが容易である。

五、追込みて止まる瞬時

敵追込み來りたる時、我れ間を切りて逆らはず、隙なき時、或は其の刀を殺す時は、敵は擊突を中止し其の氣を弛め、注意力缺乏するを以て、業は其處に留まるのである。即ち敵は自個の擊突せんとして追ひ込みたるに其の機を失ひたるを以て擊突を達すること能はず、其の刹那緊張したる氣は弛み注意を失ひて隙を生ずるのである。

常に此の理法に基きて全體を正しくし、落ち着きたる心と、細心なる注意によりて間隙の刹那擊突すれば自然臨機應變自在に業を施し得る樣になるのである。所謂注意力と全體の調和によりて驚かす、騷がす、動靜を窺知して其の起りを制し、或は進退機微により間隙を制するのである、氣に掛けるものは他を忘れ注意を缺き、全體は不調和となり、力一部に偏倚して、業は打ち防ぎの一方となり、且之れを滿足に施し得ざることゝなるのである。自個に注意し全體和によりて守中に技あり、攻め誘ひつゝ擊突し、或は敵の變刀に動かず、起りを打ち或は擊突を外ずして間隙を制すると云ふ自個の思ふ儘の活動を爲すことになるのである。業は充氣と正體の活動にして即ち體を正法に基きて正しくすることは勿論元氣を養ふ事の必須なることは寸時も忽せにすべからざるものである。又攻防、擊突、臨機に行ひ敵を制するは、間髪の虛隙に業を施すにあるのである、氣充ち虛心坦懷にして自ら敵の虛隙を感知し、刹那に業を施すのである。若し氣に憶し或は策動あるものは、心眩惑して虛隙を感知すること能はざるに至る、即ち其の誤りたるを間隙と云ふのである。殊に敵に對して何等の注意もなくして應じ、或ひは變刀するは何等の考へなく機械的に體を動かすと同じことにして、全く空隙となるのである。刀を合はし彼れの爲すべきことも間も隙も忘れて徒らに擊突するは緊張を缺き不注意の甚しきものである。敵の擊突の如何或は攻め誘ひの如何を察知し、動靜に最善の注意を拂ひ、間の進退を機敏にして變刀の虛隙或は擊突の起りを察知して一上一下の間隙を制し或は變に應じて空隙を擊突することは大切なることである。須らく修練者は試合のみならず、常に間隙に注意し攻擊攻突を練習研究せば、必らず事理を悟り機微を會得して進步速かなるものであることは明かなる事實である。

間隙空隙を擊突すると同時に自個に其の隙をつくらず、彼れに與へざることが緊要の修練である、故に間を取り攻進退守し如何なる場合にても各自の信ずる間を取り守るのである。間を守りて攻進し虛隙の機を制し、敵の虛隙なき時は誘ひの業を以て其の實卽ち敵の意圖及堅實なる構へを崩すのである、敵の誘ひの時は之に逆らはず間を取りて構刀を動かさず、其の勢を破りて躊躇する空隙を擊突するのである。斯の如くして實に水も漏さぬ身構へと準備を整へ、變應自在によりて寸時も隙を與へず、而して彼れの動靜を窺知して其の隙には機敏に動靜に從ひ擊突することを心掛けねばならないのである。要するに隙を與へなくて彼れの隙を捕へ、機敏に擊突すると云ふことは、畢竟自個が術理を會得し心を光明へと運ぶのである。隙を知ること能はざれば攻擊のチヤンスなく隨つて敗れざらんとして敗らるゝの外なきものである。

第五節　變化力の原理研究

變化力とは、全體的自他の刹那の業に或は氣分に、各々寸時も留まることなくして變化しつゝある力を云ふのである。卽ち微妙なる變化にして且つそれによる術理の體現を云ふのである。刀を合せて氣を合せば、其の刀尖の動く時、彼我の氣は通じて高低强弱の融和となり、彼れの氣を捕へ、或は釣り込みて其の間隙を打つ氣業、體業の自然動作に變化をなすのである。即ち敵の變刀に際して攻め、或は起りを突き、或は打ち込む等、變化の氣によりて力は業に伸びて發動するのである。變形に或は狀態に感じて陶醉する時は、變化力は收縮して業の變化伸びを失ひ、隨つて其處に虛隙を生ずるのである。變化力の微妙なる體現は、彼我の施す刹那に適はざる氣を起さしめ、或は怖れ憶する氣を生ぜしめ、或は釣り込みて注意力を之に奪ひ、其の變化の感應により自然に擊突を行ふのである。所謂相互の動作の刹那的感應によりて氣の移りとなり變化をなして、攻防擊突の業を施すのである。對和して進む一刹那、進まずして防がんとするは云ふまでもなく氣の迷ひである、故に其の構形を崩し業の變化を失ふのである。即ち氣の變化する際、其の氣は動きて千變萬化の業の母體となるものにして、迷ひ憶して變化力を失ふ時は業を失ひ、其の動作止まりて其の間隙を破らるゝのである。即ち變化力を失ひたる時に負けるのである。故に刀を全體構への中心に置き、刀尖を敵の左眼に着け、丹田に力を整へ構形を確實とし、變化力の基礎を固くすることに心掛け、其の固き構體にて刀尖を上下に變化して攻め誘ひの業を確實とし、其の行爲に氣を奪ひ或は敵氣を崩し或は氣を壓して構形を亂さしめ或は彼れを引き出して其の應ずる虛隙を攻めより打ちに變化するのである。又上下に變化する瞬時、敵先攻する時は、變化して攻勢を外し敵の實を避け虛を攻める變化をなすのである。而して刀の變化は虛心坦懷にして自然の移りに行ひ、全體を順正の働きとなすのである、斯の如く變刀攻進によりて敵氣を破り其の構形變化の隙を擊突するのである。敵の强構に向つて、變化なく隙なきに拘らず擊突するは、恰も大石に玉子を打ちつけるが如きことゝ同じく、打ち込みて自個の體を崩し却て隙を制せらるゝのである、故に變化の必要なること言辭も及ばざるである。即ち第一に變化の基礎たる構へを堅實にし、第二に自他の變化を機敏とし、第三は變化に迷はず元氣を旺盛にすることが必須の要件である。此の三拍子一致してこそ敵の先に乘じ、或は攻進に變化して其の氣を制し擊突を全ふすることを得るのである。斯の如く細心緻密なる注意により變化する時は、固より我れの隙を與へず、彼れの變化に和しては能く和し其の氣を引き、或は奪ひ、隙を衝き、或は彼れの擊突せんとする廻りを制し得るのである。變化力豐かなれば、攻防擊突を絶へず行ひて尙ほ餘裕綽々とし、一進一退の業を機敏とし、變幻出沒自在とするのである。此の力によりて氣を落ち着け、攻誘の術を施し、或は敵刀を刎ね、進退機敏にして彼れの攻誘の業を外ずして隙を與へざる時は、彼れは遂に迷ひ憶して變化業を失ひ、我れの捨身に擊突する空隙を作るのである。

業によりて自己の心身の自由を拘束するものがある、之は眞の術理を研究せざる結果である。例へば相手の擊突する時其の起りを制せんとして、兩手を伸ばして突き、或は居着きたる儘甲手を打つは、却て自分の體を弱くし敵に自由な變化力を與へて自個は變化力を失ふて居るのである、業の正確變化の機敏は、兩手のみとか足とかのみにあるものにあらずして全體的であり又あらねばならぬのである。故に突く場合は中段にて一歩進みて突き甲手打つ場合は左に變體して打つと云ふが如く、全體的に然かも愼重に研究せねばならぬのである。靑眼中段の構形にて進退するは、自個の間隙を彼れに與へざる攻守業を自由にせんが爲めにして、其の自由は機に、變に、擊突を機敏ならしむる極めて大切なるものである。即ち手脚の一致によりて刀の操作を確實ならしめ、刀は前方垂直線に上下變刀して力を與へ、又斜半圓を畫くは拂ひ或は胴、或は應じ返しの刀力となすのである。斯の如き操刀によりて刀力又一種の勢を生じ刀力は手刀と一致して全體的に變化力を完全とするのである。眞直に擊突するも垂直形より前方に圓を畫きて石火に打つのである、又防禦或は應じ返しの太刀も體の斜に圓を畫きて正確なる業を行ふのである。

楷への手の活動範圍は極めて小さき部分なれども、其の刀尖の活動範圍は極めて大きく業は適宜適所に無數に動くのである。故に手の內固く、或は肩に力凝る時は、此の活動範圍を失ひ、兩手は規則的活動を失ひて變化業を施すこと能はずして一本打ちとなり其の間隙を生ずるに至るものである。

圓大の太刀と云ふも全手力を伸ばしたる儘大きく圓を作りて打ち込むにあらず、楷形の兩手を其の儘除ろに上げ、肘より下して手を伸ばし、手の內を絞めて打ちたるものを云ふのである。

試合中に徒らに刀を振り或は兩手を折りて打つは其の所作を顯はして打ち込むものなる故、敵手に其の所作を窺知され隙を與へることとなりて打つ起りを制せらるゝのである。

又此の手は變化業の機敏を缺き、或は擊突を敵に外ずされ虛を制せらるゝのである。

一、倒れたる場合の處置

敵を倒し其の刹那突擊することは容易に施し得らるゝのであるが、自個が之れに反し倒され或は倒れたる場合處置に苦しむ人が多い、倒されたる時其倒れ方は樣々であるが、倒れ方の如何を問はず、素捷く起き上つて構へに復することが最も捷徑でなければならぬ。此場合若し起き上る時に敵打たんとする時は上體が上がれば彼れの打ち込みは自由に防除することが出來るのであるから、立ち上がること能はざる迄も上體を捷く起きることを練習しなければならない。

二、敵力に應じて退擊す

敵が接近して柄を握りたる時は之れを無理にもぎとり或は力委せに引き離さんとする時は却て勞れを生じ體が自由を失ふ處を制せらるゝのである。故に敵が柄を握る時は彼れの爲す儘に任せ只倒されざる樣注意して、兩足を八の字に開き引かれたる儘に前に出で押されたる儘に後に退り、彼れの柄を離す刹那打ちに變化するのである。

三、竹刀を落した時の處置

竹刀を落されたる時は、其の竹刀を拾はず、落されたる刹那敵手に飛び込み敵の柄を握り或は身體に組み付き適宜の時期迄離れてはならない。

四、敵の足搦みの時は變體せよ

敵の足搦みの時は其の體を押し或は體當りの時は變體して其の力を外して横より押し倒して打ちに變化するのである。

五、足の運動で强體を作れ

足の肢を廣くして突撃に出ずれば、其の突撃業は不確實となり又一般に中段下段に攻める時は、右足が前に出でて足巾を廣くする嫌ひあるものであるが、其の廣くしたる儘突撃に移らんとする時は、自然其の突撃業は充分に伸びないものである故、右足を出して攻めたる時は其の刹那左足を前に送り充分に前進する身體の形を整へることが肝要である。又接近したる時構への足巾を廣くする時は敵の足搦みに掛り易いものである故、横に八の字に開きて踏みて足搦みを防ぎ退く時は構足に直して打ちを敏捷とすることを慣さねばならない。

六、間に拘泥せず機を捕へよ

間を切りて構へにて守るものは、攻勢を失ひ敵を打つ機會を失し、又敵攻勢を取つて間に入る時、徒らに間を切らんとする時は却て敵に突撃の隙を與へるのである、故に最初間に刀を合せたる時は、彼れの動靜を凝視察知し中段下段にて彼れの起りを突擊することに注意して攻進し、彼れの虛隙に突擊に出ずることに精進すべきである、間のみ遠きを保持することは一面安心を得るであらうが、一面に於て突擊する機を失ひ、又彼れの攻進を防ぐこと能はざるときは直ちに破れて突擊せられ敗を取るのである、試合は實に間の進退の瞬時に勝敗が定まるのである。故に間のなき業は決して恐るに足らざるのである。例へば刀を合はし無暗と打ち込むものは接近して其の刀を左右に押す時は如何に無謀の打ちも制壓することが容易に出來るものであり、又間を詰め突擊せんとするものには、其の起りを自由に制することが出來るのである。

七、攻め方を誤るな

攻め方を誤る時は却て自個に隙を作りて突撃せらるゝものである、故に敵の構へにより て攻め方を講じ敵の應じて防ぐ處或は打たんとする處を制することが肝要である。故に彼 れを制し勝たんとするものは、攻め方を正確に施さなければならない。今其の例を示せば、

一、刀を開きて上下に振りて間を切るもの、青眼中段にて間を詰めれば彼れ突撃を先にし 防ぐ處應ずる處隙かさず擊ちを變化するので甚だ不利である故此の場合は突き業にて 攻め彼れの應ずる處、甲手又は面に伸びるのである。

二、中段にて間を切り彼進退の調節を取る時は容易に打たれず、若し間詰めにて構へ變化 なく守らんか、却て彼れに先を打たるゝのである。青眼の儘する時は甲手を打たれ中 段の時は突き業に脆いのである、故に彼れの攻めを下段にて外すか、或は彼れの刀の 上に乘じて突き業にて進み間を詰め應ずる處を充分の業を仕掛けるのである。

以上の敵の變刀と間を知りて業を充分に施し得れば必らず彼れを破ることが出來るので ある、然しこれを得ると否とは結極各自の熱心なる練習に俟たなければならない。

第六章　指導教養と査定

第一節　指導の方法

指導教養者の特に留意すべき事項

一、劍術即ち業の指導は其の活模範を示し、組織的段階的に分解説明して能く其の要領を會得せしめ、果敢力行の業即ち意氣業に終始し得る樣練習せしめること。

二、擊突業を、其の全體を伸ばして充分に且つ正確に行はしめ、以て心身の一致活動を誘導し、次に防禦、變化、試合と組織的合理的に相對業を會得せしめ、自發的研究的に應用業の活用に慣れしむべきである。

三、常に精神統一に留意して、正座又は凝視の法を行はしめ、且つ機を見るの敏と瞬時の決斷力を旺盛ならしむること。

四、初心者の誘導は極めて微妙なるものなる故、氣を以て引き出し、充分に突擊せしめて其の長を伸ばし、短を誠實に矯正して全體動作を正しく導くこと。

五、有級者には氣合的適切なる突擊業を加へて指導し、或は突擊を防禦せしめて其の相互的、關係的方面より應用業の活用に長ぜしめ、應じ返し變化の微妙を會得せしむ、此の指導によりて業の正否或は氣合の當否を自覺せしむるのである。

六、平素の練習時に、掛り稽古と共に試合稽古を行はしめ、姿勢態度、自他の間隙機微、或は術略等を實際的に覺らしむるのである。

以上、道の指導敎養は、實踐的練磨を主としてこれに術理的合法の解説を加へ、且つ修業者各自の程度に應じて適宜相應の指導敎養を施すべきものである。故に指導するに當りては、精進そのものに興味を見出さしめ、研究心を旺盛にせしめて自發的に忍耐努力の念を誘發善導し、變化突擊の微妙より處世哲學の妙所をも自覺し得る樣、敎養すべきものである。

初心者の指導には極めて注意を要するものにして、人其のものの善惡及び業の正當なる向上は此の時代に俟つもの多きを以て、其のデリケート即ち微妙なる心理現象を要領よく指導し、親切丁寧を專らとして然かも隨弱に流れず、業は組織的に分解說明してこれを合理的に會得せしめ、秩序ある誘導の方法を講じて向上進歩を促進すべきである。而して練習の進むに伴れ、漸次氣合的猛然たる練習に誘引し、心氣力一致の眞諦を知得せしめて業の正法に則り其の長所をして益々伸ばしめる樣指導すべきものである。

元來劍道なるものは（詳細は上卷第一章第一節より第十四節に至る迄に解說しあるを以て熟讀されたし）我が國及び我國民の世界に誇り得る莊嚴無比なる日本武士道の母體にして其の根柢中核をなせるものである、因て以て我が國民性と劍道眞諦とは相離るべからざる唇齒關係に立つものにして、日本民族の希望發展の將來あるは即ち民族精神の根幹をなす劍道精神の發現に外ならぬものである。

玆に余輩の言及する迄もなく光輝ある我が日本帝國の今日あり且つ將來ある所以は、實に此の莊嚴無比の一大藝術たる武士道にあるものにして、天下何人と雖も、又人種國籍を異にする外國人と雖も、我が武士道と我國及び國民性を切り離して考へ得ること能はざるものなることを確信するものである。即ち我が武士道は、我等大和民族の絕對信條にして且つ誇りなのである、我等の祖宗は此の精神を唯一無二の信條とし、護國の國是となして益々研磨玉成して來たのである。而して平時にありてはこれを人倫の常道とし、政治に、社會道德に、萬般の國民生活に適用して誤らなかつたのである。

時代は遷る!! 然り、時の變遷は幾度か、我が文物に制度に多くの改造變革を加へて來たのである。日常の生活に、政治に、我が國とても時代の範疇に逆行した事はないのである。然れども我民族精神の根柢は、これ等幾多の變遷にも何等の動搖も來さず、其の變革たるや單に表面的事象の改造に留まり、民族傳統の誇りには微動だも來たさなかつた筈である。又來たすべくしてそれはあまりに莊嚴無比なものであつたのではなからうか!?

時は遷る!! 然り、然りと雖も人の人たる道には永久に二途はなし筈である。人間の根柢より改造なき限り、人の持つ心の本質的變革なき限りは、人としての遵守すべき道は二つはないのである。果して然らば我れ等大和民族の守るべき道は何か、余は敢て云ふ、それは我が國民道たる武士道的精神の把持發揚より他にはないのである。故に劍道に志す者は、單純なる社會制度の形式、或は淺薄なる時代風潮に囚はれず、區々たる俗論に拘泥して鼎の輕重を問ふが如き結果に陷らざる樣すべきものである。即ち指導教養するに當りては、特に正義に立論し、玆に一心の基礎を置かしめて只管練習に精進し得る樣なさしむべきである。何時の時代にてもさることながら、特に今日の修養者は、時代思潮の影響を受けて其の皮相にかぶれ、また生存競爭の激烈なる爲めにか、稍々もすれば其の生活意識の强調は、爲めにせんとてか他人を排他的に批評惡罵し、能事終れりとするが如き輩のあまりの多きを痛嘆せざるを得ないのである。故に指導すべき地位にある者は、各自よくその責任ある立場を自覺し、劍道の眞諦を充分に知覺せしめて其の眞面目を發揮し得る樣なさしむべきものである。

要するに武士道なるものは爭ひを知りて、即ち勝負の課程を經てそれを超脫し、眞個の人間的使命を見出すにある。故に武士道の練磨即ち劍道の修業は、爭ひそれ自身に終始せず、結末に於て其の眞諦たる、仁、義、禮、智、信の五常に歸るのであり、歸るべきものである。而して劍道教授に際しては、單純なる一般的スポーツと其の進路を異にし、彼の大選手養成主義の跋行的教授法を捨て、眞個の體育的薰育を施して、莊嚴なる武士道精神卽ち人間道打成に努むべきである。余の言及する迄もなく、所謂劍豪々傑と稱する往年の荒木又右衛門、宮本武藏等々の養成は、今日の劍道教授の目的でなく單に附隨的事實として存在するに過ぎないのである。

翻つて今日斯道の權威と稱する者、また劍道指導敎養の任に當れる練達の士を見るに、余固より完全なる人格を主張するに非ざれども、是等指導敎養の地位にたつ人士のあまり低級なるを痛嘆せざるを得ざるものである。隨つて其の人物と稱する程の者に至りては寥々曉の星を見るよりも少く、野猪の如く粗野にして强きあり、無學不倫にして豪なる者あり、或は又腐腸せる婦女子の如き心事を持てる者等々、實に慨嘆に堪へざる者あまりに多きを見る有樣である。

學を誤る者は所謂學者である。劍を誤る者又これ所謂劍道家と稱する者の手によつてなされるのである。

見よその醜狀を!!　眼に一丁字なくして然かも洗練されざる思想を持ち、主義主張は弊履の如き踏み捨てゝ省みず、利にのみ汲々として自家の安逸のみを貪る樣を………斯道を志して其の斯道教養の任に就ける者は勿論、帝國の臣民にして帝國の歴史を知る程の者は、劍聖道の隆昌普及を喜ばざるものはなき筈である。然るに其の重大なる使命の下に指導教養をなす者にして叙上の如き事實あるに於ては、實に自己の墓穴を掘るに等しく、又其の不徳義不忠實は萬死に價するものと云ふべきである。

嘗て軍神乃木將軍は

武士は玉も黄金も何かせん
命にかへて名こそ惜しけれ

と、練達の指導者各位、指導の教養方法を充分研究考慮して効果の萬全を期し、殊に今日の如き思想的混迷時代とも云ふべき過渡期に於て、また時代の變遷に伴ふ誤れる劍道觀、斯道修業者の研究的理論的慾求等に留意し、囚はれず溺れず、能く道を鮮明にし、情實を避け、因襲を打破して時代應需の教法を採るの必要を痛感するものである。

第二節　劍道練習の順序

一　歩合稽古（五分間）

歩合稽古とは先攻して突入し、或は攻撃して試合的練習をするを云ふのである。即ち敵の氣力に勝ち、其の業を制し、或は後の先によりて相手を破る練習である、故に多く歩を彼に對して取ることは此の稽古の絶對條件にして業を確實にして先攻し、或は後の先の機隙を破るのである。歩合は單なる數字の爭ひ、或は突打ち、平打ち又は姑息卑劣なる手段に依り撃突をなして勝つの意味にはあらざるものである。而して歩合稽古は已れが打たれ或は倒されて其の足らざる處を知り、或は已れの優る處を知りて其の長所を伸ばし、其の短を補ひ、心體を正法に置きて鍛錬し、除々に進みて攻撃變化總ての業を完全ならしむるに目的があるのである。此の歩合稽古は自他完全に攻守突撃して五分間内に勝敗を決するものとす、故に若し時間内に勝敗決せざる時は、これを引分とするのである。斯く時間を定めたる所以は、練習者の眞劍味に戰ふを誘導し一方限りある練習時間内に多數者を練習せしめんが爲なのである。歩合稽古は前述の如く一面試合的練習にして姿勢態度は飽く迄正法に則り間合を原則として攻守の間其機に虚隙を打ち突くの練習であるべきである。故に練習には焦らず慌てず、態度は餘裕綽々として其氣分を豪快にし、大聲を丹田臍下より發して自ら生氣潑剌たる劍體一致の活動をなすに努め業の微妙を顯はすに努力すべきものである。(姿勢態度)(氣合發聲)即ち心身一致の業に及ぼす眞理を悟りて機敏に眞術を施し、微妙の技能を行ふのである、此の一致活動は期せずして心に神秘を感じ、心外の業となりて所謂眞の術に迫るものとなるのである。斯くの如く態度と氣合によりて業を練習し、間の進退に其の起りの機を見定め、落ち着きて然かも敏速に虛隙を突擊し、或は應じて追擊變擊をなすのである、歩合稽古は以上の如く組織的試合の方法を會得し、心技の一致訓練をなし餘裕綽々として機を制し、時に變じて打ち勝ち得る練習であらなければならないのである。

二　掛り稽古（二分間）

全體力を一致せしめて偏せず、手足を輕く充分に伸ばし、前後左右硬軟自在に活動して突擊を正確に行ふの練習である。即ち全體を調へ氣力を喚起し間斷なく業を練習するの方法である。これにも二分間と定めたる理由は、例へ僅少なる時間と雖も、猛烈なる練習を行ふ時は體勞れ息切れるは二分にして充分なるが故である。而して此の猛練習の利得は己れの慾動を捨てしむるに便にして此間全く無心となり、氣分の緊張によりて全體を順正に活動せしむるの効果あるものである。實に此の練習に據る時は、自から氣に弛みなく、眞劍味にして寸隙なき業を行ふに至るのである。故に掛り稽古は猛烈層猛烈と云ふ程度の突擊をなさしめ、一心其の處に傾倒せしめて體は續く限り縱橫無盡に突擊を捷徑に行はしめるのである。此の練習を繼續して竹刀操作の自由、息と氣力を强くし且つ變化活動を機敏とするのである。活動機敏となりて心技に達し忍耐力を强固とし心を淨化し筋骨は强大となりて內臟諸器の强壯は意の儘となるのである。而して又此の心技一致より得たる業は所謂自信の業となり、相手の鐵壁も物かは、又敵の攻擊或は腕力に對しても虛心坦懷にて應戰して破るを得べきものである。斯の如く掛り稽古は、僅かの時間に於て全體活動を捷徑ならしめ且つ充分に伸ばし豪快なる意氣を養ふに必要なるものである。

三　打ち込み稽古（三十秒）

打ち込み練習は初門の稽古であると同時に又終生の練習でもあるのである。此の練習は遠間より充分打ち込み、全體の屈伸自由と氣分の緊張を計るものである。而して打ち込みは兩足を充分に踏み込み、兩手を伸ばし、體を眞直にして全體を輕く屈伸自由に運ぶのである。故に體は自然體として、竹刀を體の中央に取りて構へを正しくす、此の構體より上段となりて左右の横面へ充分兩手を伸ばして打ち込むのである。打ち込み數回にして眞向面を打ち、全體の凝りを取り去り背骨を正しく兩足の捌きをよくするのである。此の練習と同時に發聲を大きく掛けて氣分を湧發し、體は氣の緊張によりて活動を敏捷ならしむる樣するのである。

以上三つの稽古は組織的合理的の練習にして、之れを熱心に努力すれば自ら術理を悟り隨つて應用業の活用を得て其の妙道を極めるのである。術を身體に練るは心を道に忠實踐行たらしめんが爲めである。心に虚僞欺瞞あり慾動ありと雖も體には僞りなし、故に體を鍛錬して劍聖の光明に心を靈化せしむるの必然にして合理なることは首肯出來得ることであらう。

第三節　教養科目と時間標準

一　教養科目の標準

順序	一時間割	二時間割	教養項目	説明
1	10分	20分	基本練習	初心者には一月以上基本又は連續業を指導すること
2	5分	5分	切り返し又は素振	一般指導
3	10分	20分	業の説明又は講義	同上
4	10分	20分	掛り稽古及地稽古	同上
5	15分	40分	歩合稽古及各個指導	同上
6	5分	10分	打込み體當り又は發聲	同上

◎練習の注意

1 規律を尊び秩序に終始し練習所定の目的を達成すること。

2 科目配當は本書に定むることを適宜配當すること。

3 講義は武道に關する一般のこと又は一般精神衛生常識等の講話を加へること

2 毎週教科目の配當表（一般有級有段の分）

曜日	分	分	分	分	分	分
月	基本	居合	歩合	打込	正座	講義
火	形	同	歩合	地稽	指導法	同上
水	基本	居合	地稽	歩合	打込	講義
木	形	歩合	同	講義	地稽	打込
金	基本	居合	歩合	同	打込	正座
土	形	地稽	歩合	講義	同	研究

1　教養科目を一週間月火水と配當表により適當の時間に秩序的組織的に指導すること。

2　習技者の多寡により團體的個人的に指導すること。

3　試合練習配當（有級有段者其他選手を主とするもの）

日時	何分	何分	何分	何分	休養其他事項
一日	地稽古又は技の説明	復習又は實施	紅白個人リーグ試合	打ち込み又は研究	休養は練習後二時間以上の休養を與へること
二日	同	同	同	同	研究は相手の業或は試合上に於ける一般のこと
三日	同	同	同	同	此の表は短時日の試合準備の練習者に限り實施すること
四日	同	同	同	同	
五日	同	同	同	同	
六日	同	同	同	同	
七日	同	同	同	同	

⦿練習者の注意

1、工夫研究して各自の癖を良く伸ばし自信の業とすること。

2、間合相手の變化業の特長を頑味して毎戰破ることに腐心すること。

一時間若くは二時間と毎週割當て練習を繼續せしめるを週間敎養配當と云ひ、一週間又は二週間と短時日を定めて練習するを試合練習或は講習と云ふのである。時間の短き場合と雖も順序は標準通りに行ひ、分割時間を短縮して長さは之れに應じ、指導者適宜これを行ふのである。而して敎養科目の時間終了毎に監督者合圖をなし、規律的秩序ある練習をするのである。從來は敎養標準とすべきものなく、各指導者出鱈目の敎養法をとり、時間にも順序にも秩序制限なく、又地稽古として打ち合ひに流れ漫然ダラ〳〵と練習せしにすぎなかつたのである。即ち練習時中に於て足を投げ出して休む者、或は頰杖をつきて休養し又煙草を呑みながら不謹愼なる見物をなしたるものである。故に總體的練習時間の長きは徒らに冗漫に流れ、眞の練習時間は極めて短きのみならず、氣は弛むに委せ、規律禮讓は全く影をひそめたかの觀ありしものである。余は嘗て幾多の體驗に苦しみ漸く上記標準の如き案を見出して、其の効果顯著なりしを如實に體驗し、巷間指導者各位の參考便益に供せんとするものである。此の時間練習には團體練習を二十五分、個人練習は三十五分にして全く休養時間とては與へてないのである。

團體練習には特に左の三項を注意すべし。

一、一動作毎に明瞭にして氣魄籠れる發聲をなさしむること。

二、一動作毎に右に整頓して體列を正しくすること。

三、連續變化業に長ぜしめ、趣味的研究心を旺盛ならしむること。

次に基本連續の業を團體員に體操的に練習せしめる方法と又個人的に道具を着けさせて二列横隊にて一齊に練習せしむるの二方法あり。最初は手取り足取りてシンメトリー即ち型、方則を確實にせしめ自發的變化自由應じ返しの業に精通熟達せしめてアンチシンメトリー即ち型を離れて自由なる活動をなさしむるのである。

斯の如く組織的に秩序的に教養して向上發達を計るは教養者の責任にして教養者は引き立て稽古中は强擊し、或は横面にて耳の鼓膜を破るが如きことは絶對に避けなければならない。教法としては本書各章各節によりて教養し或程度まで進みては掛り稽古、相互試合等をなさしむるのである。又習技者に正確なる突撃を教へざる時は、同士打ちにて無理無法なる稽古をなして怪我をするに至るものなれば、此點能く注意すべきである。又地稽古を習技者の自由に委かせて練習せしむる時は、互に相談して氣分の弛みたる練習即ち打つ眞似をするが如き弊を伴ひ易きものなる故、多數の場合は團體的に、少數の場合は各自に道具を着けさせて充分なる發聲と共に突擊業を練習せしむるのである。基本業、連續業の正確となりたる時、初めて掛り稽古又は試合を許し、各個教授の完成に努むるのである。凡て物事は其のスタートが極めて大切なるものなる故、當初の教養の如何によりて、將來伸び或は伸びざるに至るものなるを想ひ、常に確實なる教養を施すことに留意すべきである。

⊙兒童訓練に就いて

初心者又は少年は團體訓練として體操的に練習せしむるのである。服裝は輕く、一本の竹刀にて基本連續の業を氣合的に課するのである。團體訓練は今日流行する運動競技と異り、熱中して學業を放擲したり或は之れがため世間より非難を受ける惡影響は及ぼさぬのである。而してこの團體訓練は氣合的に全體を均齊に發達せしむる運動なるものなる故、生理學の見地からも大いに奬勵すべき効果のあるものである。今日日本人の小さき體軀から考へても身體を兒童時代より美的に發達せしむることは邦家の爲め必須事業であると信ずるものである。然して竹刀を取る時は武士的精神を鼓吹し卽ち日本魂を兒童相應に注入するのである、敎養者は少國民のために此點を留意し其の訓練の目的に努力せられんことを切に望むのである。

個人練習の場合は左の如く注意して練習せしむるを要す。

1　打ち込み體當り練習は　（三十秒以內）

2　掛り稽古…………は　（二分以內）

3　試合練習…………は　（五分以內）

右の如き僅少なる時間なりと雖も、氣合的猛然たる練習をするに於ては、これにて相當の疲勞を感じ且つ充分なるものである。故にこれを數回行はしめる時は、効果顯著にして充分の練習となるのである。

一時間以上の練習標準の場合は、上記時間割表の如き科目を順序に課し、練習中相當の休養を與へて適切なる敎養を施すのである。玆に敎養上注意すべきは人の體質による練習上の差異である。練習中二三回續け、或は五分間にて疲勞するものあり、或は强き者等、種々の差異あるものなれば指導者は各自の性能をよく辨別し適當の方法を講ずべきものである。卽ち無理なる練習は効果薄く却て弊害の伴ふものなれば、各自の體質身體の故障等を發見したる場合は適切なる敎養訓練をなし漸次進步向上を計らねばならないのである。

未熟の者には不完全なる先生稽古を罷めさすことが大切である。業の未熟の者をして受稽古せしめる時は居付きて相手の突擊を滿足に受けることも覺束なく、却て其の人の上達を阻害し進步を止めるのである。卽ち受稽古に慣れたるものは業の上手下手を問はず烈しき稽古を嫌ひ單純なる自己滿足をなして、向上發達の意氣を失ひ易きが一般的の事實である。

斯の如き稽古による自己滿足の結果は、社會に處しては公德志操を缺き公明正大の氣宇精神を失ひ、利を營む機械となり、自己を欺瞞し、社會風敎を害するに至るのである。故に受稽古せしむるものは精敢なる意氣の練習をして自己の向上發達に向つて努力すべきである。

第四節　試合練習の方法

一　試合練習法

人數の割を以て組を組織して練習せしめ又場所の廣狹によりて組を增減して試合を練習せしむるのである。卽ち時間の經濟、能率の增進である。左圖は二組三組に分けて練習したる圖なり。各組には必らず審判一人を付するものとす。

二組の場合

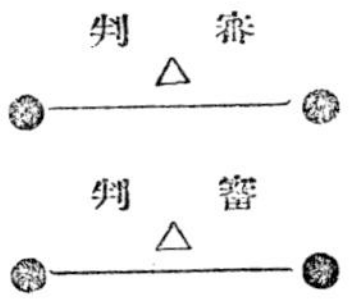

三組の場合

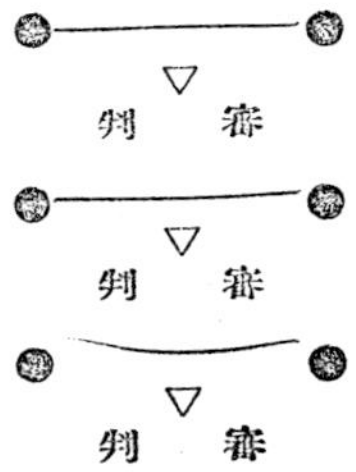

二　五人掛りの練習

一人を元立とし五名を掛け循環的に試合を練習せしめるのである。

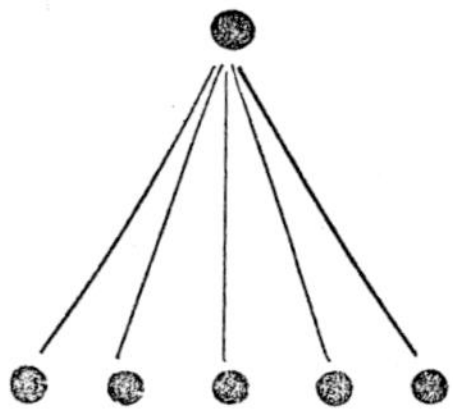

三　紅白試合と個人勝負

紅白試合は紅白兩軍に同一人數を別ち、先鋒より大將まで拔き勝負にして大將を倒したる組を勝ちとなす、大將と大將の引分となる時は勝負なしとなるのである。個人勝負は人數同一であつて先鋒より始め大將まで一勝負を着け勝星の多きものを勝ちとするものにして、今日の試合は多く此の方法を行ひつゝあるのである。

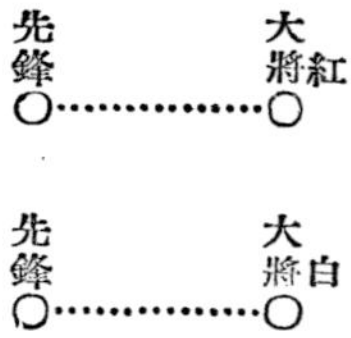

姓名の書き方は大將を筆頭として書くのである。

四 リーグ對練習

昭和四年五月の御大典試合より盛んに流行して居る試合法である。練習の方法は一組四人又は五人に分ち勝ちの多きものを勝者とするのである。其の形は左の型に依る。

得點	石田	羽田	吉見	荒木
石田				
羽田				
吉見				
荒木				

勝には○印を、負けた者には×印を附して勝敗を鮮明にするのである。

第五節 受稽古要領

受稽古とは教師が生徒の業を伸ばさしめんが爲めにこれを引立て稽古するを云ふ、即ち教養すべき人の稽古である。此の受稽古の要領を詳解して助手或は助教等、教師の補助をなす人の爲め參考に供せん。

一、諸手横面を受けるには打ち込みを受ける如く青眼刀を體前に上げ斜刀として左右に半圓を畫き打つ刀を靜かに拂ふのである。此の拂ふ力によりて打ち込むものは自然に手を返して打ち込みを連續するである。

二、伸び面は刀を斜にして摺り上げ或は青眼より捲き直して防ぎて側面に拂ふのである。

三、突きは刀を左右に捲き拂ふのである、又敵の刀腹を左右の下に押し防ぐのである。

四、胸は刀を堅立として中柄にて受けるのである、若し刀腹を打ち防ぐ時は退りつゝ防ぐのである。

五、甲手は斜下へ其の刀を捲き落し、又は右斜に刎ね、若くは刀を右に開きて刀腹にて受けるのである。

六、接近して打ち或は體當り等をする時は其の兩手を柄にて受けるのである。

⊙受けより變化すること

一、左右に面を摺り上げ防ぎたる時は眞面の面を打ち又は變體して胸を打つのである。

二、甲手を摺り拂ひたる時は突きにすくひ、防ぎたる時は甲手を打つのである。

三、胸を堅立刀にて防ぎたる時は變體面を打つのである。

四、突きを摺り込み防ぎたる時は突き又は面を打つのである。

以上防ぎ拂ひたる時は充分に突撃し或は捷徑に撃突を連續して施すのである。受けて突撃を完全に施し能はざる習技者に能く理解せしめて防禦より撃突を機敏に爲さしめるのである。習技者も元立より應じ返しにて打たる時は、之を防ぎて隙かさず突撃する事を悟りて施すのである。受け稽古は正確なる突撃をせしめ或は變化を機敏ならしめて油斷なき心を作らしむるのである。元立が弱き相手を强擊する時は其の習技者は恐怖し之れを嫌ふのである、又元立が防ぎと應じ返しの業確實であらざれば、習技者に正確なる打ち或は變化の法を實際に應用修得せしめること能はざるのである。元立の防ぎ或は外し押すことは習技者の打ち突きする儘に其の刀を防ぐのであつて彼れの心に任かせて受け、應變自在を工夫せしめなければならない。又習技者の打ちの遲きものには捷く、間の近きものは遠くより、遠き間のものは近間の業を各々其の長所を誘導し短所を矯正して其の業を正確ならしめなければならない。

第六節　余の修業體驗

玆に余の修業體驗として、入門當時より今日迄の修業體驗の概要を錄し、修業者は固より指導者各位の指導方法或は修業者の參考に迄述べて見やうと思ふ。

余の斯道に入門した時は、矢張り世間並に竹刀を持つても戸惑ひばかりしてゐたものだ。隨つて當時は何も解らず、只、切り返しとか體當りと云ふやうな業を盛んにやつたものである。さうして他の門人連中のやる儘を練習體得に努めたこと二三年。其間頑固一徹な老人の爲めに隨分ぶんなぐられたものだ、やる度に打たれる、打たれるから恐い、恐いから打たれたくない、けれ共打たれる、隨つて眼を潰つてしまふ、益々叩かれると云ふ結果になつて、入門當初の意氣込みは何處へやら、毎日の痛い、苦しい、情けないの連續に、今日は罷めよう、明日は罷めようと思つたことは、何回となくやつて來たのである。此の頃には最早體は大分慣れて來て相當動く樣になつてゐた、けれ共相變らず氣憶れして且つ弱かつたのである。

其の後先生の全國漫遊に隨行して、各府縣に於て有名無名劍士の中に交つて指導練習を仰いだのである。振り出しは、明治二十九年の武德會創立の時、それより三十七八年の戰役頃迄、名府縣にて相手かまわず他流試合をやつたものである。然るに相手は初顏の上に先方の方が強くて自分は弱い、隨つて漫遊當初は恰かも稽古代の如く叩かれたものだつた斯くすること幾度かして、余の心の一隅に小さく存在してゐた敗けず嫌ひ、反撥心はむく〳〵持ち上つて、叩かれる度に全身に漲る樣になつたのである、故に猛練習をやる、隨つて腕は上がる業は伸びると云ふ結果になり、一層向上心と彈力性は強くなつて、入門當初內の道場で老人に强擊せられて恐しかつた時の事共は何處へやら、練習若しくは試合に對する心氣は全く一變したのである。故に試合に敗ければ、一層懸命に其の原因結果を研究工夫し、痛い、苦しい、情けないと云ふよりは、試合夫自身に興味を見出す樣になつたのである。隨つて眼を潰つてゐたのも明瞭に開く樣になり、恐怖心はとれて、一心は眼球を通して敵の動靜を明確に判斷する樣になつたのである。故に間隙の機微に妙手は伸びて焦せる氣分も落ち着き、敵面とくれば拔き胴に、甲手にくれば横面を、又攻めて敵體の崩れを突擊すると云ふやうに何時とはなしになつたのである。斯くの如く最初は無我無中に突擊をしてゐたものなれども、日に月に體の活動は敏捷となり、自覺は出來、失敗は種々の階梯を經て進步となり、少し進みては慢心となりて人を馬鹿にし、順正を忘れて無暗に打たんとする氣は、却つて我が隙を與へ、或は裏をかかれ、加ふるに上達は一頓座を來たしたのである。

今日の修業者に於ても今迄の過程に於て、或ひは將來に於て、斯る體驗を踏む時機のあるに於ては、餘程周到なる注意の下に覺醒せられたきものである。

以上の體驗に於て、特に余の痛切に感じたることは、業に對する工夫と心眼活力の點である。故に自ら苦心工夫せぬ者、又心眼活力と云ひて心に業を把持せぬ者は、間合進退の要、且つ敵の動靜を見て完全なる業を施すことが出來ぬのである。

工夫と眼定まりて氣息丹田に集まり、敵の動かす刀に迷はず、彼れの猛氣に怖れずして突擊業は先の先に、或は後の先に施し得るのである。此の時余當に十九才、十二才より入門して實に八ヶ年間の修業であつたのである。余固より凡俗の身ではあれども、普通四級の腕になるには先づ十年計畫とみなければならない、此の點よく翫味されて指導査定の充分なる効果を擧げられんことを乞ふ。

第七節　受査定者の注意

受査定者は、平素鍛錬したる業を充分に發揮すべきことは勿論、特に左記要目を注意して悪しき點は矯正し、一層正確を期さなければならない。

一、態度及び業を正確に施し且つ發聲を大きく掛けること。

二、刀を抜く時は、兩腕を開いて下腹に力を與へ、刀を靜かに抜くこと。

三、突擊後の態度を正しくすること。

四、間合の進退掛引きを正確とし、敵の業を封じて己れの間を自覺し、充分なる業を施すこと。

五、上下の變刀に迷はず攻め誘ひに應じ氣分の充溢を以て突擊し或は起りを打ち或は外して打つことを機敏にすること。

六、下に攻められたる時は中段に乘じて攻入し、敵氣を崩して刹那打ちに變化すること。

七、敵の誘ひに乘らず、間を切り、攻勢を執つて起りを突擊し尙追擊すること。

八、無級の受査定者は姿勢を正しく手足一致して業を施すこと。

九、五級以上の受査定者は連續變化の業を確實に練習すること。

十、足を跳ね或は膝を折り腰を屈め體を曲げ又は逆打態度を崩す癖あるものは矯正に努め正確とすること。

⊙受査定者心得第二例

一、受査定者は指揮者の命に從ひ規律的行動をなすこと。

二、査定順位により道場に仕度を整へて集合し査定を受くること。

三、査定者は神殿に禮を行ひ委員席に進んで所屬署名(又は校名)と姓名を大聲にて明瞭に稱呼し後元立と對抗して試合をなすこと。

四、査定は僅かの時間なれば先の業を以て眞劍味の試合をすること。

五、アンドン袴を着せざること(股袴を着用すべし)

六、面紐は定められたる色紐を用ひ且つ正確に結ぶこと。

七、道具及手拭を持參すること。

八、股引(下ヅボン)を脫ぐこと。

九、査定者缺席する時は査定前に通知書を提出すること。

⊙元立の心得

一、元立とは試驗代となるものにして受試者に打たせるにあらず又氣の弛みたるを地稽古をするにあらざるなり、又間も取らず亂打し押倒すにあらず、間を取り眞劍味の試合をすること。

二、元立は査定時間十分前に試合準備を整へ全部道場に集合して上司の注意を受けること。

三、元立は指定したる時に出場すること。

四、元立は試合始終に於て神殿及相互の禮を嚴粛になすこと。

第八節　査定練習法

査定練習の目的は術理を分解的に研究體得して平素の足らざる處を補ひ、態度動作或は業等の悪しき處を矯正し正確とするにあるのである。又査定とは學校に於ける試験と同一にして其試験の如く、之によりて等級を定めるのである。査定即ち試験は試合の勝敗のみにより判定し進級昇段せしめるのでなく、平素の練習、勤勉、怠惰、或は態度及び業を審査して進級昇段せしめるのである。即ち三本試合の勝敗によりて其の良否を決定するのではない、夫れは皮相の末技に流れたる無價値の級であり段である。又苟くも試験委員たる者が情實に流れ實力のないものを情實によりて進級せしむるなどと云ふ矛盾したことはあり得べき事ではない筈である、何故なれば劍術の目的は進級昇段のみを目的とする狭いものではないからである。今日の武道練磨の眞意は國民皆兵主義に則り、大衆の精神訓練をなすを目的とするものなる故、實際の力と勤怠或は態度を審査して公明正大に決定する様になつてゐるのである。故に又査定を受けるものも愼重に自己の力を練ることに反省して貰ひたいのである。以上の目的に添ふべく兩三年前より平素繁多の士のため査定練習として特に講習し、其の力の足らざる處を補ひ、査定の精神及目的を誤らざる樣誘導體驗したる詳細を參考に供せん。故に査定の要なき一般愛劍の人士も、これによりて其の足らざる所を補ひ惡い空氣を一掃して氣持よく業の研究進歩と精神を靈化せしむる樣心掛けられたきものにして又必須のことである。左の各項により研究工夫せられて其の萬全を期せられんことを願ふ。

一、業の未熟なる者は、其のために竹刀を肩に擔ぎ、或ひは左右に振り、或は突擊の狀態を示す風があるものである。甚しきは居着きて突擊し、或は焦りて打ちを輕く、或は不確實とし、或は防がんとして竹刀の自由を失ひ、異樣の姿勢をとり、或は突擊を無暗に施すと云ふものもある、以上は査定として全く無價値のものである故に、練習に於て突擊法の基本より正確とすることが肝心なのである。

二、上手に遣らんとするものは己れに執着し、或は勝敗に拘泥して敵に奪はるは、却て見苦しき試合となるのである、故に練習したる通り試合をなすことが大切である。

三、全體を柔かく自由にすること、人體の活動は立體的なるを最も合理的なるものとす。人を字に具象すれば即ち大である、立と云ふ字は大に地の一を引きたる字である、大の頭に一を引けば天と云ふ字になるのである、故に立體的の活動は上段となりて至高而無上の働きをなし、又下段となりて立即ち地の働きをなすのである、即ち立體は天地の一貫にしてその調和したる活動は柔かく自由となるのである。

沓定に知らねばならぬ十ケ條

一、全體異樣の形を作るは虛隙なりと知ること。

二、攻擊を外されたる時氣を弛め打ちを止めるは眩惑するものと知ること。

三、間を取りて注意するは、其の動靜を見定め、業を自由に施し得らるゝものと知ること。

四、左右に振り上げつゝ打ち込むは敵に悟られ裏をかゝるゝものと知ること。

五、接近して無理に打ち又は超然として退るは彼れに隙を與へるものと知ること。

六、敵の實體に進み、虛を見外すは每戰破らるゝものと知ること。

七、注意力に滿つる氣によつて擊突し或は變に應じ其の刹那上調子となる時は破らるゝものと知ること。

八、攻めの變刀は誘ひ或は敵氣を制すると共に彼れの實を外し虛を打つものと知ること

九、發聲なきものは氣合充實せず、氣を以て勝つこと能はざるものと知ること。

十、四級の上（四段）のものは教師の資格に合格し指導者となるのである、故に形及指導法を研究し査定の試驗に遺憾なき樣心掛け置くべきものと知ること。

第九節　査定評語

近代文明の進展は、鎖國三百年、桃源の夢を破りて我が日本帝國にも日進月步の趨勢を齎らしたのである。而して其の文化に對する足跡の偉大敏速なるには、先進國を以て誇る歐米の各國をして驚嘆刮目せしめてゐるのである。然るに我が帝國をして世界三大强國の一たる今日にあらしめたる我が武士道、我が大和魂は如何になりつゝありや!?　其の民族

精神を培へる武道の光輝は!!

日一日と進み行く文化は、輕佻浮薄、恰かも人心腐蝕の權化の如く、其の恐るべき魔手を伸ばさんとしてゐるのである。

誤れる文化禮讃! 其の罪は那邊にあるのだらう!?

飜つて今日の武道界を見るに、一見多士濟々の如く見ゆれども、果して實質は如何に、量は質に遠く及ばずして寥々曉の星を見るよりも少いではないだらうか?

罪は情實にもあらう、無定見にもあらう、又武一邊に偏せる結果でもあらう、其の他種々の原因に醸されてゐる事は事實である。

見よ武道界の今日を!! 其の教師と稱する輩を――武道界の衰微は先づ此の邊に責任の一班はあるのではなからうか。而して業は兎も角、其人格に至りては、教養の程度と共に進み行く社會に伍して教師としての資格が果してあるものだらうか、否、大多數の人は殘念ながら無しと云はざるを悲しむ、而して已れが既に過去の人物化しつゝある悲哀を悟らず、只表面の事象に拘泥し、功利主義的な見解の下に、然かも自己の墓穴を掘りつゝあるを知らずに、お互に泥試合、體面のなすり合をしてゐるのである、悲しむべきか、笑ふべきか、否問題は最早やそれしきの事柄ではなくなつてゐるのである、即ち根本的改造をなすに非ずんば、光輝ある我が民族精神の根幹をなせる武道も、落日寂寥の悲運に遭遇せざるを得ないのである。

以上の如く、我國武道界の今日は、實に秋風落漠たる感を深ふするものにして、茲に將來の指導者たるべき教師の選定或は昇級に留意して、其の方法を誤らざること最も肝要なるものにあらざるなきか、即ち上述中他の項は別章に明記しあるを以て、本節には之等の査定に關し、一般的學科教育の必要を提唱するものである。即ち次節に査定標準とも見るべき近年の學術的査定科目を抄錄して、査定者及受査定者の參考に供せん。

第十節　審判者の留意事項

審判は審判精神及審判規定により嚴正公明なるものであると口にする事であるが、時に人の弱點として公明を誤る者が多いのである、故に互に熟慮決斷、其の審定に付ては完全を期さねばならぬのである。

一、心の冷静なること鏡心の澄みたる如くであらねばならない。冷静の心にして一動作の判斷をも鮮明となり、刹那確實なる決定をなし得るのである、故に審判員にして多少なりとも情實を挾み或は其念湧く時は、誤れる決定となり、或は曖昧となりて劍道の本旨を失ふに至るものである。故に審判員は審判に際しては、苟くも私心を介在せしめず虛心坦懷にして試合者の氣分と一致し、刹那の突擊に面と云ひ甲手と言明し同時に手を出して鮮明なる判決をしなければならないのである。

二、審判員が甲の不充分を勝とし、乙の充分を勝とせざる不公平なる審判をなすは、試合者に對して不親切なるのみならず、一面面白からざる弊害を生ずるものである。今日試合者の勝負觀を卑劣なる過度期に至らしめたるは、斯る不親切なる結果にして審判者に於ても其の罪の一班は負はなければならないのである、故に嚴正公平にして且つ充分なる突擊を以て勝負を決することに意を注ぐべきである。

三、心眼に業を凝視して一瞬、刹那の突擊を判斷しなければならぬのである。故に只だ肉眼のみに視て心に視ざる時は毎戰心に迷ひ起り正當なる判決をなす能力を失ひ誤りたる審判をなす虞れあるものである。故に心眼卽ち信念の審判をなすことに注意すべきである。

四、審判員は試合者相互は無我無中にて善惡を忘れ、一生懸命にて業を施すものなる故、審判者は相互の間に立ちて嚴正に可否を判決し、苟くも試合者の元氣を阻害し或ひは不平の感を起さす等の審判をせざる樣留意すべきである。

五、審判員は態度を嚴正にし卑劣を叱咤し、正々堂々と戰ひをなさしむべきものにして、元氣なき打ち、或は無理なる突擊を取らず、充分に正しき擊突をなさしむることに誘導すべきである。

六、審判者は椅子によると雖も試合者の移動により席を離れ直立して其の任を盡すべきである。

七、審判規定は各所に於て夫々規定あり、規定に從つて萬全を期せらるべきである。

第十一節　査定資料參考問題集

大日本武德會德島支部武道階級登第試驗劍道部試驗問題、

▲劍道武科（筆答時間五十分）

一、打ち込みと切り返しの區別を記せ。（以上初段）

一、竹刀の輕重に因る利害得失を記せ。（以上二段）

一、三段の法とは如何なることか之を說明せよ。（以上三段）

一、劍道形講習の時に其の突擊は諸手にて充分伸び得るも稽古又は試合の場合に諸手伸びず、而も刀法に適はざるは何故なるか其理由を記せ。

▲劍道文科作文（時間一時間二十分）

一、劍道修業の目的（以上初段）

一、禮　讓（以上二段）

一、劍道と他の運動競技に就て（以上三段）

一、飯篠山城守家直、伊藤一刀齋景久に就て左の事項を記せ。（以上初段二段）

（イ）流名　（ロ）時代　（ハ）略歴

一、大野將監、柳生十兵衛三巖、田宮平兵衛に就て左の事項を記せ。（以上三段）

（イ）流名　（ロ）時代　（ハ）略歴

一、左の歌を解釋せよ、

昔より理を好める下手となる初學は業よ上達は理ぞ、（以上初段）

丸木橋ゆきゝの度の重なりて心もなげに渡る杣人、（以上一段）

靜なる山の動かぬ心せよいざとや早き鳴る神の聲、（以上三段）

業は術術は業ぞと言ひつれど業に知られぬ術ぞ多かれ、（以上三段）

▲劍道三段漢文問題（時間四十分）

川崎二郎大夫者川崎次郎後昆也或曰二郎大夫者奧州人也傳箕裘之術修業諸州而顯芳名或時赴上野熊谷與劍術者爲勝負而殺其人彼門人同派之者欲報讐二郎大夫替出熊谷鄉而奔他鄉數十人追之到武州忍原相遇次郎大夫雖奮擊相戰然敵多遂不能逃且被疵三所鄉人共出擒之引而

到江戸決斷所然以其無咎被免許剩被稱其術後仕忍侍從阿部正秋。

▲劍道三段國文問題（時間四十分）

鎭西八郎爲朝は、我は親にも連れまじ兄にも具すまじ、高名不覺も紛れぬやうに只一人如何にも强からん方へ差し向け給へ、從令千騎もあれ、萬騎もあれ、一方は射拂はんず事なりとぞ申しける。

件の男器量人に越へ、心飽く迄剛にして、大力の强弓、矢次早の利手なり弓手の肘、馬手に四寸のびて矢束を引くこと世にこへたり。

爲朝參洛せざりければ久壽二年四月三日、父爲義を解官せられて、前檢非違使に成されけり。爲朝之をきゝて新の科に當り給ふらんこそあさましけれ、その儀ならば如何なる罪科にも行はれんずとて、急ぎ上りけり。

（以上全文の解釋）

一、國民道德と劍道。

二、武士道とは如何なるものか。

三、民族生活と劍道。

四、靈感と劍道。

五、劍道修業と克己心及其社會的影響を述べよ。

六、小國民訓練法如何及スパルタ教育を論じ其適否を説明せよ。

七、民族の海外發展と武士道精神に就きて述べよ。

八、氣合とは如何なるものを云ふか併せて氣合的練磨の意義を述べよ。

九、時代思想と劍道練磨の變遷に付きて記せ。

一〇、相對的練習の必要原理を述べよ。

一一、禮讓と規律的實行に付て述べよ。

一二、精神統一は如何なる方法によるを最も得策とするや。

一三、眼視方に付きて述べよ。

一四、神人一致の業とは如何なるものを云ふか。
一五、構體の强弱に付きて論述せよ。
一六、太刀筋を正確ならしめる手及び指の配置を記せ。
一七、竹刀の分解說明をなせ。
一八、打込練習の要領を略述せよ。
一九、構刀上下動に依る力の差を論述せよ。
二〇、劍道修業上に於ける彈力性は如何なる地位に立つか。
二一、順刀八法とは如何なるものか。
二二、心氣力業とは如何、及び其各々に就きて論述せよ。
二三、間合とは如何なるものか倂せて其進退原則を論述せよ。
二四、實體と虛體の區別を明確に論じ尙心眼活力に就きて詳論すべし。
二五、團體敎法と個人敎法の差異を述べよ。
二六、團體敎法と個人敎法を論述せよ。

二七、變體の原理に付きて詳述すべし。
二八、誘心三殺法とは如何。
二九、敵力の合法的なる利用に就きて記せ。
三〇、試合の目的と價値を論述すべし。
三一、殘心放心とは如何なる事か。
三二、守破離の意義を説明せよ。
三三、劍道と一般競技に就きて記せ。
三四、順體とは如何。逆體とは如何。
三五、間の必勝法とは如何なる事か及び其方法を説明せよ。
三六、無想の劍心とは如何。
三七、試合今昔の感想を述べよ。
三八、指導原理を説明し併せて其方法を論述すべし。
三九、業と心的行動の關係を述べよ。

四〇、審判に就きて論述せよ。
四一、死生透脱觀と人生。
四二、積極的練習とは如何なるものか。
四三、構へ及氣の虚隙とは如何なるものを云ふか。
四四、乘る者は擊突さる此の理由如何。
四五、變化の力とは如何なるものなりや。
四六、竹刀は兩手の如何なる力によりて自由操作を得るや。
四七、業を中斷せしむる原因に付きて述べよ。

以上四十七問は拙著劍聖上下卷中に詳論しあるを以て參考の資料とされたし。

第十三節　劍道試合審判規定

一、大日本武德會規定

一條　劍道の試合には通例一名の審判員を置く。審判員は椅子に凭るを例とし必要に應じ椅子を離れて審査の遺漏なきを期す。

第二條　試合は特に指定する場合の外三本勝負とす但審判員は試合中臨機一本勝負若しくは引分けをなすことあるべし。

第三條　審判員は試合者禮畢り互に氣充つるを機として「勝負三本（又は一本）」と聲を掛け勝負ある毎に擊突の部位を宣言し同時に手を以て何れか勝者なるを表示する。

第四條　擊突は左の部位に限る。

斬擊の部位　面（顳顬部以上に限る）　胴（右左）　右小手（揚小手、上段の場合等は左小手の斬擊も有効とす）

刺擊の部位　咽喉（面垂れ）

第五條　擊突は充實せる氣勢と刀筋の正しき業及び適法なる姿勢とを以て爲したるを有効とす。

第六條　引揚げは之を禁ず、違背するときは審判員に於て注意を與へ尙違反するときは試合を停止す。

（參考）本條に於て引揚げと稱するは有効なる突擊の有無に拘はらず備へを崩し氣勢を

弛め試合を中斷する動作を謂ふ、殘心を以て直ちに後の備へを爲すものは包含せず。

第七條　擊突後氣勢を弛め殘心なき動作を爲し反つて擊突せられたる時は後の擊突者を勝とす。

第八條　片手を以つてする擊突は正確にして最も有効なるものに非ざれば勝と認めず。

第九條　刀を落し又は落されたる時は透さず對敵動作を爲すべし但し審判員は組打を差止め改めて試合を爲さしむ。

第十條　試合中非禮又は陋劣の言動あるときは審判員に於て注意を與へ其の甚しきは試合を停止す。擊突有効なるも非禮又は陋劣の言動あるときは勝と認めず。

第十一條　第六條、第十條に依り試合を停止したる時は其の相手者を勝とす。

昭和二年五月改定

大日本武德會

二、警視廳劍道試合審判規定

第一條　警視廳に於て劍道の試合を執行する時は本規定に依り審判するものとす。

第二條　試合は擊技突技を以つて勝負を決せしむ。

第三條　勝負は三本にて之を決す但し事宜に依り一本勝負と爲すことを得。

第四條　試合者の一方が勝を得たるときは審判員は勝ちたる方向の手を横に揚げ「面あり」（胴あり、籠手、突之に同じ）と掛聲して勝者を正確にすべし。

第五條　三本勝負に於て二本、一本勝負に於て一本勝ちたる時は審判員は「勝負有り」と宣言し其の試合を止めしむべし。

第六條　審判は左の各項に準據して之を決すべし。

一、先の太刀に重きを置き、甲の先の太刀不充分なる場合に乙の後の撃突充分なるも之を採らず、但し甲撃突不充分なるに拘らず引上ぐる際乙直ちに撃突したるときは之を採る。

二、甲面を撃ちたる際乙仰向き面金にて防ぎたる時は之を採る。

三、間合接近したる際甲攻撃の意志なく太刀を乙の横に着くるとき乙の撃突したる太刀は之を採る。

四、追込みて撃突したる時は稍々輕くとも之を採り追込まれて逃げながら撃突したるものは最も充分なる場合の外之を採らず但し誘引して撃突したる時は此限りに在らず。

五、間合接近して鍔競合となりたるとき太刀を互に肩に掛け離れ際に撃突し又は不正に倒して撃突するも之を採らず但し離れ際と雖も敵の太刀觸れ居らざる時は之を採る。

六、撃突充分なるも引上ぐる際敵を見外し横又は後を向きたる者は之を採らず。

七、正眼の場合は左籠手を採らず。

八、突は咽喉部の外之を採らず。

第七條　左の場合審判員の注意三回に及び猶矯正せざるときは負とし又は撃突するも採らざる事あるべし。

一、引上げる時審判員の顔を見たるもの。

二、間合接近したる際敵の太刀を握りたるもの。

第八條　相當の時間內に勝負決せざるときは審判員は「引分」と掛聲して其の試合を止めしむべし但し三本勝負のときは先に一本勝負と宣告したる後前項に依るべし。

第九條　試合中負傷して勝負を繼續する事能はざるときは審判員は其の試合を引分とすべ

し。

第十四節　審判者に對する希望

一、正審判者は一名にして、試合者相互の中央に座を占め、椅子に凭りたる時は兩手は膝上に正しく置き儼然たる威儀態度を維持すること、而して試合者中央の位置より移動し勝敗判明せざる時は椅子より離れて直立し遺憾なき審判の任を盡すべし。

二、試合者は冷靜なる精神と嚴肅なる禮により試合を爲すものなる故審判者も沈毅冷靜の心により其の一擧一動の所作を親切丁寧に審判するを要す。

三、審判者は試合者の氣合、態度、業の正確等に留意し其の確實なる突擊には之を鮮明に判決すべし。

四、審判者は試合者甲が試合者乙の面を正確に打ちたる所、其判決を宣明するに擊突後暫く默考し或は躊躇して後判決を爲すが如きは、試合者に疑惑不安の感を抱かすものなる故突擊したる間髮、果斷明瞭に決定すべし。

五、 試合中突撃したる時、又は引き上げたる時、輕い、拳、流れ或は足らぬと種々説明を付するは試合者の氣分を阻害せしむるにより沈着默視し輕々の言を吐かず正確なる判決をなすべし。

六、 審判員は試合者が後を向き或は引き上げ態度の卑劣なるもの或は野卑の言論を發するものは注意をなすものとす。

七、 審判員は一勝負を鮮明に決する爲め左の各項を嚴守すべし。

1. 甲手面、突き、胴を突撃したる時は「甲手あり」「面あり」と各部分を言明し同時に採點者に勝ちを明かにする爲め右又は左手を體の側面に垂下し手を開きて全指を伸ばし其の勝を示すべし。

2. 試合者出場して蹲踞し刀尖を合したる時は「勝負一本」(又は三本)と適宜言明すべし。

3. 甲者乙者の面を打ちたる時は「面あり」と判定し直ちに「二本目」と云ふ。甲者二本目甲手を打ちたる時は「甲手あり」と宣言し直ちに「勝負あり」と鮮明にして試合を終らしむべし。」

4. 甲手、面を打ちて一本の勝を取り、乙者甲手を打ちて一本を取りたる時は「勝負」と言明し、乙者面を打ちたる時は「面あり」「勝負あり」と鮮明にし、若し勝負決せざる時は「引分」と言明判決すべし。

5. 一本勝負の場合は三本勝負と同じく「勝負一本」と言ひ其他同一の鮮明判決を爲すべし。

八、試合者は審判員の判決に對しては異議を申出することを得ずと規定しあり、故に審判員は自己を聖なる心に誓ひ、規定に準據し苟くも疑惑を懷かしむるが如き不鮮明なる判決をなすべからず。

九、審判者は一度判決したる勝負を後に誤りと取消すが如き不見識或は裏審判ある時其の裏審判より有無の異議を申出ずるが如き醜態を演ぜざる樣心掛く可き事。

十、試合者追込みて位置轉換し而して勝敗を決せんとする時は元の位置に復せしめて勝負を行はす可きものなり。

十一、審判員表裏の二名ある時は、表審判者責任を以て判決し、裏審判は表審判の質問に對して鮮明に答へるなり、裏審判は手を振り或は何々ありと判意を示すべからず、何となれば裏の暗示により表の判決を往々にして誤らしむる虞れあるものにして審判の正確を期する上に於て大なる障害あるが故である。故に表の問ひに對してのみ答へ表は絶對の權威を以つて判決すべし。

十二、審判者は左に列記したる業を以て勝敗を決定すべし。

1. 突擊して流れ或は不充分なる場合は一本とせず。
2. 手を返へさず平打ちしたる場合は一本とせず。
3. 柔道の業及暴行を以て投げ倒し其虛に突擊したるものは一本とせず。
4. 體當り及足搦みを適法に行ひ相手方倒れたる時突擊したるは一本とす。
5. 横面は諸手、片手を問はず手を正確に返して打ちたるものを一本とす。
6. 先の太刀に重きを置き、甲先に不充分なる擊突をなせる時、其の間髮に乙正確に打つとも一本とはせざるものである。但し先の太刀他に外れたる場合其の間髮に打たれたるものは一本とす。

7. 面を打ち一方仰向きて面金に打ち太刀當る時は一本とす。

8. 接近して甲正確に打ち、乙太刀を甲の脇下又は肩に當てたる時は甲の打ちを一本とす。

9. 追込みて打ちたるものは輕くとも一本とす。

10. 接近して逃げながら打ちたる太刀は一本とせず、但し誘引して離れ際に打ちたるは一本とす。

11. 互に打合刀を肩に掛け或は纏れ合ひて打ちたるは一本とせず。

12. 打ち込み敵を見外し或は横を向き或は手を離したるものは一本とせず。

13. 打ち込み不充分にて引上げ、相手方間髪に正確に打ちたるものは一本とす。

14. 竹刀を落し或は落されたる時、間髪に敵手に入り竹刀の柄を取り或は體に組付たるものは一本とせず、但し組付くまで突擊したる時は一本とす。

15. 甲手の部分は手頸より遡りたる蒲團全體の範圍にして突きは突垂れ、面は耳の上横鬢より頭上胴は黒皮の內を突擊の部分となるものにして以上の外を突擊したるものは勝とせず。

第七章　古實論

第一節　日本劍道史と其流派

我が大和民族の誇りとする武士道は、玆に詳論する迄もなく主として劍道の力を以て養はれたるものであつて、世に謂ふ所の大和魂も、畢竟此の武士道なるものの別名であつて二物ではないのである。而して世の如何なるものにも變化消長ある如く、有史以來燦然として光輝を放つ我が武士道精神にも、或時代、或場合には表面上幾多の消長はあつた、それは其の根源なる武道即ち劍道（當時に於ては）の紆餘曲折が最も明瞭に物語つてゐるのである。尙我が劍道が後世の如き體形を備へ、一貫せる主義精神の現れを來たしたるは鎌倉幕府時代よりである。斯くて足利氏の室町幕府の末期に至りて體形全く調ひ、德川三代將軍家光の前後に於て其極に達したのである。即ち群雄割據の戰國時代より德川の初期迄は、戰亂に次ぐ又戰亂なりしを以て實地の必要は益々其旺盛を刺戟し、眞劍味なる研磨の下に彼の有名なる寬永年間の如き多士濟濟の黄金時代を現出したのである。

從つて以上の如き必要による研究の結果は、各派各流の母體となり、德川氏中葉迄に其數二百を以て數へる程であつたのである。

以下其の中の重なる流派及人物に就きて出來得る限りの考證の下に詳述し、諸賢の研究と査定及受驗の參考に供せんと思ふのである。

尙次章に於ては、幕末の劍豪にして明治維新當時活躍せる朝野敵味方の有名劍士の要點を詳細に涉つて記述して見やうと思ふ。

(一) 一刀流略傳

一刀流の始祖は有名な伊藤彌五郎入道景久である、號して一刀齋と云ふ。伊藤の姓は井藤なりと云ふ人もあれど詳かならず、永祿三年八月五日伊豆國に生る。鐘卷自齋外數氏に就きて劍道を學び、遂に一刀流を考案して天下に發表す。一刀齋偉にして豪、眞劍勝負實に三十有三回にて一度も敗を喫らざりしと云ふ、承應二年六月二十日年齡九十を以て歿す。

一刀齋の考案に成る一刀流は現在傳はる所の一刀流の基礎にして、三重、五十本、刄引、相小太刀、正五點の五種である。

小野次郎右衞門忠明

小野次郎右衞門は前名を御子上典膳と云ひ、初代一刀齋の高足である、其祖先は勢州の人にして萬喜小輔に仕へ後、上總に住む。史實の傳ふる所によれば、次郎右衞門の兄弟子に小野善鬼なる者あり、心技共に優秀なるものなりしと云ふ、善鬼武者修業を志して全國を行脚し、一日師の下に歸りて皆傳を要求す、此時一刀齋は當時一刀齋の手許にありて修業中の善鬼の弟弟子なる典膳と試合せしめ、勝ちたる者に之を與へ、尙秘藏の一刀を與ふと云へり、善鬼憤然色をなしたりと雖も、嚴として備ふる師の命こばみ難く、餘儀なく之を承諾せりと、兩者互に身仕度嚴重になし、木劍を採りて對抗す、善鬼の眼光既に殺氣滿ち、敗けざらんとする氣魄は劍尖より迸ろ、兩者秘術を盡して戰ふこと數次、勝敗の程も見えざりしかば、一刀齋此上の危險を恐れて、兩者の引分を宣告す、隨つて一刀齋は、兩者いずれにも與ふるに由なきを以て、彼れ一室に籠りて兩者の心膽及び注意力を試驗す、即ち一刀齋の正座せる周圍に屛風を立繞らし、手を叩きて兩者を交互に呼ぶ。

善鬼先づ師の召呼に應じて、氣合諸共一氣に屛風を飛び越して中に入ろ、一刀齋諾と、次いで典膳室内に入り、屛風の中に師の一刀齋の聲するを以て、熟慮斷行氣合諸共屛風の上に飛び上り、内部の狀勢を見極めて除ろに飛び降りたのである、而して一刀齋又諾と、後兩人を呼び入れて、共に技倆の進歩せしを稱せし後、批評して曰く、試合は兩者共技倆伯仲にて兄弟の差を認め難し、然れども善鬼は余の室内に入ろ時に注意足らず、何となれば、若し屛風中に敵氣の動きたらんには、不用意の飛込み以て如何となすと、然ろに典膳は放膽細心共に能く、且つ大丈夫の態度なりと結論して秘藏の一太刀卷物を典膳に授けんとしたのである、尙一刀齋は諄々と事理を說きて共に將來を激勵せしも、善鬼私かに含む所ありて洒然とせず、機を窺ひ、卷物を奪取して逃走したのである、一刀齋典膳共に之を追ひて彼れ瓶の中に隱れたるを典膳、師より賜りたる太刀を以て眞向唐竹割に切り下げ卷物を奪還す、世に云ふ所の瓶割刀之なり。次いで一刀齋、典膳をして小野の姓を繼がしめろ事を諭して善鬼の幽魂を冥目せしむ。これより御子上典膳は小野の姓を名乘り、益々腕を磨きて師直傳の組太刀に「小太刀」、「小搒」、「拂捨刀」を加へて一刀流の聲望を天下に高めたのである。卽ち時の將軍德川氏に仕へて將軍家御手直番となり天下の副指南番として聲望字內に響く。

小野次郞右衞門忠常

忠常は二代忠明の子にして初代二代よりの組太刀を繼承して大器益々斯道を硏究し、遂に「切落」「寄身」「開」の三本を發明して、一刀流組太刀の體系殆ど成る、世に之を小野派一刀流と云ふ。門人中では梶新左衞門正直傑出せり。寬文五年十二月七日卒す。

小野平右衞門忠於

一刀流組太刀は、四代目忠於に至りて其體系完成し、忠於傳來の組太刀に「合刄」「張」の二本を加ふ。元祿四年五月十二日享年九十一歲にて卒す。以上四代は皆德川時代の初期よりかけて一刀流の名實を擧ぐ。五代は忠於の子にして忠一と云ひ、其子忠方六代を繼承し、これより二派に分る、一は小野家正統九世の孫業雄に一刀正傳として傳はり、一は六代忠方より其門人中西忠太に傳へ、世に之れを中西派と云ふ。

中西忠太の子忠藏は寶曆年間初めて面甲手等の擊劍防具を考案し、又竹刀稽古を創成すとあり。此忠藏の子忠太（祖父の名を繼ぎて忠太と呼び字は子啓と云ふ）忠太の子忠兵衞を經て淺井義信に傳はり、義信之を淺井義明（中西子啓の次男にして通稱又七郞と云ふ）に傳へ、義明之を山岡鐵舟に傳へたのである。

（二） 忠也派

伊藤典膳忠也

一刀流は二代小野治郞右衞門忠明の子、忠也忠常に到りて二派に分れ、一は忠也派と云ひ一は小野派一刀流と云ふ。忠也、忠常共に父に勝ろ腕前あり、忠也は伊藤の姓を繼ぎ、其の正統を受けて傳來の瓶割の太刀を父忠明より繼承す。

(三) 梶派

梶新左衞門正直

一刀流三代の小野派一刀流祖忠常の高弟にして、同門中拔群の逸材であつた。現今傳はろ所の梶派一刀流の始祖である、天和元年十二月十八日死亡。

(四) 天心獨名流

根來八九郞重明

號して獨心齋と云ひ、紀州の産である。一刀流四代目の小野忠於に就きて其精妙を得、後全國漫遊に出で、苦心研究の結果一派を案出して天心獨名流と稱するに至ろ。門人中にては堀口亭山貞勝群を拔きて盛名あり。

(五) 涼天覺清流

堀口亭山貞勝

延寶年中の武人にして嘉內と號し有名なり。根來獨心齋に師事して天心獨名流の玄妙を得、後自己の工夫を加へて涼天覺清流と稱す。

(六) 神陰流

杉本備前守政元

常陸國の住人にして鹿島神流の元祖である。

劍眞妙を得んとして鹿島神宮に熱誠祈願すと一夜靈夢に神靈より妙法を授かると見て一卷の兵法書を得たのである、これが有名な源九郎判官義經奉納の書と云はれてゐる。政元、神德の偉大なるに感激し、即神傳の意を籠めて鹿島神陰流と稱す。

(十) 新陰流

上泉伊勢守秀綱

秀綱は、上州箕輪の城主永野信濃守に仕へ、永祿六年甲斐武田晴信(信玄の父)の爲めに亡ぼされてより甲州に浪人し、後神陰流の祖、杉本備前守に教を受けて其正統を繼ぎ、兵法の玄妙を極めて宇内第一たり。尚秀綱は門人疋田文五郎及神後伊豆守の兩人を連れて全國を漫遊し、諸流の長をとり、政元直傳の神陰の神を、神に恐れありとて之を改め、爾後新陰流と號す。

又門人中傑出せる者少からず、即ち、疋田文五郎、神後伊豆守、柳生但馬守、丸目藏人、塚原小太郎、磯畑伴藏、奥山孫次郎等多くの俊材輩出す。

(八) 神影流

奥山孫次郎公重

公重は徳川家康の家臣奥平出羽守定能の子にして、元龜元年六月二十八日江州姉川の合戰に父親に從ひて出陣す、時に年齢僅かに十五歳、敵將淺倉の家臣、黑坂備中守同勢八百餘人と戰ひ、其先手の命を受けて若年の初陣にも拘らず奮戰能く努めて敵二騎の首級を得て主君家康に其功を激賞さる。上泉伊勢守に就きて兵法を學び、其奥儀を得て正統を繼ぐ。後三河國奥山郷に住し、日夜奥山産神に參籠し夢に神託を得て新陰流を神影流と改む、其劍法の妙、影の形に隨ひて舞ふ如くとあり、風を慕ひて門人多數門前に市をなし、威風堂々東海に並ぶ者なし。後東照神君即ち家康、秀忠等の臺命を蒙り兵法の奧義を奉授すと。號は休賀齋と云ひ、幼名は平國定と云ひしも、家康より公の一字を賜りて爾後公重と稱す。慶長七年、年七十七歳にて病死す。

（九）眞新陰流

小笠原金左衞門尉長治

號を源信齋と云ひ、奧山公重の門に入りて其精妙に達し公重の正統を繼ぐ。長治は遠州高天神の城主、小笠原與八郎の弟にして、元龜元年六月二十八日德川家康に味方して姉川に出陣す、敵將淺倉義景との合戰の時、家康の勘氣を蒙りて唐（今の支那）に渡り、劍法の玄妙を唐國人に敎授すと武備志にあり、倘唐土に於て一層の研究を積みて妙術を會得し、歸朝後、故有つて神影流の名を改めて眞新陰と稱す。

（一〇）新陰直心流

神谷丈左衞門尉眞光

眞光は水野出羽守の家臣にして、小笠原金左衞門に就きて眞新陰流を學び、號を傳信齋と稱して同門中最も傑出す、而して神は則ち心なりと云ひて眞新陰流を改め、新陰直心流と云ふ。

（一一）直心正統流

高橋彈正左衞門尉重治

神谷眞光の弟子にして號は直翁齋、寛永、元祿年間に涉り武名大いに擧がる。土屋家の家臣なり。當時末流徒らに多く從つて玉石混淆の弊あるを嘆き、直心正統を爾後吾我の流名と爲すと稱し、それより新陰直心を改めて直心正統流

と云ふ、直翁齋の辭世に曰く、

極樂と思ふ心のはかなさは
終りに成佛とけぬものかは

（一二）直心影流　山田平左衛門藤原光德

光德は永井大學頭の家臣にして、劍法を直翁齋に就きて學び、努力能く其奥儀を會得して自ら直心正統流の申劍傳を書し、流派の前後及歴史を熟察して、師直傳の直心正統流を改め、直心影流と云ふ。

（一三）直心影流　長沼四郎左衛門國鄕

四郎左衛門は山田平衛門の三男にして永井大學頭の家臣なりき。武州西久保に住し、正德より明和四年にかけて師父山田平左衛門と共に武名天下に響く、而して面甲手胴等を着けて試合をなすは此人より始りしと云ふ。

（一四）直心影流　長沼正兵衛尉綱鄕

四郎左衛門の門下にして其正統を繼ぎ、活然齋と號して師と共に時の天下に盛名を馳す。道場を芝愛宕下田村小路（現今の芝區田村町）に設け、門人中、得能關四郎、安部守衞、辻新平等傑出す。

（一五）直心影流　藤川彌司郎右衛門近義

長沼綱鄕に師事して其正統を繼ぎ、幼時より鬼才として同門中の群を拔き、長ずるに及びて益々天性の眞價は努力に依つて發揮され、雷名江戸市中に滿つ、從て宗師の爲めに贄を執る者實に二千有餘人、春秋の筆法をかれば、近世無比にして、教を乞ふ者、門前市をなすと云ふ有樣であつた。又諸侯よりの往來も頻繁にして劍客全國より數千人來訪せりと、近義は寶曆より寬政年間盛名を馳せしものにして、寬政戊午夏四月七十二歳を以て長逝す、墓は東京市本鄕區喜福寺にあり、法名を大雲院英學全雄居士と云ふ。

（一六）卜傳流

塚原卜傳

卜傳の幼名は、小太郎勝義と云ひ、父は土佐守と云ひて飯篠山城守に就きて劍法の玄妙を極めし人である、此人にして此子ありと云ふか、幼時より神童或は鬼才として畏敬され、天稟の性は上泉伊勢守に就きてより益々發揮され、上泉道場の龍虎の一として磯畑伴藏と共に雷名天下に轟く。

（一七）疋田陰流

疋田文五郎

上泉伊勢守の甥として生れ、境遇の刺戟は天來の性質を玉成し、上泉門下の俊足として盛名宇內に響く。後伊勢守に從ひ神後伊豆守と共に遍く諸國を漫遊して眞技の妙を關白秀次の臺覽に供す、今日疋田陰流の末流多し。

（一八）心貫流

丸目藏人

襟裡北面の武士にして、上泉伊勢守に就き新陰流を學び、同門の逸材と共に盛名を馳す。獨特の創法を案出し之を心貫流と名付く。

（一九）柳生流

柳生但馬守宗嚴

大和國柳生庄の產、菅公の後胤なりと云ふ。上泉門下に入りて其玄妙を會得し、後德川家康に仕へ、將軍家指南番として天下に號す。長男十兵衞三嚴、次男飛驒守宗冬共に父祖の名を穢さず、有名なる劍豪荒木又右衞門は十兵衞三嚴の秘藏弟子なりと。當時柳生流は天下のお留流であつた。

（二〇）天眞正傳神道流

飯篠山城守

日本武道中興の祖にして、現今傳はる劍法の始祖である。時代は杉本備前守政元と同年代にして、下總國（千葉縣）香取郡飯篠村に生る。幼時より劍法に於ける天禀の才ありと云ふ、長ずるに及びて益々兵法を硏磨し、尙其玄妙を體達せんとして、武神鹿島鹿取の兩神宮に祈願をこめ、遂に其絕妙を悟る、山城守門下にて傑出したる偉材としては、諸岡一羽、塚原土佐守、松平備前守は最も有名である。

（二一）一羽流

諸岡一羽齋

一羽齋は文祿年間に盛名を馳せたる人にして飯篠長威齋に贄を執り、天眞正傳神道流の精妙を極む。後一派を生みて一羽流と號し、求門者相當多かりしも後年不幸にしも天刑病に侵され末路寂し、常州江戸崎の住人なり。

（二二）有馬流

有馬大和守乾信

有馬流の始祖にして、飯篠山城守の高弟松平備前守に師事し、其の正統を得て盛名高し。

（二三） 中條流

中條兵庫助長秀

相州鎌倉地藏寺の僧なり、門人中甲斐豊前守大橋勘解由左衞門は傑出せり。

（二四） 富田家流

富田九郎右衞門

越前朝倉家の家臣にして、刀槍の術を中條流の大橋勘解由左衞門に學びて武名擧る、實子治部左衞門、孫、治郎左衞門共に盛名あり、治郎左衞門に至りて加賀の前田家に仕へ、富田流として普及す。

（二五） 鐘捲流

鐘捲自齋

富田流の流を汲みて其奧儀に到達し、同流の達人、山崎、長谷川と共に群を抜きて、世に富田三家として聲望あり、門下より一刀流始祖伊藤彌五郎出ず。

（二六） 二天一流（二刀流）

宮本武藏政名

武藏の幼名は辨之助と云ひ、成人して政名又は玄信と稱し、二天道樂と號す。祖先は播州の豪族赤松氏の流れを汲む、即ち其支族たる衣笠氏の別家、平田氏である、明應文龜の頃、平田將監なる人、美作國吉野郡竹山城主、新免伊賀守に仕へ、同郡宮本村に居住す。將監は武藏の祖父にして武功により新免の姓を伊賀守より授けらる。將監の子、武仁は所謂無二齋と號する人にして、兵法の道に透徹せる人なりき。史實に依れば、此の無二齋なる人は、當時京都に於ける劍豪、吉岡憲法と三度試合をなして二度迄も勝ちを得たりと云ふ、依つて時の將軍足利氏より天下無双の稱號を得とあり。武藏は無二齋の晩年の子であると云ふ、武藏の生れたのは、今より約二百八十四年程前、即ち天正十二年三月生れである、それより正保三年五月十九日迄を一生涯とす、從つて武藏の生存期間は天正、文祿、慶長、元和、寛永にまたがる六十二年間である、故に武藏の生れた天正十二年は、丁度秀吉と家康が小牧山に合戰をした年である、武藏の長逝したのは、德川三代將軍家光、將軍襲職後十二年目に相當するのである、慶長五年關ケ原の戰ひには、武藏は十七歳にして西軍に加つて勇名を擧ぐと。十三歳の頃、有馬喜兵衛なる劍法の達人と戰ひて天禀の性を發揮す、相手は眞劍なるにも拘らず、武藏は大膽にも棍棒を以て對抗し一擊の下に撲殺したと云ふ、又十六歳の頃武術修業に志して但馬國に到り、劍豪秋山某と試合して之に勝ち、生涯を通じて六十有餘度の眞劍試合をなし、一度も敗北せしことなしと云ふ。武藏二十七歳の時、豐前小倉に於ける佐々木巖流との試合は、巷間に誤傳されてゐる如き、私怨又は親の仇討ち等ではないのである、其時巖流は十八歳なりき、此時も武藏は木劍にて對抗し、巖流は眞劍なりしも武藏の一擊に逢ひて肋骨粉碎され其儘絶息せりと云ふ。武藏の生涯に於ける六十有餘度の試合は、十三歳の時有馬喜兵衛に勝ちてより二十八歳の時迄にして三十歳以後になりては、劍法の絶妙を禪門に得んとして帶劍せざりしと云ふ。慶長九年、武藏二十一歳の時、京都に於て吉岡憲法の子、清十郎と試合す。武藏の父、無二齋と試合せし憲法は當時死亡して、嫡子の清十郎が足利將軍家の指南番であつたのである、洛外の蓮臺野と云ふ所で試合をなし、清十郎は眞劍、武藏は木劍なりしも、之又一擊の下に淸十郎を氣絕せしめた。蘇生後淸十郎は全く兵法を捨てゝ剃髮し、世捨人として餘世を送りしも、淸十郎の弟にて强豪なる傳七郎は武藏に試合を申込み、傳七郎は木劍にて、武藏は無手にて、結果は傳七郎の木劍を奪取して其一擊あまりに强かりし爲めか、其儘絕息す。

淸十郎の嫡子又七郎は、父伯父共に武藏に敗北せるを以て、之家門の恥辱なりとし、百有餘の門人又師家の仇として、師弟謀議の結果、武藏に勝負を挑む、武藏應戰して身に微傷だも受けずと、恐るべき武藏の力量、眞に天下無敵と稱すを得べきか。

玆に注意すべきは、武藏の生涯を通じてなせる試合に於て、自己の意恨卽ち私怨醉狂等によりて試合をなせし痕跡なき事、相手方の多數なる場合と雖も他人の援護を受けざる事である。

武藏の武藝及び風を慕ひて師事する者多く、名古屋に滯留中養成せし、竹村玄利、林資龍(同地に殘る圓明流の始祖と云ふ)又諸國巡遊中、出羽國に於て宮本伊織(伊織は後に武藏の養子となる)寺尾孫之亟勝延、同藤兵衛信行等、最も傑出せり。

寬永御前試合に於ける劍豪荒木又右衞門との試合は、武藏にあらずして、武藏の養子伊織である、何故なれば、寬永御前試合は、寬永十一年五月二十一日江戶城吹上御殿に於て全國の武藝者を集めて爲したる試合なれば、當時の武藏は深く禪門に歸依して帶刀すらせざる時なればなり、伊織と又右衞門との試合は引分けなりしと云ふ。武藏晚年は(五十七歲より死亡迄)細川忠利公の知遇を得て其客分として仕へ、數年の間に高弟を養成す、卽ち前記の寺尾孫之亟及求馬之助兄弟、古橋惣左衞門、都甲太兵衞等其の尤なるものである、寛永十八年二月初旬、二天一流の眼目、三十五ヶ條成る。寛永二十年十月十日、有名なる武藏五輪書の著述に着手、正保三年五月十二日、自誡十九ヶ條を病中平書す、同年五月十九日享年六十二歳を以て往生す。

（二七）巖流

佐々木小次郎（巖流）

巖流は、越前國宇坂庄、淨教寺村の生れである。天禀の性、剛壯勇健にして、同地の劍法家富田勢源の家人として生育し、富田流の玄妙に到達せる逸材である。巖流は、若年の頃より、武道にかけては天資英邁にして、勢源の實弟治郎左衛門すら凌ぐ腕前であつた、斯く劍法にかけては英邁の資を有しながらも、生來傲慢なる彼の性質は、業の長ずると共に益々增長し、遂に恩家を捨てゝ諸國を武者修業し、豐前小倉に來て、細川忠興に仕へ、藩士及藩主に武道を敎授し、名聲頗る高かつたのである、偶々同地に來遊せる、劍豪武藏と試合することゝなりて、倨傲血氣の勇は、彼をして武藏の一擧に破れざるを得なかつたのである、此時巖流は、年齡僅かに十八歳なりしと云ふ。然れども彼又劍法の達者たるの名を失はず、武藏と試合の時最初の一擊は武藏の鉢卷を切り、倒れながらにして拂へる一刀は、武藏の袷の膝上に垂れ下れる處を三寸ばかり切れりと云ふ、世に之を巖流燕返しの極意と云ふ。

（二八）憲法流

吉岡憲法

室町將軍、卽ち足利時代末期の將軍家指南番にして、京八流の流れを汲みて憲法流を案出す。

京八流は鬼一法眼の流れなり、武藏の父、新免無二齋と試合せり、長男淸十郎、次男傳七郎、孫又七郎共に家を繼ぎ、師範として其劍豪をうたはる。

（二九）無明流

石田伊豆守

上州人にして、北條氏康の家臣である。壯年に至りて武藝に執心し、上州御太刀山不動尊に熱願を籠めて、遂に武道の妙法を取得す。

（三〇）貫心流

宍戸司箭家俊

群雄割據の戰國時代、元龜年中の人にして、藝州菊山の城主である、師匠は不明なれども、劍法の玄妙を極めし人である、號して貫心流と云ふ。

（三一）念流

上阪半左衞門

半左衞門の前身は臨濟宗の僧侶である。劍法の精妙を會得して、之を念流と稱し、門人中、中山角兵衞傑出す。

（三二）東軍流

川島鑰之助

鑰之助は幼時より劍法の偉才にして、長ずるに及びて其武名漸く天下に知らる、然れども其奥秘を知らしめず、五世の孫、川崎二郎太夫に至りて漸く解放的となる。鑰之助は上州白雲山神に祈願して妙旨を悟り、之を東軍流と稱す、俗に東軍二郎太夫とは、川崎二郎太夫のことである。

（三三）庄田流

庄田喜兵衛

柳生十兵衛に仕へて人となり、柳生流の極意を會得して後、東武地方に來遊して名實共に高し。號して庄田流と云ひ、後徳川譜代大名、榊原家に仕へて一藩の師範をなす。

（三四）神明無想東流

東下野守元治

生れは東國にして、若年にして劍道の精妙に達し、尙刀術の妙を極めんとして膽を　り、鹿島鹿取の兩神宮に祈願參籠して神傳の玄妙を會得せりと、故に神明無想東流と號し、門人中傑出せる者少からず。

（三五）拔刀田宮流

田宮平兵衛重正

東下野守元治に同じく關東人である、下野守に就きて、神明無想東流を修得し、其後林崎重信に乞ひて拔刀に對する妙技を得、心技共に神に入りて一流を案出す、後平兵衛を對馬と改む。

（三六）丹石流

衣斐丹石入道

一説に依れば、丹石入道の考案に懸る劍法を天臺山東軍流と云ふとあり、眞僞の程、いづれとも判明し難けれ共、玆には丹石流として揭げておく。又丹石入道の師匠は、東軍坊と稱する劍道の達人なりと云へり、入道の生國は、美濃國にして武士である。

（三七）將監鞍馬流

大野將監

天正年間、卽ち群雄割據の戰國時代に傑出した劍豪である。何人に就きて刀法の妙を會得せるか不明なれども、其の刀法を鞍馬流と稱したる點より省みて、鬼一法眼の京八流の流れを汲みたるものならんか。現今傳はりゐる所の將監鞍馬流とは此人の考案に依るものである。

(三八) 自源流

瀨戶口備前守

薩州島津家の藩士にして、時代及師匠共に不明なれども壯年時代に入りて劍法に精進し、努力能く兵法の奧儀を體得す、後同國の伊五瀧なる所にて自源坊なる仙人より妙術を敎はりて名聲頓に擧る。自源流なる名稱は、此の仙人の名より來れるものなりと云ふ。

(三九) 小田流

小田讃岐守孝朝

慶安年間の劍客にして、常陸國小田城の城主である。三河國の住人、中條出羽守賴平に刀法を學びて心技共に師の域を摩す、益々斯道の玄妙を得んとて努力研究し、同國蘆男山日神に祈誓して神靈の妙を受け、一派を案出して之を小田流と稱す。

(四〇) 願流

松林左馬之助

常陸國鹿島在の住人である。幼にして劍法天稟の才あり、長ずるに及んで益々眞價は發揮され、遂に兵法の玄妙を會得す、後伊奈平十郎なる者に仕へ、武州赤山に住す。師、年時共に詳かならざれども願流と稱して聲望あり。

（四一）京流

前原備前守

上州小幡家の臣なりと云ふ、年時は不明なれども、劍法は鬼一法眼の流れを汲みて。其玄妙に到達す、上下の事情より見れば、法眼の弟子達の流布せし京八流の一派ならん、備前守又軍配術即ち兵學の妙を極む。

（四二）拔刀中興之祖

林崎甚助重信

後年群出せし、拔刀田宮流、拔刀一宮流、拔刀一傳流、拔刀伯耆流等各流皆此の林崎甚助の考案より出たる拔刀の影響を受けたるものにして、其の中興の始祖たるのみならず、技既に神に入りて宇内に聲望高き人であつた。

（四三）戸田流

戸田越後

加賀百萬石、前田利家の家臣にして、後年武名を馳せたる戸田新八郎の祖なりと云ふ。利定に仕へて合戰毎に武功あり、武勇又世人の熟知せる所である、諸國に末流多き由なるも詳細に至りては詳かならず。

（四四）三和流

伊藤道隨清長

寛永年間武藝熱の最も旺盛なる時期に於て盛名を馳せたる人である。當初の名は傳三郎と云ひ、又改めて十郎左衛門と云ふ。劍柔の兩道に精妙を得、當時水戸家に隨身す、元祿十年九月九日、年七十歳にて死亡。

（四五） 拔刀伯耆流

片山伯耆守久安

拔刀中興の祖、林崎甚助の流を汲みて、自ら拔刀伯耆流なる刀術を考案し、居合術の妙手を會得す。慶長年間刀術を以て禁裡に參內し、従五位下伯耆守に叙せらる、其子伯耆守久勝、文業を繼ぎて江戸に出で、武名天下に鳴る、久安は月日不明なれども周防の國にて卒す。

（四六） 甲源一刀流

逸見多四郎義利

武州秩父郡の郷士として生れ、有名な逸見冠者十七代の後裔である。劍法溝口一刀流を櫻井五助長政に就て研鑽し、一流の印可を師より受けて尙自己の工夫を加味し、之を甲源一刀流と命名す。其子彥九郎義苗、父の流儀を受繼ぎて之又父に劣らぬ盛名を馳せ、門弟中にては、其末門に於て比留間與八群を拔きて傑出す。

（四七） 神道一心流

櫛淵彌兵衞宣根

彌兵衞の生國は東武地方とのみにて生年及國名は詳細傳へられてゐない樣である、流派は劍道中興之祖、飯篠長威齋の流を汲みて其正統に育くまれ、父彌兵衞宣久に就きて天眞正傳神道流の奧儀を探究す、後諸國に遊歷して他流を學び、自他の長所を取りて遂に神道一心流を考案す、門人及其正統を繼ぎし者不明なれども當時の天下に盛名を馳せたるは有名な事實である。文政二年九月、七十三歲を以て死去す。從つて寬政以前に於て盛名を馳せたる人である、彌兵衞宣根の死亡は今より約百十年前である。

（四八）愛州陰流

愛州移香

生國生年月日等不明である。諸州遊歷中、九州鵜戸岩屋に參籠し、神靈の加護を得て劍法の幻妙を會得し、其兵法を自ら命名して、愛州陰流と稱へた。或說によれば、新陰流祖、上泉伊勢守も此流を汲みしものなりと云ふ、然れども適否は判明せず、此の愛州陰流の流を汲みて傑出せるもの、後に眞野文左衞門及其弟子天野傳七郞忠久あり。

（四九）眞陰流

天野傳七郞忠久

德川の親藩水戸家の祿を食み、眞野文左衞門に就きて愛州陰流の奧儀を得、其流名を改めて眞陰流と稱へた、傳七郞は又兵學軍禮の術に達せる人である。

（五〇）克己流

安丸仲右衞門之勝

延寶年間の人にして、柳生新陰の流を汲みて傑出せり、後改めて克己流と稱し、其子仲右衞門盛之、父の業を繼ぎて之又傑出す。

（五一）無外流

都治月丹資持

近江國甲賀郡の產、後ち劍法を以て土佐の山內藩に仕へ、子孫世々指南番として祿を食む。此人始め京都に上りて山口流の劍術を修業し、其の奧旨に自己の工夫を加へて無外流と稱へた。土佐藩に仕官する迄は江戸の番町に道場を開きて多數門弟を養成す。

(五二) 機迅流

依田新八郎秀復

新八郎は寛政享和文化にかけて盛名あり、今より約百二三十年前の人である。會津上杉家の家臣にして、楠流の兵學を同藩の神保忠昭に學びて其奥儀に透徹す、又江州堀田家の臣浦上淺右衛門に就て、寶藏院流の槍術を修め、自ら諸種の流派の長をとりて之に研鑽を加へ、密かに稱して機迅流と號した、後年丹波篠山の城主、青山家に隨身す。

(五三) 心形刀流

伊葉是水軒光明

是水軒の盛名を馳せたる時代は、世を擧げて文弱に流れし元祿時代であつた、然れども是水軒の氣風は斯る風潮にも染まず、努力、神道流の劍法を志賀重郎左衛門に就て文武の道を研鑽す、後に至りて自己獨特の工夫を加へて之を心形刀流と稱した、子孫東武の下谷に住居し、又よく父祖の正統を繼いで天下に聲名を馳す、門人中傑出せる者とては堀江友三郎のみ。

(五四) 當流

山本三夢入道玄常

時代及び生國は不明。劍法は京八流を體究し更に其玄妙を極めんとして、鎌倉八幡宮に參籠す、心明劍一刀萬化を工夫研鑽して當流と命名す。

(五五) 無眼流

反野無格

安部攝家の家臣にして三浦源右衛門に就て劍法の極意を極む、尙苦辛努力自己の工夫を加味して之を無眼流と稱するに至る、大東流の流祖大東萬兵衛は友野無格の高弟である。

（五六）三義明知流　川澄新五郎忠智

新五郎は寛政より天保の五代にかけて天下に覇を唱へし劍豪である、六十九歳にて死亡。武州小石川金杉の住人にして、寶山流、大東流、當流の精粹を體究し、三流の精華を集めて一流を案出す、即ち三義明知流にして、此流派を天下に發表せしは寛政三年五月十日である。

（五七）天然理心流　近藤內藏助長裕

內藏之助の生國は遠州にして幼時より劍法の修業を志し、若年にして既に其精妙を得、內藏之助の生年及時代は不明なれども、德川末期の人たる事は確實である、其流派は號して天然理心流と云ひ、門下としては近藤三助方昌傑出す、方昌は武藏國八王寺に住し門人多數あり、一說には近藤勇の祖先なりと云ふ。

（五八）富田無海流　無一坊海圓

遠州の產にして前身は僧侶であつた、既にして本職の僧侶讀經より刀劍の業を嗜み、富田流神道流等の奥儀を極めて尙且つ之に工夫を加へ、稱して富田無海流と云ふ。門人多數あれども、最も傑出せる者は、平山亦四郎康吉にして亦四郎師の流派を改良して無海道と名付く、無一坊海圓は正德年中の人である。

（五九）小田變應流　小田東太郎義久

小田東太郎は、享保年中即ち德川時代中葉に於て武威を輝かしたる人にして、江戸本町に住して道場を構へ、子孫相繼いで小田流の精妙を發揮せしも、義久其間最も傑出す。而して東太郎の劍法は、變應極めて妙にして且つ自由であり、劍理に最も合致せりと自信して、小田流を改めて小田變應流と稱するに至る、此人の祖先は小田讃岐守なれども、此人の前後或は門人中に傑出せる者あるをきかず。

（六〇） 神道無念流

福井兵右衛門嘉平

流祖福井兵右衛門は野州人にして、天明年間其の劍の精妙至剛を以て時の天下に鳴る。前名は、川上善太夫と云ひ、諸國を漫遊して大いに武技を磨き、學を養ふ。一日劍法の至妙を得んとて信州の飯綱權現に參籠し、神靈現れて劍道の妙を實地に授かる、それより神道無念流と號して、其獨特の劍法を天下に發表す。門人中、特に戸崎熊太郎輝芳偉彩を放ち、其正統を繼ぐ岡田十松傑出す、十松の弟子に幕末の劍豪にして大論客たる齋藤彌九郎出ず、當流多士濟々にして、明治維新の元勳中、當流を修めし者、極めて多數なり。（詳細は近世劍豪傳、齋藤彌九郎の節を讀まれたし）尙帝國武德會の範敎士の中にも當流によれる者多し。

（六一） 無形流

別所佐兵衛範治

時代及生國等不明なれども水戸藩士である。田宮流の拔刀術を學び、劍法の玄妙を得て尙其上に自己の工夫を加味し、名付けて無形流と呼ぶに至る。

（六二）辻無外流

辻　無　外

江戸の人士にして、小石川邊に道場を開き、武名嘖々たる人であつた、其他の事に就ては詳細なる記錄に接せず。

（六三）鐵心流

大塚鐵心

中國岡山藩の武士にして、幼少より劍法天禀の才あり、苦心研鑚一流を極めて後、全國を歷遊し、諸流の長所を體究して、自己の名を冠して鐵心流と稱す。今日備前、備中等に弘まれる鐵心流は卽ち之にして、其流を汲める者極めて多し、生年及時代共に詳かならず。

（六四）集成流

波多野直好

何國の人か又其時代等は判らざれ共、流名の示す如く、各派各流の長所を集めて一流をなしたるものなりと云ふ、門人中傑出せる者には、土岐次郎兵衛重次一人なり。

（六五）無敵流

流祖不明

無敵流とは、東軍流の上段、中段、下段の三構の中、中段構をとりて無敵流と云つた者がある、果して事實とすれば無敵流と命名したるは無理にして、やはり東軍流と云つた方が適當の樣に考へられる、而して流祖以外にも此の流名を用ひし者ありと雖も詳細に就ては一切不明である。

（六六）　荒木流

荒木無人齋

流祖の生國時代共に不明である、一説には荒木又右衞門の後裔と云ふ者もあれども、若し荒木の流を汲みし者とすれば、柳生新陰の一派と見なければならない、後世此の流派を繼ぎし者に著名なる人あるを聞かず。

（六七）　新陰去水流

都築安右衞門

安右衞門の劍法修業當初の師は、寶山流の正統者、淺田九郎兵衞である。此の人も時代、生國共に傳記に詳かでないけれ共、九郎兵衞に就きて寶山流の奧儀に徹す。一日安右衞門は、師の九郎兵衞に皆傳を受けんと懇請せしも容れられず、依つて師の下を離れて、更に新陰流を專心に學び、兩者をとりて尙自己の獨創を加へ、之を稱して新陰去水流と云つたのである。

（六八）　鏡新明智流

桃井八郎左衞門

柳澤家の藩士として仕へ、若年の頃より武藝に志し、天稟の才は益々磨をかけられて、後年劍法家として一頭地を拔く。卽ち無邊流の槍術戶田流、一刀流等の各派を學び、各共の奧儀を極めて後全國漫遊の壯圖を敢行し、鄕里東武地方に歸つて新に鏡新明智流なる流派を發表した。文政庚辰、年七十一歲を以て歿す。

（六九）　二階堂流

松山主水

中條流の流祖、中條兵庫之助の流派を學び、其玄妙を極めて後一派を獨創し、之を二階堂流と命名す、中條流祖と共に鎌倉地方の住人である。

（七〇）　和田流（鑑極流）

和　田　隨　心

流祖隨心の生國、時代共に詳らかではない。別名を鑑極流とも云ふ。後代寶永年間に至りて備後福山の藩士に酒井六彌と云ふ劍士が出て大いに此の流派を弘めたと云ふ。

此の和田流の免許を得るには、師弟四分六分の勝利を得なければならないことになつてゐる、即ち弟子は、師に對して四分の勝を得る迄は如何にしても免許は與へられなかつたのである。

（七一）　柳剛流

岡田總右衛門奇良

東武地方の人士にして、練武の當初は心形刀流を習ひ、後全國各地を歴遊して益々武技を磨き、努力漸くにして諸流の玄妙を知悉し、遂に足を撃突する妙術を得て之を柳剛流と云つた。文政九年九月歿。

（七二）　弘　流

井烏　巨雲爲信

仙臺伊達家の家臣にして前名を氏家八十郎と云ふ。同藩の樋口七郎右衛門入道に就て神道流を學びて、遂に其精妙を會得す、後改めて弘流と云ひ、大いに天下に盛名を馳す。

（七三）　無滯體心流

夏　見　族　之　助

下總國佐倉の住人にして柳生新陰の刀法を體究す。流名の來る所以は、門弟を養成するに當り、常に無滯體心の四字を以てした、從つて一般より推されて族之助の刀流を無滯體心流と名付くるに至る。

（七四）太平眞鏡流

若名主計豐重

享保年中聲名を馳せたる人にして野州の士である。始めは四郞次と名乘り、後に至りて眞鏡齋と號す。師は柳生流の小林右門にして其精妙を會得す、尙進んで同國の太平山神に祈誓して武道の玄妙を知悉す、依つて其流名に靈驗ありし神社名と自己晩年の號を冠して太平眞鏡流と號せり。

（七五）正天狗流

池原左兵衞正重

左兵衞は水戸藩士にして、威公、義公の二代の主君に奉仕す、刀術は日置刑部左衞門に學び師の域を摩すに至る、一說によれば其極意に至つては判官流と稱したとのことである。然し眞疑いづれとも判明しがたい。

（七六）鈴木無念流

鈴木大學重明

大學は德川家の親藩たる尾州家の家臣である前名は斧太郎と云ひ、幼時より刀槍の術に志して諸流を學び、後新道無念流を幕府の劍豪岡田十松に學び、努力研鑽の結果同流の奧儀を會得す、尙自己の工夫を加へて之を鈴木派無念流と稱した。天保二年六月二日歿。

（七七）今川流

今川越前守義眞

駿州人にして今川氏の庶流なりと云ふ、時代及師流共に不明である。

（七八）微塵流　　根岸兎角

諸岡一羽齋の高弟である。此人も生國は不明
而して此流派は主として僻境の地にのみ流行
す。

（七九）神道無念流　　岡田十松

岡田十松、名は吉利、埼玉郡砂山の人士である。幼にして既に天禀の才あり、十五才にして同郷の劍士松村源六に就きて刀法を學び、後江戸に修業を志して、神道無念流の戸賀崎知道軒事熊太郎輝芳の門に入り、年齡二十二才にして其奧儀を會得す。師の知道軒の歸鄕に際して其道場を繼ぎ、江戸にて劍道を教授すること前後三十年間、當時十松の武名氣風を慕ひて入門する者雲の如くとあり、文政三年八月病を以て江戸の道場に歿す、時に年齡五十六歲。

門人中伊豆韮山の代官江川太郎左衞門及び劍豪齋藤彌九郎傑出す。

第二節　近世幕末劍豪傳

（一）神道無念流　　齋藤篤信齋

齋藤彌九郎篤信齋は、越中國氷見郡佛生寺村の鄕士齋藤新道通稱信助の長男として生る。母は同鄕飯久保村の農家宮下市郎右衞門の女にし

てお磯と云ひ、彌九郎には兄弟七人あり、生年は寛政十年正月十三日、明治四年十月二十四日牛込見附自邸内に於て年七十四歳を以て歿す、遺骨は代々木山莊（豐多摩郡代々幡町大字代々木七三八番地）福泉寺境内に收む。卷頭寫眞に示す如く、容貌魁偉にして膽斗の如く、劍法は當代拔群にして然かも學才あり、明治維新の難局に處して勤王の志篤く、一代の劍豪としてよりは寧ろ論客として天下に重きをなす。

明治四十年特旨を以て、從四位を追贈せらる。彌九郎篤信齋の祖先は、彼の大化の改新に、時の天智天皇を翼賛し奉つて功勞ありし藤原氏である、卽ち左大臣魚名六世の孫、鎭守府將軍利仁から數へて三十四世に該當すると傳へられてゐる、此の利仁將軍の後裔が、北陸の地に移つて加賀國富樫の莊に居住し、世に云ふ所の富樫齋藤となつたのである、齋藤姓を名乘るに至つたのは、利仁の子が齋藤寮の頭となつてより以來のことである、而して齋藤家が民間に歸して百姓を營む樣になつたのは、遠く天正年間の昔にして、一向宗の騷亂に、信徒として時の權力者織田信長に抵抗し、其の戰ひに敗れてより後のことである。

齋藤彌九郎、名は善道と云ひ、字は忠鄕、彌九郎は通稱にして、晩年に至り長子新太郎に二世彌九郎を繼がしめてよりは篤信齋と號す。彌九郎は幼時より文武兩道に天禀の才能あり、八九歳の頃、村の僧に就きて素讀を學び、其非凡なる頭腦に衆人驚嘆す、十三歳に至りて商業見習の爲め高岡の町に出でしも、英才何ぞ衆愚の例を習はん、つくぐ感ずる所あり、十五歳の時單獨の意志を以て僅かの路銀を携へて上京し、苦心嘗膽、漸く糊口の資を得て、獨行文武の道を勵む。後主家に許されて、當時武名嘖々たる神道無念流、岡田十松の門に入る、入門後の熱心努力は衆師共に驚くばかりにして、從つて天賦の質を益々發揮され、技心共に、日に進み、月に進みて、師の十松に代りて教授をなす程の進境を見たのである。尙經義を赤井源三に受け、馬術を品川吾作に學び、兵法を平山子龍淸水俊藏に、西洋砲術を高島四郞太夫に就きて硏鑽し、日夜超人間的な努力を以て皆其の奧儀を會得したのである。當時劍道の三大大家として、神田お玉ケ池の千葉周策（北辰一刀流）高橋蜊河岸の桃井春藏（鏡心明智流）及び九段坂上三番町神道無念流齋藤彌九郞を推賞せしを以てしても如何に彌九郞が傑出せしかを證明せるものである。

恩師十松の歿後、彌九郞衆望を擔ひて道場を受け繼ぎ、次いで飯田町俎橋附近に道場を開きて之を練兵館と稱す、時に彌九郞二十九歲、壯にして技神に入り、當代の劍客にしてよく彌九郞を凌ぐものなしと云はる。

當時天下漸く騷然として穩かならず、士民等しく鎖國桃源の夢破れて、尙武の氣風天下に漲り、彌九郞の武名氣風を慕ひて敎を乞ふ者日に多く、其數實に三千人と云はれてゐる。

彌九郞が勤王の志士と交り、或は天下の諸侯に其經倫を獻策するに至つたのは、當時幕政の顧問にして、聲望最も高き、水戶藩主德川齊昭（烈公）の厚遇を得てよりである。

彌九郞と交友を結び、或は練兵館に來りて敎を受けし維新の功臣には、藤田東湖（水戶藩士）高杉晋策、吉田松陰、毛利侯、桂小五郞即ち後の維新三傑の一人たる木戶孝允、當時小五郞は齋藤門下にして練兵館に於て塾頭をせり、波多野金吾（改めて廣澤兵助）熊本籠城にて有名なる子爵谷干城、子爵渡邊昇、渡邊華山、高野長

英、佐久間象山、山野邊兵庫、戸田銀次郎、吉成又衞門、武田耕雲齋、立原任太郎、篠崎司直江川坦庵、頼三樹三郎、來島又兵衞、村田藏六井上小豐後、二宮尊德、中根雪江、橋本左內、小原鐵心等である。

門下生として傑出せる士は、前記の桂小五郎高杉晋策、谷干城、渡邊昇等の外、品川彌二郎井上勝、山尾庸三、御堀耕助、尾崎崎五郎、保母健、冷泉五郎、內山介助、赤松幹之亟、楠本正隆、増井熊太、井吸唯一、渡邊藏太、兒玉少介、關口隆吉、原保太郎、中山鐵三郎、辻庄一郎、後藤相馬等多士濟々である。

彌九郎晩年に至りて明治政府に仕へ、明治元年八月二十六日、徵兵會計官判事試補に任ぜられ、同九月五日、大阪會計官各司檢視となり、次で會計官權判事を拜命す、時に彌九郎七十有一歳、尙鑁鑠として壯者を凌ぐの慨ありしと云ふ。

明治二年七月二十三日、造幣局權判事を拜命し、偶々造幣寮の失火に逢ひて、老齢よく奮鬪し、爲めに重要書類に事なきを得たりと云ふ。後明治三年東京在勤となりて其長逝迄、邦家の爲め懸命の奉仕をなす。

彌九郎、六男一女あり、長子は新太郎と云ひて、後彌九郎を襲名す、次男は早世し、三男を歡之助と云ひ、大村藩に仕ふ、四男は善孝、五男は五郎之助と稱し、後兄の稱を繼ぎて新太郎と云ふ、六男を六郎之助と稱す、以上六人の男子の兄弟中、長男の新太郎、三男の歡之助は、共に幕末の劍豪として大いに名聲を博す。尙參考の爲め、著者の恩師にして齋藤彌九郎大先生の門下たる、正二位勳一等子爵渡邊昇先生が、篤信齋齋藤先生の墓碑銘を撰せる其儘を抄錄して考證の一班に供せんとするものである。

先生諱善道。字忠郷。通稱彌九郎。晩年號篤信齋。越中國射水郡佛生寺村人。世爲里正。系出自藤原朝臣魚名。魚名子孫徙于北陸。食富樫莊。稱富樫齋藤。元龜天正之間。擧族抗織田氏。連戰不利。遂遁民間云。父偉信道。通稱信助。生七子。先生其長子。母某子。以寛政十年戊午某月某日。生先生。年甫十歲。就僧某。受素讀。一日嘆曰。僻邑寒鄉。丈夫不足伸志。奮然辭家。單身孤劍。抵于江戸。主岡田十松家。十松精劍法。聚徒授業。先生乃始學擊劍。又受經義於古賀精里。學兵法於平山子龍。黽勉講習。夜以繼晷。寒暑一褐。殆二十年。遂極其蘊奧。十松歿。衆推嗣其業。先生乃構場於三番街。韮山代官江川英龍。有舊誼。助成之。號練兵館。時先生年二十八。同門武田彦九郎藤田虎之助等。皆師事之。於是名聲大噪。弟子益進。列藩爭而延之。或欲祿之。拒而不受。所交皆一時人傑。共談當世之務。嘗感水戸侯長門侯之殊遇。屢上時事策。當此之時。海外諸國踵到。請修交互市。和戰之議。朝野紛然。一日水戸侯招先生。演武其邸。先生乃分兵爲兩陣。劍隊銃伍。以充正兵。突騎長鎗。以充奇兵。對抗擬戰。先生騎而執麾號令。嚴肅進退如意。蓋我邦三兵對抗。以先生爲嚆矢。侯歎曰。噫使擧海内精鋭如此。則外侮不足憂也。因手書報國二大字。併刀鞍賜之。世以爲榮焉。於是練兵館之名益顯。明治戊辰之變。官軍三道薄江戸府下。人心恟恟。先生毅然唱恭順。衆畏憚之。當此時。德川之臣屬。相率據寛永寺。號彰義隊。其首領等相謀。欲延先生受之節制。乃使某來請。先生改容曰。公等之擧寔關天下之治亂。誤何容易。抑公等所志。果在復主家乎。大義不可犯。名分不可紊。苟犯大義紊名分。則敗亡立至矣。果在殺身爲仁乎。老夫雖無似。請獻一策。德川氏恭順謹愼。以冀望恩典。而天怒未霽。爲元臣屬者。宜辭首屠腹。推積其屍上。以贖主家之罪。下以盡臣子之分。老夫又當與分等俱死。以報厚誼而已。辭色甚決。某愕而謝曰。謹聞高論。請再議以答。曰事既至此。何再議之爲。因嘆曰。嗚呼好男兒勿愧此田舍翁矣。既而彰義隊果敗。迨王政維新。有徵命。先生顧兒孫曰。吾齡及七旬。氣魄非復昔日。雖然遭遇聖代。蒙斯恩命。死且不朽也。即日上程。拜會計官權判事。二年五月罷、爲鑛山大佑。九月罹疾東歸。四年辛未十月二十四日卒。享年七十四。葬小石川昌林院。室堀氏生五男一女。長男襲父稱彌九郎。爲東京府士族。二男歡之助仕大村侯。三男善孝始屬韮山縣令江川英武。今爲靜岡縣貫屬。四男新太郎爲東京府士族。五男茱天。長女喜佐子。嫁伊豆國人岡田直臣。先生容貌魁偉。天資孝友。幼善事親。既長膽又果決。慷慨尙氣節。待門弟子嚴格。文武兼修。授業不倦。於是人材輩出。如故內閣顧問木戶孝允。參議院議官山尾庸三等。亦嘗及其門。又有義俠風。屢走人之急救難解紛。時屬幕府末造。上下奢侈。武備廢弛。先生以一介寒士。卓立其間。不變志操。直言讜議無所顧慮。以故屢爲幕吏所忌疑。先生知不免。訣飲痛夕以待死者前後六回。而遂以壽終于家。嗚呼如先生者。可謂偉丈夫矣哉。今玆子孫與門人謀。建石勒狀。屬文于余。余亦嘗受業門下。乃不辭而敍。

銘曰

一劍出鄉。就師上國。衣寒膽大。學萬人敵。尊王賤覇。指陳大義。談笑死生。間者褫氣。我皇登極。大政維新。七十始仕。感激聖恩。功著當時。名垂後世。貞珉一片。顯二赫千歳一。

以上の如く、初代齋藤彌九郎は文武兩道を兼備せる偉人にして、求門者爲めに、門前市を爲すが如き盛況を呈したものである。今左に齋藤家所藏にかゝる、練兵館道場に掲示せられたる壁書を抄錄しみん。

神道無念流演劍場壁書

天下の爲めに文武を用ふるは、治亂に備ふる也。一治一亂は世のならはしなれば、治まるも亂を忘れずとこそ。されば武藝はしばらく廢すべからざる事、云はずして知るべし。今其道を講ずるもの、劍、鎗、長刀、弓、鳥銃、火術等その類あまたある中に、只劍のみ其來る事尤も久し。久しきが故に其法をもて、家に名づくるものは、幾派と云ふ數を知らず。我福井先生幼より劍法を好み、諸流に出入してその蘊を拔き、自ら一派を開けり、名づけて神道無念流と云ふ。抑々劍は生死を瞬息の間に決する業なれば、其法を精しくせずむばあるべからず、法の精しきは學の熟するにあれば、我門に入る者は、中途にして廢することなく、學ぶの上に學び、遂に其極に至らむことを願ふべきものなり。

一、武は戈を止むるの義なれば、少しも爭心あるべからず。爭心ある人は必ず喧嘩口論をなす、喧嘩口論に及べは、又刄傷に至らむもはかりがたければ、劍を學ぶ人は心の和平なるを要とす。されば短氣我慢なる人は却つて劍を知らざるをよしとす。

一、大抵人の行は正しくして其上に、武あるはよし、行正しからざる人の武あるは、人を害するのみならず、己をも害する事出來るものなり、されば虎狼の强にことならず、畢竟世の不爲になるのみ、却つて弱き鹿兎の人に害をなさざるにをとりつべし。

一、兵は兇器といへば、其身一生用ふることなきは、大幸と云ふべし。しかるも是を用ゆるやむことを得ざる處なり。第一義不義を分辨すべし、義に用ふれば武の德なり、不義に用ふれば暴なり。

一、喧嘩口論は云ふに及ばず、私の意趣意恨等に決して用ふべからず。之則暴なり、戰陣君父の讐の如きに用ふるは、義の有處也、是則正の德也。

一、勘忍の二字は萬年にわたれども、怒をおさへるを第一とす。劍を學ぶ人は格別之を心得べし。わずかの爭より双傷に及び、遂に我身を亡し、我家をうしなひなば、子は親に對し、臣は君に對し、不孝不忠の罪いかゞせん。しかのみならず、其師までをはずかしむ、ふかく恐れ愼むべし。

一、他流をそしるべからず、劍を知らざる人にむかひ、己の藝をほこりとくべからず、卒爾に試合いたすべからず。凡長を爭ひ譽をきそふはいやしき心なり。

右之條々可レ銘ニ心肝ニ者也

塾中懸令

一、士道拔群爲ニ修業ニ入塾候者無ニ晝夜暑寒之差別ニ文武出精可レ致事。

一、毎朝六ツ時五ツ時迄素讀書前稽古晝後出張稽古夜分五ツ時引。

一、但出稽古非番にては手習學問兵學砲術無ニ油斷ニ心掛光陰を怠惰に送り不レ申事。

一、無據方へ他行候はゞ夜五ツ時限歸塾の事。

一、二人宛當番相立置玄關へ相詰取次客來茶多葉粉盆差出送迎可レ致事

一、禁酒は勿論塾中に於て給もの等猥に買入無益之金銀不レ可レ費事。

一、當番據類合の儀は互之事に候へば等閑之儀無レ之樣急度可二相心得一事。

一、每朝門前稽古場其他塾中掃除等奇麗に致朝夕凡出入稽古出席日記不座引け出入心を用ひ可レ申事

一、相弟子中禮儀正鋪失敬無樣可レ致事。

一、每朝五ツ時夜五ツ時塾中一同先生へ拜謁可レ致事。

右之條々堅可二相開一若違犯之輩は即日退塾可二申談一候事

月　日　　練兵館塾頭

神道無念流免許

凡神道無念流、立居合、劍術、　福井兵右衛門

善平欲レ極二刀法之玄境一而普巡二歷諸國一到レ于二信州一參二籠飯綱大明神一而禱二求刀法之微妙一日既久矣其間多有二奇兆異瑞一已及二五旬一忽然一老翁來問曰汝禱二求於レ此有レ故耶。予應曰將レ窺二刀法心悟一而已、翁亦問曰欲下窮二心悟一而業亦兼備上乎、予亂欲レ試二其心術一而謂曰 我修 行有レ年二於此一矣、於レ是採二木劍一雖レ盡二秘術一殆不レ可レ當因心伏而附二足下一曰、請先生說二而命之秘術一以教二授余一翁曰吾子可二教示一由レ是留レ此又七日、諸流之玄境無レ所二一秘一而盡二口授一焉。予於レ此略極二刀法之微妙一矣、翁將レ行問曰請聞二先生之姓名鄕國一翁漠然曰汝、免身之時有二姓名一乎曰無、翁亦曰我來二於玆一猶二免身赤兒一言未レ了須臾而不レ見予愕然曰奇哉異哉翁言語之間唯謂二刀法一耳、嗚呼翁有而無、無而有所謂神明乎噫神明不レ可レ測猶茫然至二無念之地一矣是劍術之確言 此外無レ物實非二神明之現示一而誰能爲也余撮下所レ見爲二敎

授二之妙要一上而建二居合立居合劍術一流一是非二予孤意一故名二神道無念流一而公二于世一抑無念流之爲二無念一大矣哉。

信州

飯縄太明神

元祖　老翁

神道無念流　心慮卷

夫居合立居合劍術法則自身堅固而辨二明他之邪正一而用レ心練磨功無二間斷一則何必不レ得二玄妙一乎嗚呼其妙言宜不レ能有而無無而有矣故二有體無體之分位一是非二口傳親授法體一究二練磨一而自然自知活潑而左點右點皆得二勝利一者也。

右居合立合劍術之旨懸毫二極未レ得二陰陽深源一者著二指技一而不レ能レ見二一輪一矣練磨久而忘レ指見レ月則住二劍刄上一走二水陸上一運轉機活得二體於自在一者乎。

無上劍之卷

凡居合立居合劍術進二一身之力一而劍送レ之初學者神靜爲レ要不レ得レ從レ疾意前事後者放心而爲二自縄自縛一意後事前者還而敗矣故善擊レ劍者自身堅固而法二仙之虛一隨レ變擊レ敵是道也無レ力無レ勵者病而失レ勢則澁不レ可レ忙忙則失レ勢不レ可レ緩緩失レ德故正氣圓靜而遲速合度自然自體八方具足最微妙其理至深切也。

稽レ古曰レ體合レ勢曰レ格任レ心爲レ變合レ理爲レ化體格變化具滿曰レ運運不レ絕謂二兵法之大綱一矣稽レ古得レ體且暮學修而可也。

劍隨レ手手隨レ心心隨レ法法隨レ神神運練磨久而忘レ手手忘レ心心忘レ法法忘レ神神運萬靈任レ心變化必然變化必然則得レ無レ體而可レ謂レ至矣。

一、來牛飛鳥正劍

無上劍

一、圓心無二無別

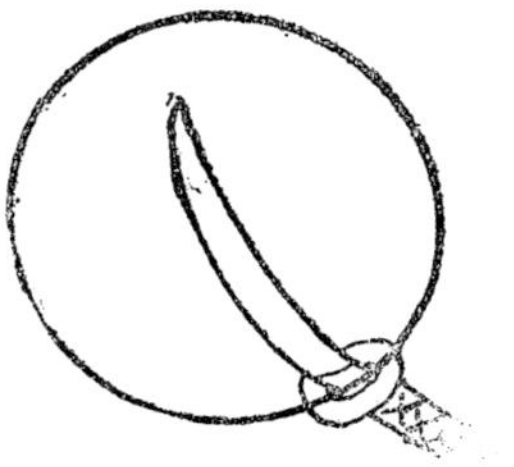

覺て看よ看ざれば看えず物ごとに備て咲る得道の花。

傳は母鍛練は父術を得て子と成生れ出る名人

櫻木を割て見たれば何もなし花の種には何かなるらむ。

西の海千尋の底の芥の種手もぬらさずに取るよしもかな

意進　術進　全進

懸中待　待中懸　柔剛

弱強　早遲　悠急

百界千如一念三千

五位傳記

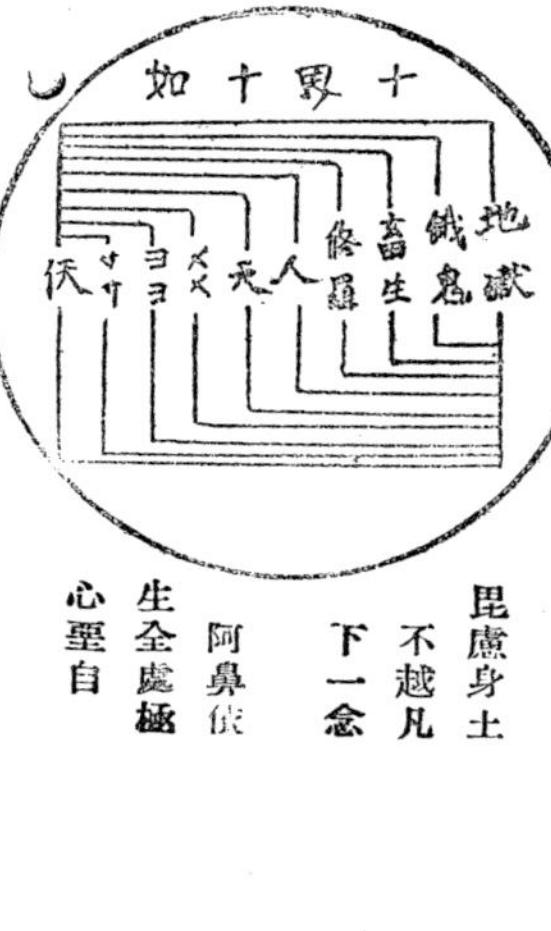

毘盧身土
不越凡
下一念
阿鼻依
生全處極
心至自

八幡尊靈
摩利支尊天
飯繩大明神

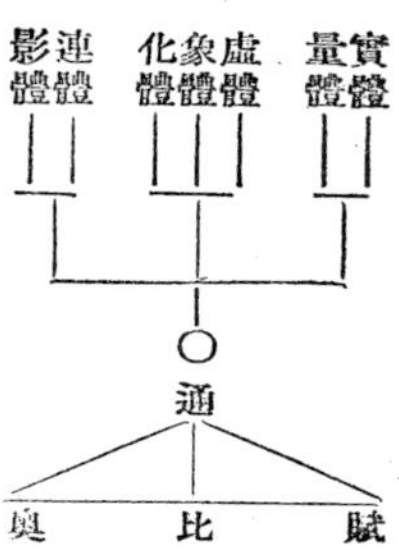

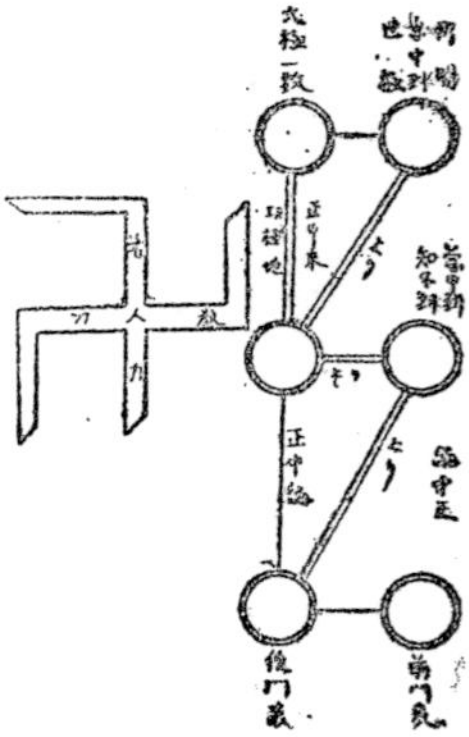

夫神道無念流天地交合而唯自然之理也故離ニ強弱柔剛ー以ニ中之一字ー體配レ之也非レ切非レ打非レ捕無爲ニ無事ー而未發乃至矣故持レ劍不レ鬪而有ニ勝之理ー名レ之曰ニ木鶏ー蓋人者等類何有ニ用殺之理ー乎唯擊ニ其邪ー耳以レ劍制レ人以レ活平レ人則四海太平無ニ荒濤之患ー矣。

右當流以ニ太刀組ー貴殿多年修業功德據レ積令ニ免ニ許之ー也。

仍而一心大悟而深執心有レ之方可レ被レ致ニ指南ー者也。

福井兵右衛門

眞中幸次郎

戸賀崎熊太郎

松崎士鳳

同　清藏

箕田三五郎

福島佐仲

岡田十松

岡田十松

岡田十松

文政十三年庚寅秋　利章花押

尾關斧三郎
安田藤馬
三宅仙左衞門
永井軍太郎
鈴木斧八郎
浦池左五郎
中村熊四郎
小志小源太
梅地十內
森重百合藏
望月鵠助
江川邦二郎
齋藤彌九郎

神道無念流傳免許

夫劍之爲二本邦寶器一尙矣其法亦處有二從來一也蓋天照皇太神素盞嗚尊及武甕槌命經津主命等十握九握八握之劍實神術之祖也傳云日本武尊以二其神術一爲二三段位一源義家紹二述之一爲二五段位一後世學二刀術一顯二名譽一者唱レ流術レ派師傳之嚴制遂使二後進凝滯一可レ謂レ陋矣凡業之巧拙自在二其人一而不レ在二流派一神機微妙之變化運轉亦何流派之有夫刀劍之術刺擊而已乃至二其切嗟之極磨研之密二一合一離之際交覘二罅隙一相二爲雌雄一兢々業々鏤レ骨銜レ慮黽勉切レ身甘苦皿嘗不レ可レ不レ盡二其蘊奧一也故經レ之以二五加位一曰木火土金水導レ之以二三敎一曰奇正虛實變化示レ之以二三戒一曰無レ挾二長入一無レ恃二利益一無レ趨二血氣一孜々勉强學而時習レ之日知二其所レ亡月無レ忘二其所レ能則膽必壯眼必明中和之氣滿如二月光一拂則復來孫子曰戰勢

不レ過ニ奇正一奇正之變不レ可ニ勝窮一也奇生相生如ニ循環之無レ端能窮レ之哉又曰善戰者致レ人而不レ致レ於レ人夫兵形象レ水水之形避レ高而趨レ下兵之形避レ實而擊レ虛故水因レ地而制レ流兵因レ敵變化而取レ勝者謂ニ之神一孫子斯言眞可レ謂ニ劍道之機軸一也夫劍者持レ短乘レ長以レ小敵レ大之術也雖レ然苟有ニ其所レ恃必無レ不レ敗血氣容勇輕ニ侮八一者是亦必敗レ人若偏ニ于窮理一則説レ玄談レ空好穿ニ人之所レ不ニ見知一以示レ之殆可レ貽ニ忘機之累一也嗚呼誠哉巧生不レ若ニ拙熟一也故吾劍法之心傳欲レ俾下學者假ニ手於技擊一以滌ニ凡情之杳滓一攘ニ肺腑之腐醜一研レ精究レ理以排ニ宿疾之雲霧一因下其所レ明通中其所上レ蔽也則其庶幾歟。 掬水月在掌

不敗位

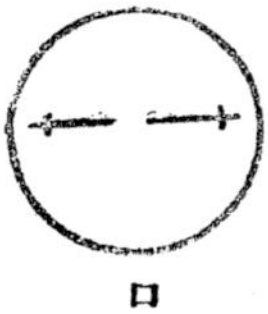

口傳

水灩刀

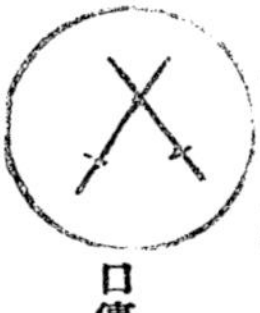

點火一室空

口傳

夫劍は刺擊の外なし、刺擊の變化は其無レ究事天地の如く、不レ竭江海の如し。其變化を不レ知して、彼我の流儀を立て、固陋に凝滞し、劍の大道を不レ辨もの可レ嘆極なり。我流奇正變化を專一となし、遍く諸流に渡り、其華を拔き集めて大成するを要とす、劍の利而已を說き業を知らざるものは畫餅の如し。

我流利を後にして業より入らしむ、業長ずれば利自ら委しく英氣相增なり。英氣は刺擊の主なり、故に膽を大ならしむ、大膽にして氣みち業熟すれば、自ら聲もなく臭もなく無形に至るべし。

右當流以太刀組多年功德積によつて令ニ順免許一候、仍而深執心有レ之方指南可レ被レ致もの也。

月日　　花押

神道無念流目錄

五加

摩利支天　未發家

親拜　口傳
神拜　口傳
師拜　口傳

一國中太刀大旨　口傳
常一知神　口傳
五加五形　口傳
非打十本　口傳
立居合十二劍　口傳
統合二劍

人心

人心者如ㇾ鏡物來則應物去依ㇾ舊自在不ㇾ迎ニ會物之來ニ亦不ㇾ送ニ會物之去ニ只是定而應應而定。

兵法の至極は唯心ひとつに工夫肝要也。然れば術は色々にあやありて、とゞまる處の妙劍は、内の一字に極まりて、萬の事更になし。敵に向ひ勝負の妙道あり、一心常に心を主人として内にあれば、實玄劍不ㇾ能ㇾ入ニ外客ニ大事有ㇾ之乎。

八幡尊靈　凡欲ㇾ學ニ兵道ニ者必先常可ミ神念ニ日心ニ也

月　日

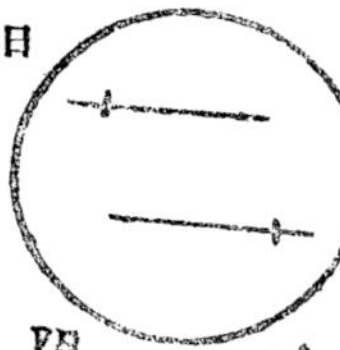

陰　陽

花押

(三)　神道無念流

渡邊　昇

氏は肥前大村藩の士にして、有名な大村七騎と云はれし舊家である。父の名は嚴と云ひ、學問に秀で郡奉行を經て參政に迄進みし傑物である、昇は其二男として天保九年四月に生る、當時長男の清は四歳であつた。

安政元年即ち昇が十七歳の時、學者たらんとして修學を江戶に志し、當時有名であつた安井息軒に就て漢學を學ぶ、傍ら是又當時、練兵館道場を開きて天下に馨名ある神道無念流齋藤彌九郎の道場に入りて兵法を學ぶ、昇の入門當時は、師の篤信齋は五十歳前後にして、彌九郎の業は圓熟期であつたとの事である。尙篤信齋の外、二世彌九郎即ち長男新太郞及び當時鬼歡とうたはれし篤信齋の三男に就きても其得意の業を教はり、劍豪昇の雷名は天下に轟きしと云ふ。

昇と同門の士にして維新勤王の志士と唱へられし有名な人に、桂小五郎事後の木戶孝允、高杉晉作、藤田東湖、谷仲太郎事後の谷干城、品川彌二郎、井上馨、山尾庸三、楠本正隆、兒玉少介、關口隆吉等三十有餘名の傑物あり。昇の入門當時は、桂小五郎練兵館の塾頭として羽振りをきかせてゐた頃である。後安政五年昇入門より五年を經過して、桂は藩命に依つて歸鄕するに當り昇に練兵館の塾頭たらんことを切に奬む、昇は自己の當初の意志及び其器にあらずと固く辭退するを以て、桂は大村侯を說きて藩命として昇を說得す、玆に於て昇も、藩命なる以上止むを得ずとて塾頭たる事を承諾す、時に昇は二十一歳、桂は二十五歳の血氣壯年であつた。玆に面白き事は、昇は當初學者として立つべく江戶に上り、同門の水戶藩士藤田東湖は劍道家たらんとして齋藤門下に入りたるも、相方共所期の目的と反對に、昇は劍道、東湖は學問に專心する様になつたのである、これは後日、昇と東湖が志を同ふして、肝膽相照す様になつて、共に過去を談じて笑つたとの事である。又其頃、後の新撰組隊長近藤勇は、まだ幕府に仕へてゐない頃であつて、牛込市ヶ谷八幡の附近に理心流の道場を開いて劍道を教授してゐたのである、所が史實にもある如く、勇は竹刀業は極めて拙劣であつて一流の道場主としては不適當であるとの事である、然れども、勇は膽力の人であつたが故に、眞劍をとりて向ふ時は極めて強く、縱横無盡に敵を蹴破つたのである、此の勇と昇とは極めて親交あり志を別にする迄は共に往來して呑み且つ談じてゐたとの事である。

以上の如き理由を以て、勇は道場に他流試合者が來ると何時も困惑し、さりとて勇の敗けず嫌ひの性格として降參する理由にもゆかず、日頃親交ある昇の下に使を走らせて適當の人物を借りて間に合せてゐたと云ふ、然し勇が凡眼の士でなかつた事は、相手の人物を見て、これはどの位使へると云ふ見込を立てゝ、昇に申込つてゐたから、昇は適當に塩梅して常に成功してゐたとの話がある。

昇が練兵館の塾頭當時は、尊王攘夷の論は驟然として宇内に滿ちてゐたのである。主家大村藩は勤王の急先鋒にして、昇又勤王の志厚く、恩師交友多く勤王の志士なりしを以て、共に維新の國事に奔走し、絶妙の劍を振ひて、幾度か京地に死境をくゞり、回天の事業成ると共に大阪府知事となる、次いで元老院議官となり、參議院議官に歷任し、明治二十年勳功により子爵を授けらる。二十八年武德會の創立には、懸命の努力を傾注し、後總裁宮の御令旨を奉體して全國を講演及武者行脚をなす、後初代の會計檢査院長となり、職にあること十年、明治三十一年還暦に達せるを以て、後進の道を開きて自ら辭し、閑地につきて東京麻布區仲之町十三番地に道場微神堂を設けて青年子弟を教養す、求門者數千人其間知名の士多數輩出す。大正二年十一月九日、年七十六歳を以て薨ず。昇の兄清も勤王の志厚く、維新後勳功に依て男爵を授けられ、諸官に歷任し後選ばれて貴族院議員となり、明治三十七年長逝す。

（三）神道無念流

齋藤新太郎

新太郎は、劍豪彌九郎の長男にして、文政十一年七月江戸に生る。彌九郎篤信齋と號してより父の名を襲ぎて彌九郎と云ふ、世に云ふ所の二世齋藤彌九郎とは新太郎の事である。

幼時より父篤信齋の才能を繼ぎて兵法天禀の素質あり、長ずるに及びて益々磨きをかけられて、父の名を恥かしめざる腕前となる、資性又溫厚にして忠孝の念厚く、當時勤王の志士と交りて祖業に貢献す。

十九歳の時門人數人を引連れて先づ東北方面を漫遊し、各地に武名を擧げて後、長州毛利侯の城下、萩の明倫館に於て雷名を擧ぐ、時に二十二歳であつた。當時明倫館は長藩の講武所として新築成り、朝夕竹刀の音絶ゆることなく、劍士又雲集して頗る盛大なものであつた、新太郎等の一行、萩の城下に到着の翌日、明倫館に赴きて參集の劍士達を翫弄す。歸宿後、宿の亭主の問ふ儘に、酒に醉へる一行中の者に、明倫館は宏壯にして所謂劍士なる者雲の如し、然れども眞の劍士と稱する者は只の一人もなく、恰かも黃金の鳥籠に雀を飼へるが如きものである、と醉餘の座興に云つた爲め、いつしかそれが藩士達の耳に入り、熱血燃ゆる當時の長州藩士、何條此儘に見逃すべき、激昂は輿論を生みて一行を襲擊せんとしたのである、其處で長藩の重臣等は、大事の前の小事なりとて百方鎭撫に努めたれども容易にきかず、止むを得ず新太郎等の一行に急を告げて、夜中九州に向けて出立せしむ、然れども極度に激昂せる長州藩士は容易に諦めず、血氣の青年藩士等相謀りて、一行の九州漫遊の不在中、急據上京して練兵館道場を襲撃し、道場の面目を叩き潰して腹の虫を癒さんと十數人決死の一團となってやつて來たのである、其時新太郎の留守中、弟の歡之助は、年僅かに十七歳の若年なれども道場を守つて微動だにもせず、剛勇無双、人呼んで鬼歡と稱する程の者なれば、遠來復讐心に燃ゆる決死の長州藩士と雖も、戰ひて手も足も出せず、鬼歡得意の突業に弄ばれて數日間は食物すら咽喉を通らぬ程叩きのめされ、遠征の目的空しく長州に歸つたのである。茲に於て長藩の志士、井上小豐後（子爵井上勝の父にして篤信齋と交友あり、勝は後に至りて彌九郎門下となる）等主唱して、新太郎を師範として招聘する事となり、一行の九州より歸るを待ちて懇請す。新太郎滯留約一年、後江戸に歸り、再び長藩の招きに應じて長藩に赴く、滯在數年にして父篤信齋より再三の書狀に接したるを以て辭して江戸に歸る。それより長州藩士の練兵館に入塾する者多く、桂小五郎、山尾庸三等相次いで入塾す。新太郎は父と共に王事に奔走し、藤田東湖、吉田松陰、中江雪江等と特に交友深し。

新太郎の薫陶を受けし有名の人士に、木戸孝允、山尾庸三、渡邊昇、井上勝、楠本正隆、關口隆吉等傑出す。

明治維新後、仕官の念を斷ちて野に降り、製茶業を營みて餘生を送り、明治二十一年八月五日六十一歳を以て歿す。

（四）神道無念流

齋藤歡之助

齋藤篤信齋の三男として生れ、性剛毅沈勇、力衆を拔きて强く、劍法には兄新太郞と共に天稟の才能ありて雷名天下に遍ねき人である。人稱して鬼歡と云ふ程の剛勇にして、試合中氣合充溢すれば、竹刀は空氣を切りてビューく唸りを生ずる程の剛劍であつたのである、其の剛勇の程は、前記新太郞の章に述べし如く、若年の頃より向ふ所敵なき有樣にして、兄の新太郞すら時折舌を捲く程のものであつたと云ふ、後九州の大村藩に仕へて劍道指南番となる。

歡之助の在府中は、北辰一刀流の千葉周作の子、千葉榮次郞と共に若先生としての雷名高く著者の恩師、渡邊昇先生等も大いに其薰陶に預る所が多かつたと云ふことである。

歡之助の試合は其性格通り堂々たる試合振りを發揮し、得意の業は片手橫面或は突き業等であつた。

（五）直心影流

榊原健吉

健吉の家は代々德川の幕臣にして、父は益太郞友直と云ひ、天保元年十一月麻布に生る。幼少より劍道を學び、十三歲の時より男谷信友の門に入りて、天賦の性能は盛名一時に同輩を凌ぎ、師をして驚嘆せしめたと云ふ、又其努力と相俟つて益々業は神に入り、彼の晩年の如き玉成を見たのである。安政二年講武所敎授方任命さる。

明治維新戊辰の役の後、野に下り、後明治三年再び江戶に上りて下谷車坂に勝海舟の助力を得て町道場を開き、多くの靑年子弟に劍道の敎授をなす。

明治二十年十一月十一日、伏見宮殿下の御邸宅に聖上行幸の節、兜割の妙技を天覽に供して大いに聲名を擧ぐ。

健吉の力量拔群なりしは特に重き三八の竹刀を以て常に試合をなし、自由自在に之を操り追込みて對者を屈伏せしに依つても明かなる事實である。

明治二十七年九月十一日、脚氣衝心の爲め、六十五歲を以て歿す、寺は四谷區南寺町西應寺にあり、法名を義光院殿釋杖山倭翁居士と云ふ。

(六) 理心流

近藤勇

勇の名は昌宜、字は勝太、變名して內藏助又は大久保大和とも云ふ。武州多摩郡調布村上石原の產にして、父は土地の鄕士にして宮川久二と云ひ、勇は其三男として天保五年に生る。

劍法は近藤周齋に就きて理心流を使ひ、德川幕府に仕へる迄は、牛込市ヶ谷八幡の附近に町道場を開く。

勇は劍士としては、其竹刀業は精妙でなかつた寧ろ拙劣と云ふ方が適當な位のものであつたのである、從つて他流試合者の來訪に逢ふ時は常に親交のあつた神道無念流齋藤道場の塾頭渡邊昇に依賴して適宜處分した事は、渡邊昇の章に詳論せし通りである。然れども天賦豪放膽力は勇の眞技にして、業は拙くとも、いざ眞劍となれば殆ど向ふ所敵なきが有樣にして、遙かに技倆の優れた者と雖も勇の前には蹴されてしまつたのである、從つて、彼の膽力は人の長たるの性質を有し、又眞劍勝負に强いと云ふ意味に於て、眞の劍士であるとも云ふ事が出來るのであろ。師の周齋も勇の斯る特質を非常に賞讃し、之を偉として、特に自己の兄の家を繼がしめる意志を以て近藤の姓を與へ、以後宮川を改めて近藤と云ふに至つたとの事である。

凡そ劍法には四つの戒めあり、驚と、懼れと疑と、惑とは立合の大禁物にして、相手の業に對して驚かず、恐れず、我が業を省みて疑はず惑はず、大丈夫巖の心を以てする時は、如何なる豪敵と雖も眼中になく、敵影は既に自己の心眼より撤去されてゐるものである、此の意味は劍を學ぶ者の常に心得べき事にして、又必ず實行すべきものである。

勇が幕府に仕へてからは、土方歳三等と共に新撰組を組織して自ら其隊長となり、佐幕黨の急先鋒として、大いに勤王の志士を惱まし、新撰組隊長近藤勇の名は愛刀虎徹と共に、血に燃ゆる志士の心膽をすら寒からしめたものである。然し如何に豪勇並びなき勇と雖も、時の大勢には抗し難く、幕運日と共に衰亡して滅亡の外はなかつたのである。幕軍敗北の後、甲州流山に屯せしも遂に官軍に謀られて囚はれの身となり、明治元年四月二十五日刑に處せらる、時に勇は三十有五歳の壯年であつた。

（七）北辰一刀流

千葉周作

仙臺氣仙郡氣仙村の生れにして幼名を寅松と云ふ。幼時は父の忠左衛門に劍道を敎はり、長じては江戸に出で、當時中西派一刀流の正統として雷名ありし淺利又七郎義信に就いて一刀流を學び、天禀の性は師の域を摩する至る、そこで又七郎に見込まれて養子となり、後尙他家に就きて劍法を研鑽し、其玄妙を會得して大いに悟る所あり、養家又七郎の家に歸つて自己の研究せる劍法を普及せんとして偶々又七郎と意見の相違を來したるを以て、周作斷然主張して養家を去り、獨立して日本橋品川町に道場を開き、其獨特の刀法を稱して北辰一刀流と稱したのである。

元來一刀流なるものは、下段青眼を主として變化してゐたものであるけれ共、周作の劍法は相手次第又は臨機應變の構へであつて、又時代精神及び時機に最も相應しいものであつた、從つて周作の北辰一刀流の刀法を慕ひて入門する者、實に數千人と稱され、神田於玉ヶ池に道場を開いてよりは益々其數を增すに至つたのである。

周作は幕末三劍豪の一人にして、鏡新明智流の桃井春藏及神道無念流の齋藤彌九郎と共に劍界の三傑として推賞さる。尙周作の劍道界に貢獻したるは防具の改善である、即ち當時の擊劍道具は、粗雜尨大にして然かも强き擊突に逢へば危險の恐れある等、使用上極めて不便なりしを以て、自己の研究より割出して現在防具の如き改善をなしたのである。

周作門下の傑物としては、勤王の志士坂本龍馬、山岡鐵舟、淸川八郎、櫻田門外の變に有名なる水戶の浪士有村治郎左衞門、又据物切の名人平手造酒等有名である。又實子中男の子は四人あり、長男は奇蘇太郎と云ひて、安政二年三十一歲で死亡、次男は有名な榮次郎で、これも文久二年正月、三十歲で夭逝、三男道三郎は父業を繼ぎて有名なりしも、是又明治五年三十八歲を以て死亡、四男多門四郎は文久元年二十四歲で死亡す、以上の如く、周作の子は皆夭逝し其天才的武藝の力を充分發揮する事の出來なかつた事は斯道の爲めにもおしむべきものである。

周作は後年水戸藩の厚遇を得て、藩士に北辰一刀流の妙術を次男の榮次郎と共に敎へしも、安政三年十一月、六十二歳を以て長逝す、遺骸は淺草誓願寺內仁壽院に葬ろ、法名を高名院勇譽智底敎寅居士と云ふ。

（八）鏡新明智流

桃井春藏

此人の傳記はあまり詳かではないけれども、當時幕末の三劍豪として雷名ありし、千葉、齋藤と共に併稱されて驛名あり。いづれも甲乙と決定し難かりしと云ふを以てしても、如何に此人が劍の妙法を摑んでゐたかを推測するに難くない、流派は鏡新明智流にして、父は柳澤の藩士桃井八郎左衞門直由と云ふ人である、直由は無邊流の槍術の達者にして、又戶田、一刀、柳生、堀內等の諸流にも極めて熟達してゐたと云ふ。

春藏は後年幕府に講武所が設けられた時、推されて其敎授方となり、文政三年、歲七十を以て歿す。

（九）無刀流

山岡鐵舟

鐵舟は幕末の三舟の一人卽ち高橋泥舟、勝海舟及山岡鐵舟の三人の中の一人である、而して三舟中各々特長あれども、鐵舟は劍禪一致の妙諦を把握せる點に於て第一人者である。

本名は鐵太郎と云ひ、鐵舟とは其號である、字は猛虎と云ひ今より約百年前卽ち天保七年六月本所に生ろ、父小野朝右衞門高福に從つて飛驒に成長し、二十二歲の時、再び江戶に來りて山岡家を繼ぐ。當時山岡家は幕府の貧乏旗本であつて、槍術の師匠山岡靜山の跡目を相續したのである。鐵舟の劍法習始めの師匠は、久須美閑適齋、井上淸虎等であつた。後於玉ケ池の千葉周作の門に入りて北辰一刀流を學び、氣膽の剛及び其業の冴へは鬼鐵の名を高からしめた程である、或る日小野派一刀流の中西子啓の子にして又七郎義信の養子である淺利又七郎義明と試合をなし、義明の精妙なる劍尖に手も足も出ざりしを以て、大いに身の未熟を慚ぢ、日夜苦心努力して業を練磨すると共に膽力の養成に向つて全努力を傾注したのである、即ち又七郎と試合して敗北せる結果が、彼をして禪門に入らしめる第一の直接的動機となつたのである、即ち禪道に依つて劍の極致を得んとし、芝長德寺の願翁和尙、伊豆北條瀧澤寺の星定和尙、天龍寺の滴水和尙、鎌倉圓覺寺の洪川和尙、相國寺の獨園和尙等の大智識明僧に就て大いに禪道を修業したのである。從つて彼鐵舟の心技は素晴らしき發達を遂げ。所謂劍禪一致の大悟道徹境に自在たる事を得て、神妙不可思議とも云ふべき劍法を會得したのである、鐵舟斯道に志を抱きてより實に四十年の努力、明治十三年三月三十日豁然として無敵の境地に到達し、事理一致の秘訣を發明したのである、之彼の創案になる無刀流の劍法なのである。

淺利又七郎に破れた十七年の後、再び又七郎と試合して兩者互に構へたる儘にて又七郎に我れ遠く及ばずと畏敬の辭を發せしめたと云ふ事である。

鐵舟は境遇上、幕府守護の任に、泥舟、海舟等と共に當り、官軍大擧して江戶進軍の報を聞きて、江戶八百八町の町民及其財貨を兵火の爲めに失ふ事を憂へて、有名なる官軍の總參謀西鄕南洲との會見となつたのである、即ち海舟、鐵舟等の至誠と熱心は、遂に南洲の心を動かし兩雄肝膽相照らして互に腹藏なき意見を述べ恐ろべき兵火の難をも蒙らずして、談笑裡に偉大なる平和の解決を得たのである。嘗て南洲翁が鐵舟を批評して曰く、

山岡と云ふ人は無邪氣で至誠一徹の仁者で御座る、あれでは敵味方の區別はありません、あの人が駿府の陣營に飛び込んで來ましたから、あの官軍の中を如何にして無難で來ましたかと尋ねると、矢張り歩んで來たと云ふから、それはさうだらうが官軍に出合はなかつたか、と問へば、所々に兵隊が行列等して景氣を付けて居ましたと平氣なもので練兵でも見た氣になつてゐました。愈々談判となると、國家を思ふ至誠一圖で何物も心中に介するものなく、天人共に泣かざるを得ない赤誠には、私も遂に泣かされたあんな命も金も名もいらぬ人は始末に困る、然し此始末に困る人ならでは共に天下の大事を謀ろ譯には參りませぬ、私はあの時、山岡と初面識ながらも此人はと肝膽を披きて立所にあの誓を結びました。あの人は中々腑の脫けた所がある云々。と語つてゐたと海舟が話された事がある。

又彼れが明治政府に仕へて後も、其忠勤振りと無慾な點は驚くばかりにして度々の恩命にも固辭して受けず、維新の元勳達も其無慾振りには驚くの外はなかつたと云ふ。

明治二十一年七月十九日五十三歲を以て長逝す。

(十) 直心影流

島田虎之助

虎之助號して見山と云ひ、天保より弘化にかけて天下に劍豪を誇つた人である、見山は豐前中津の藩士にして、十三歲の頃藩の指南番に就

て一刀流を學び、十六歳の時孤劍漂然遍れく九州を巡遊して、各地に於て劍客と試合を試みたけれ共、剛膽な彼にも結果は意の如くではなかつた、そこで一旦郷里に歸り、十八歳の時再び西遊して、殆ど向ふ所敵なき有樣であつた。

其後天保九年江戸に修業を志し、直心影流の男谷下總守靜齋の門に入りて其奥儀を會得す。斯く見山は劍に精進すると共に、一方儒學禪學等にも專念し、且つ劍禪一致の妙諦を說く等、劍客としては當時其趣きを異にしてゐた、嘗て見山が其弟子勝海舟に說いて曰く、

「今日世間一般に行はれてゐる劍術なるものは只形ばかりに囚はれて眞の劍法を失つてゐる。即ち眞正の劍術ではない、故に苟くも、劍道の練磨を志して折角修業する以上は、本當の劍術を修業しなければいけない、即ち業の修業は勿論の事ながら、充分心膽を叩き上げなければ眞の劍術とはならない」と敎へたのである。劍道に志す士の大いに味ふべき言葉である。

（十一）直心影流

勝　海　舟

海舟名は麟太郎、後年義邦と改め又安房守と稱した、文政六年二月十一日本所龜澤町の邸に生る。勝家は德川旗本八萬騎の一で、坂田秀時の時近江の坂田郡勝村に居住せしを以てそれより勝氏を名乘つたのである。其後天正三年德川の旗本となつて以來、海舟の父左衞門太郎を經て海舟の代となつたのである。海舟の生れた文政六年頃は、鎖國三百年桃源の夢漸く破れて天下騷然たるの頃であつた、從つて海舟の幼年時代は、旗本の子弟として頑强なる武士敎育を受け、勝家の本家にして直心影流の劍豪男谷下總守精齋に就て日夜其薰陶を受けたのである、此

の男谷精齋は、當時直心影の使手としては彼と肩を並べる者なく、又卓越せる識見を有せしを以て、講武所の筆頭教授に或は諸藩の師範役に、又龜澤町に道場を設けて二千有餘の子弟を教養してゐたのである、海舟の父も劍客としては相當有名の士であつて本所方面に於ては比肩する者がなかつたと云はれてゐる。從つて海舟は環境的に既に劍客たるの素質は充分に備はつてゐたとも云へるのである。

　男谷精齋に教育されたのは十三四の頃であつて、十五六歳になつては、當代拔群の劍士島田見山に就て刀法を修業したのである、此の見山が當代稀れに見る劍士ではあり、達眼の士であつたが故に、海舟は其薫陶を得て劍道を練磨し且つ師の注意に依つて大いに心膽を練り、又禪門に歸依して道法の一致する所を會得したと云はれてゐる、海舟の禪門に入つたのは十九歳の時にして、牛島の興德寺の和尙に就て悟道す。

　海舟が未だ充分に禪門に歸依してゐない頃、當時一刀流の中西子啓高弟の白井亨と云ふ士に試合を乞ふた事がある、當時海舟も劍術は相當使つてゐたのだけれ共、さて白井と試合をして見ると手も足も出せない、即ち氣遲れがして眞の業がどうしても出て來なかつたのである、其處で其理由を白井に尋ねると、白井は懇ろに語つて曰く、貴殿が少しばかり使へるから私の劍術が貴殿のより優れてゐるのが分るのである、それが貴殿の敗因であつて手の出せない理由である、故に私を劍術使と思はずに無我無心になつて掛れる樣になれば必ず私に勝る事が出來又如何なる人と試合をしても滅多に敗は喫らぬものである。即ち劍術の極意は無我無心であると敎へたのである。海舟は此の白井の言に深く動かされて、後世一大事に遭遇した時は、必ず此の信念を以て萬事處理する事を秘訣としたのである。

海舟の努力は凡ゆる方面に伸びて一生懸命であつた爲め、二十歳の頃となつては師の見山も舌を捲く程に熟達し、二十一歳の時には免許皆傳の腕前となつて師の代理として諸藩に代稽古に廻つたと云ふ程である。

斯くて海舟は、劍に禪に又學問に凡ゆる方面に努力を傾注したが故に、彼の人間としての人格は完成し、如何なる場合にも從容自若として膽斗の如き心境に於て萬事を處理したのである、劍を學ぶ者は、此海舟等の修業過程を充分掬さなければならないものであると想ふ。明治三十二年一月十九日、七十七歳を以て歿す。

（十二）小野派一刀流

淺利又七郎義信

義信は武州松戸の産にして若州小濱の酒井若狹守の家臣である。劍法は小野派一刀流を中西子啓に就て學び其奕業に至つては天下一品であつた、從つて義信の聲名を慕ひて入門する者多く、就中千葉周作傑出す、義信は周作の筋に望を囑し、自分の姪を配して養子に迎へたのである、然し劍法上の事で周作と意見衝突し、遂に不縁となりしを以て中西子啓の次男を迎へて養子とし小野派一刀流の正統を繼がしめたのである。義信は嘉永六年二月二十日七十六歳を以て逝去す。

（十三）二代目

淺利又七郎義明

小野派一刀流の中西子啓の二男として生れ、初代淺利又七郎の養子となりて其薫陶を受け、環境の利と天稟の才は遂に大成をなしたのであろ。或時山岡鐵舟に乞はれる儘に試合をなしたれども、又七郎の精妙なる劍尖には流石の鐵舟も、手も足も出せなかつたと云ふ、其處で剛腹なる鐵舟は一生懸命に精進し、明治十三年劍禪一致の妙諦を會得して、再び又七郎と試合を爲したる時に、又七郎は鐵舟の進境を忽ち觀破して一刀流の極意皆傳をなしたりと云ふ、兩雄の試合定めて壯觀なりしならん。

第八章　劍禪一致の妙諦

第一節　劍道と禪の妙味

劍聖武藏は喝破して曰く、『太刀は道法の終る所なり』と、又王陽明は『知は行の始め行は知の成るなり』と云へり。然り、即ち劍心は眞善美の象徵にして、劍を練りて玄妙に至れば、即ち知の行にして成るのである。故に劍の窮極は道法の始めにして成果なのである。

王陽明の名高き詩に『餓ゑ來りて喫飯し倦み來れば眠る。只だ此の修行玄更に玄』とある。蓋し人間一切の行事、一として得道の律梁たらざるはない、即ち萬法一に歸するの原則に合致するのである。從つて文武の諸藝詮ずれば皆是れ一道の體、其奥を究むれば一如の眞理に到達するのである。古來我が國に『藝道』なる語あり、總じて藝術の本體は道に外ならざるものなるを示せるものにして、古人深刻なる體驗より唱導せられたる珍重至極の言である。故に一藝に通ずるは道を得る所以であり、一度此處に到達して其妙味を掬すれば、是を推して彼れに及ぼし、自ら百藝の妙所を摑み得るはいと易きものである。即ち劍を學ぶ者、學んで熱心なれば其目的に到達し得る迄、天禀の差異によりて多少の遲速ありと雖も、一定の程度迄は駸々として目覺しき進歩があるのである。斯くて上達の道程に於て難關あり障害ありて、時に臨み同一場所を往きつ戻りつするが如き觀あり毫も道に對して前途に光明なきが如く感ずるに至ることあるものなり、然れども此の煩悶、停滯こそ進歩向上の前提となり得るものにして、より良き伸張はより多くの屈折にあるのである。これに堪へ得ざる者の如きは論外であり、或は此の難關に遭遇したりとて自棄する者の如きも、最早や軟蕩爲すなきの輩である。即ち學びて道に入れば爾來人知れぬ工夫に獨自の境を見出さんとし、幾度か失望落膽し幾度か雀躍し、慘憺實に死すら直視せしめる苦辛努力を重ねて、漸く先哲の不立文字とも云ふべき秘訣に悟入道徹し、其の悟りを以て更に先聖古賢の言行、其の示教を省れば、自から我が胸に饗應するものあるを知覺し得、正に先人と同一耳に聽き、同一眼に視るの域に到達するのである。旣に玆に達すれば、爾來は堂上秘密の修業にして、最早や我れに特定の師なしと雖も一切の事象は皆我が師にして、耳に聽き視界に入るもの凡て我が靈覺を助けて、業は益々伸張し、神采を帶び來りて所謂名人達人となり得るのである。

劍を學びて道に入れば、劍は卽ち我が心性の利劍となり、所謂活人劍となりて、能く身を修め、國を愛するの性となるのである。暴惡に對しては忽ち殺人劍となり、死を凝視めて死を恐れず、生死の間に超然たるを得て、一死以て生還は眼中になく自から正義仁愛の勇者となりて、よくこれを敢行するに至るものである。卽ち劍は諸業の本である。

殺せ殺せ我が身を殺し果てゝ其處に生ある自我の實在が淸淨無垢なる自己の姿である。卽ち自我なる慾心の權化、其の魔障を滅殺するのが劍の眞意玄妙にして、又禪の極致である。故に禪家は坐禪によりて之を求め、自我なき無碍の境地に到達するのである。自我なければ對者なく、自我を認むれば相對を認め、對者を認むるは我が心眼の明を蔽ふものである。卽ち自我なる邪惡を滅却すれば、自他の別を認識する障壁はとれ、宇宙萬象皆自己ならざるなき境界に體達し得るのである。宇とは無邊の空間にして宙とは無限の時間である。故に一擧一動は凡てのものを抱擁して大活機が生ずるのである。

心月弧圓光、呑二萬象一とは此の意味にして、劍の時は劍ばかりである。兩頭（生死、勝敗）倶に截斷して一劍天に倚つて寒しと云ふが如きものにして、劍か我か、我か劍か、滿身劍に滿つる時、心頭の自我は滅却して、活殺自在の妙法利劍となるのである。卽ち劍禪卽一となるのである、諸々の萬象に執着を持つ慾心の權化たる自我なき程自己の强きものはない、彈力性の强きものはないのである。卽ち相手を呑み、相手を透過し、宇宙萬象を呑み盡してゐるのである。自己に對者なく、對者は我れの分の如くなり、宇宙萬象は我れに歸一して融合渾一體となるのである。斯くて未練なき我れは、成敗を問はざるの餘裕となり、一劍に全心力を傾注され、挺身彼れを打ち込みて我れに一點の隙なきものとなるのである。

坐禪の時は坐禪のみにて自我なく、劍の時劍のみにして自我なければこれ即ち劍禪即一である。

第二節　劍術と心想

劍は惡を征制し、善を助成する心想を修むるものにして、技を磨き業を練り以て身體を鍛錬するは、此の心想を活現斷行するの方法である。即ち動にゐて靜を持し靜にゐて止まらざる心想なのである。靜とは無想である。無想は虛なくして實に充てるものを云ふ。故に吾人の神經系統錯亂し、統一節制を缺き、空虛或は混濁せるは、玆に云ふ無想にはあらざるものである。されば靜と云ひ無想と云ふは、精神活動の靜止を意味するものにあらず、活動しつつ其の中心を失はざるを云ふのである。斯くて聖賢孔子の言へる『心の欲する儘に從ひて自ら法をこへず』に合致するものである。

第三節　妄想を排除し心力の徒費を避けよ

吾人の心の靜、至純高潔を破るは實に妄想の擡頭跋扈である。妄想は迷妄なる思惟憶測にして、徒らに野望に馳驅するの結果は遂に脚下の光明を失し、當然の又不測の障害に直面して自己の採るべき道に踏み迷ひ、惱亂悶絶、心緒紛然として亂麻の如く、或ひは恐怖怯懦となり、或ひは沈鬱に陷りて、心體の連絡は充分ならず、我れは我れ、彼れは彼れと云ふが如き、同一體系の下に別個の奇現象を見るに至るものである。故に妄想の天地に馳驅し、眩惑の世界に實在を見出さんとせば、其處に大なる蹉跌を生ずるは自明の理にして妄想は何時にても、又如何なる場合にても、其の實現は不可能なるものである。若し然らずして、妄想境或は眩惑境實現するとせんか、それは自己の大なる冒瀆であり、人生の破綻なのである。卽ち人生に人の人としての秩序なく、守るべき法則なく、又統率なき爲め紛糾混亂收拾すべからざる黑暗々の地獄境となるのである。故に妄想は極度に排除し、爲めに心力を徒費せざる樣注意すべきものにして、意の如くならず、慾心の儘ならざる秩序法則の下に、眞の悅び、眞の幸福は生れ來るものなると思ふべきである。

第四節　氣膽の剛

心情の妄動を防ぎ寛雅豁達の氣象を養はねばならない。即ち器局狹少なれば怯懦に陷り易く、徒らに小我の擡頭に苦しみ或は執着して、爲すべき自己或は爲すあるの自己を忘れ、所謂大我を滅するに至るのである。

水は方圓の器に從ひ高低有無共に相通ず、大氣又自然に動きて何等の破綻も生ぜず、氣膽の剛、寛雅豁達の氣象又玆にあるものにして、其の廣大無邊なる抱擁力、又强靱なる彈力性は事物の大小方圓に從ひて些かの矛盾停頓なく極めて自然に、極めて合法的に、圓轉進出して然かも破綻を來たさざるものである。劍を把りて道に導入すれば即ち斯の如し、禪又軌を同ふす。

第五節　進退戒愼

凱旋武將の歡待を受けて些かも倨傲の風なく、瑙官玉殿に出入して煙霞水靜自ら持し、人天四象の渇仰を受けて閑雲野鶴の情を捨てず、功なりてそれに傲らず、名遂げてこれを見るに土芥の如く、劍の妙法、禪の極致皆相同じ、『月に嘯き雲に眠る處、古渡ニ頭邊ニを離れず和泥合水の時遇々孤峯頂上に居す』。

第六節　萬有一體觀と劍法

人世に於ける吉凶禍福、利害得失、或は長短迷悟、或は物の美醜等、一切の相對は皆宇宙間に於ける人の幻想假想に因せるものにして、道に悟入して眞我を得ば、是等皆エゴイスチツクなる自己の幻影妄想に基きしものなることを明瞭に知ることが出來るのである。此の眞我は無我である、即ち劍の無想に共通するものなのである、故に宇宙の眞相は絶體にして眞の平等なる事を知ることが出來るのである、此處に安心立命あり大悟道徹の眞理があるのである。大乘佛敎はこれを眞如と云ひ、此の眞如は因果の緣に因りて現象界を生ず、故に諸行無常の生滅界は、此の眞如の本體が因果の法則に隨つて顯現したる假の姿にすぎずと云へり。尙大乘起信論に於ては水波の譬へを以て巧妙に說明せり、即ち水と波とは同一物なり、而して水の本然の相は鏡の如く澄める姿、即ち靜なり、これ眞如なりと云ふ。然るに風によりて波を起す、即ち風は因果律にして波は現象界の假の姿なり、故に此の現象界に導きたる力、即ち因果律を除けば、波なる生滅界は靜止し、其處に本然の姿を湛へる水、即ち眞如があると云ふのである。尙ほ此の理論より推して、人間は因果の法則によりて生じたる現象界に於ける假の姿であるが故に、因果はあれども人間と云ふ固定せる自性なしと云ふ。萬物又同じ、隨つて人間萬物も本來空であると云ふ。要するに生滅界の萬有は悉く空なり、されど全然存在せずと云ふにあらず、存在すれども眞相にあらず、假相なり、故に此の空は眞空にして且つ妙有なりと云へり。然れども劍道にては、以上大乘教の如き、一切空即ち色則是空とは云はない、故に現象界に於ける實相に就きても實質的に差異を認むるものにして、因果はあれども宿命的にのみ終始する實在にはあらざるものである、而して自由若くは平等觀に至りては、多分に近代の倫理學的論據を包滅するものである。故に劍道にては、一切空即ち眞如を宇宙の本體と見るも、一方一切の差別を撤去するは、差別の妄見に執着して自由を失ふの病を治めんが爲めである、換言すれば差別中に眞の平等あるを悟らんが爲めである。

⊙人間性と人格性及自由道德觀

人は動物的生存欲動（欲望及衝動）を有するものにして、此の間他の動物と何等異る點はない、只其充足方法卽ち手段階梯に於て稍々他動物に比し高等なりと云ふにすぎない。隨つて人間性には生活體としての人間性を云ふものにして、此の生存欲動は、嚴格なる因果の方則に從ひ、渴すれば水を求め、餓うれば食を求む、故に此の人間性に於ては何等の自由なく、隨つて善もなければ惡もないのである。何となれば、善又は惡とは、人間の自由意志に基く行動を前提として、始めて主觀的或は客觀的に批評判斷し得ればなり、斯の如く人類には、其の生存欲動として多分に動物的臭味を有するものなれども、理性卽ち事物の良否或は行爲の善惡を判斷する智力は人間特有のものである。此の理性は如何なる人に對しても、其の生存欲動に對して、其の正邪善惡を批評判斷し且つ善正に向つて指導せんとする働きをもつものである。故に正しき行爲は此の理性の正しき命令に依つてのみ其の意欲行動は人格化されるのである、これを人間の人格性と云ひ、此の點に於てのみ他の動物と全然差異を生ずるに至るものである。

人類の持つ先天的理性は後天的に培養されて、行爲に關しては其の正邪强弱は兎も角、命令意志となつて發動するものである、即ち實踐理性にして『何々スベシ』或は『スベカラズ』等の命令となるものである、此の實踐意志の命令を俗に良心の命令と云ふのである。

斯の如く理性の本質は命令するものにして命令されるものにあらず、隨つて最高無上の命令なりとも云ふことを得べきものである、故に理性の命令は、自己の凡てを投じて定めたる原則に從ひ、自己自ら何等の拘束もなく決定し行爲するのである、これ即ち眞の自由である。何となれば、理性の强調せる純粹意志は他物より何等の制限を蒙ることなく、且つ其の決定行爲に就きては全責任を有するが故である、故に眞の自由は、責任ある決定行爲をなす所の理性のみの持つものなりと云ふことを得るのである。

以上の如く人間は生活實體として動物的人間性を有し、生活形體として人格性を有するものである。而して此の生活實體たる人間性は不自由を原則とし、理性形體たる人格性は自由が其の本質なのである。茲に於て人間の持つ實踐理性即ち良心は、人間性即ち動物的性格に向つて命令を發し其の服從を要求するのである。然れども此の動物的人間性は必ずしも服從するものにあらざる故、其處に人間性と人格性との間に鬪爭を生じ、所謂『良心の命令』と『腹の虫』即ち生存慾動との間に衝突を來すものである。而して斯る結果は其の場合に於ける理性命令の强弱如何によりて、決定意志は行動となりて外部的となり、客觀的善惡正邪の批判的標準となるのである。即ち生存慾動の勝ちたる場合は、單に若しくは一時的快感を味識するのみにて直ちに理性の叱責を受け、所謂『良心の呵責』に堪へざるを通常とするものである。

純粹實踐理性の人間性に對して命令する場合、人は之に服從すべき義務を感じ、其の義務感に基く行爲が即ち眞の善行にして其の結果の如何は問ふべきものではないのである。

以上は大哲學者カントの倫理學說に余の意見を加へたるものである。

第七節　死生透脱観

死とは何ぞや、而して其の冷たき永遠の死は如何にしても逃れるべき術なき、生物に科せられたる最後の事實であることを。

過去幾億又幾萬年、人類有史以來よりみても實に數千年來の長歳月に渉り、人類は固より宇宙生物の總ては、絶體不動の不可抗力たる死に對し、惱みても悶へても、死の鐵門より脱出せるものなく、偉大强力なる絶體事實の下に降伏して來たのである。而して過去も現在も、將又未來も、死は生物に科せられたる嚴然不動のものであるのである。宗教は生に對し死を見るに、「生者必滅會者定離」と云ひ、又「老少不定時をきらはず」と云ふ。即ち生あるものは必ず滅し、朝の紅顏も夕べの鬼と化せざるを得ざるを說けるものである。生より死へ!! 又現代科學は死を解剖しこれを名付けて、「有機的細胞組織の壞滅」と云ひ或は「人體五官活動機能の同時的完全なる停止」と云ふのである。

然れども吾人々類は、斯く簡單に死を定義づけられて滿足し得るものではない。云ふまでもなく、現世に生を享けてゐる程のものにして、生を希ひ死を厭はぬものはないのである。而して死は易く生は難しと雖も、それだけに生程人間が執着を以て自己の凡ての努力を盡してゐるものはないのである。果して然らば、吾人の生理的生命を繼續せんが爲めには、其の手段の如何なるものにても可なりやと云へば、これ大いに疑點のある所である。而して又、玆に生の手段方法の善惡を論ぜずと雖も、人は生を欲するが故に有らゆる滋養を攝り、健康を圖りて運動をなし、或は避暑避寒をなし、若し疾病あらば天下の名醫を聘して、醫藥療養人間の萬全を盡すと雖も、天壽の盡くる所、如何ともなし難きを想到するならば生に對する無易なる執着は蓋し想ひ半ばに過ぎるものがあるであらう。故に爲すあるべき現世に生を享けたる以上、爲すある自己の認識及び其の確立こそ、現實の世に生ある吾人等の採るべき、さうして充分なるものではなからうか!? 其處には生もなく、而して又生死共に有意義なるものとなるのである。

元來本質的なる生死は、吾人の與り知る所ではない、何となれば吾人の生死共に造化の神の營む神秘に屬するものにして、これより脫し或ひはこれを得んとしても、本質的自然性を帶ぶる合理的なるものは得られるものではないからである。(自殺は自然を缺く不合理なる結果である故、原則として本質的なるものとは認められない)玆に於て消極的なる人世觀を抱く人は『死ぬことを考へれば何事を爲すにも張合がなく馬鹿々々しい』と、此の言には多分に自己溺愛の意味が含まれてゐるものにして、エゴイスチツク即ち自己主義的なる人間の持つ弱點は、玆に論理的及び倫理的誤謬のあるを知らずして往々にこれを肯定し易きものである。成程單純なる表面の事情に囚はれて考察すれば、朝の紅顏も、夕べの期すべからざるものなる故、希望も計畫も若し中途にして斃れる時は、其の志望は肉體の滅亡と共に雲散霧消所謂槿花一朝の夢と化すを以て實に馬鹿らしき極みなりと早計に斷定するのである。これは實に迂愚極まる斷定にして、自己の生死をもう少し突き進んで考察する時は、自己の生存目的或は事業は、以上の如き單純なる自己溺愛の結果求めたるものにあらざるを痛感することを得るものである、而して人の社會生活は爾かく單純なるものではなく自己の生存價値は、其人の死によつて終局するものが如く表面的に考へ得らるれども、これを生の實質的方面より見る場合は、吾人の共同生活體たる國家社會の恒久性あると共に、人類の營める事柄は内容的生命の延長を保ちて共存するものである。即ち歴史は吾人の祖先の延長生命であり、吾人の父母兄弟姉妹或は子孫は、これ又吾人の繼承的内容の生命延長であるのである。即ち社會は吾人と共に亡ぶるものでなく、吾人の生命また單一的なる自己の死に依て終焉するものでないことは明かなる事實である。玆に我等人類たる高等生物の大いに考ふべき點あるものにして、生死共に單純なる解釋或は取扱ひを爲し得ざる所以があるのである。而して固より吾人の生存中に於て、其の目的の實現化することは或ひは無理なることなるやも知れざれども、其の眞目的の幾分なりとも盡してこそ、吾人の生存價値はあり、死に對する滿足ともなり得るのである。若し然らずとせば、吾人の高等生物としての價値は云ふ迄もなく零にして、寧ろ生なきに如かず、且つ又夏時泥水中に湧くボーフラと選を異にすること能はざるものである。

今日吾人等が幸福と希望に憧れて安逸なる生活に努力し得るは、これ社會國家の恩惠に依るものにして、社會又吾人の寄與によりて其の機能を充分に働かし得る相互的關係にあるのである。而して吾人は本質的に社會生活を營むべく出來てゐるものなる故、即ち人に限らず宇宙間の生物は其の生活形式を多數集團に求め、幸福も安寧も又慰安も、皆此の共存共榮體の中に見出さんとする本能的性質のあるものである。故に多數社會の幸福の爲めには、一個人の生死は犧牲以て甘んずべきものなると同時に、其の犧牲者たるものゝ眞の幸福、或は生に對する悅びはこれに依つて味識することを得るものである。何となれば云ふ迄もなく社會或は國家は個人の集合體である。然れども、如何なる場合に於ても個人と社會或は國家は本質的に其の比でなく、個人の單純なる幸福感の爲めに、其のエゴイスチックなる自我の爲めに、國家社會外數人の幸福と交換し得る理由は根本的に成立しないのである。言を換ゆれば、國家或は社會は、多數個人の集合體であるとは云へ、其處に組織構成されたる以上は、既に超個人的のものとなり、威容、尊嚴、偉大の點に於て如何なる個人を以てするも到底比較の問題とはならないのである。

人は自己の志望を完成して後、此の世を終らんとするは萬人等しく是を希望するものなりと雖も、人の志望目的は其の性質上持續延長的のものにして、同時に社會は常に新たなる要求を齎すものなる故、其處に個人の要求と社會國家の要求に差異を生ずるのである、隨つて一をなせば二が來り、二をなせば三が次いで來ると云ふが如く、社會國家の要求は續發的に起りて、到底限りある生命を以て其の全部を充足すること能はざるは自ら明かなる事實である。斯く觀じ來れば、例ひ事業目的の半途にして斃れるとも、毫も未練なく、人事を盡して天命を待つの自在境となりて、自己の生死は極めて有意義なるものとなり、のみならず死に直面して從容とし、且つ眞の幸福感、法悅境を味ひ得るに至るものである。

以上の如く、自己の生をして斯く意義あらしむれば、例ひ半途にして斃れるとも、自己の事業的生命或は希望の延長は、自己の肉體の滅亡と同時に失はれるものにあらずして、社會的後繼者によりて其の死亦意義あるものとなるものである、斯く生死共に意義あらしめ、自己の生存中、人生の眞目的に向つて努力せる者を稱して能く天分を盡したるものと云ふのである。

世には、徒らに安逸を貪りて生を偸むものあり、或は死すべき時に死せずして、死に優る恥辱を受くる者あり。即ち劍道に於ても然り、彼我相對抗して攻防變化の電擊業を盡すべき時、只打たれざらん、敗けざらんとして、退嬰防守に力偏する時は、氣は憶して業は伸びず、瞬時變化微妙の業を失ひて敗けざらんは見苦しき敗北、業の拙劣さとなるのである。又近時西洋遊戯の一つとして、小學兒童若しくは女學生間に流行するデッドボールと稱するものに於ても、圓外の投球者の投ずるボールを、圓内の者が徒らに避けんとのみする時は、避けんとして却つて轉び、或は見苦しくも思はざる所に投球されて破れてゐるのである。これに反して、適機適所に勇敢なる處置をとる時は、却つて投球者よりの球を安全に自己の手に收め、隨つて味方を利するに到るは事實のよく證明する所である。

要するに、爲すあるべきに爲すは、人生に處する方法中最善のものにして、劍道にても攻擊は最善の防禦なりと云ふ理論にも合致するものである。

劍を持ちての戰ひは、三尺秋水より迸る熱氣と、其の變化變擊の微妙によりて勝敗を決するものなれば、機の動きは極めてデリケートにあると共に、常に死生即勝敗の念を超脱して居らねばならぬのである。所謂劍の無想境にして、生は寄なり死は歸なりの大悟道心境に合致するのである。

士道を錄せる葉隱集に、

『凡そ武士たるものは、生死を離れざれば何事も役に立たず、萬能一心と云へば、有心の様に聞ゆれども、實は生死を離れたることなり、玆に至りて始めて如何なる手柄もなさるゝなり、兵法等は習はずとも、只敵前にては眼を塞ぎ、一足なりとも踏み込みて、敵を打たねば役に立たざるものと心得べし』

とあるが、此の眼を塞ぎての一語こそ、武道家は固より一般人の注意すべきことである。云ふ迄もなく、肉眼を閉ぢては、敵中に入りて行動不充分なるは言を俟たずと雖も、玆に云ふ眼を塞ぎてとは、卑怯、臆病、畏怖等の眼を閉ぢて、死生一如の活眼を開きて、一歩なりとも敵陣内に乘り込み、敵に乘ぜられず我れより進みて打てとの謂である、玆に劍法の極意妙手もあるものにして、又、

谷川に落ちて流るゝ橡の實の
身を捨てゝこそ浮む瀨もあれ

と云へるが如く、捨身に掛らねば最後の勝利は得られぬものである。

以上の如く、如何なることをなすにも生死の感を超脱すれば、世の毀譽褒貶は物の數ならず、然かも充分なる効果を擧げ得て、生死いづれの方面に向ふとも人生は意義あるもの

となるのである。故に劍道に於ても、此の無想心に籠る時は、對抗して敵に囚はれず、當意即妙機微の業は體現されて、結果は勝利の事實として殘されるのである。斯くの如く、能く百尺桿頭尚一步を進め得て、生死の裡に生死を透脫すれば、敢て忠孝貞信ならんと欲せざるも、坐臥常住悉く其の眞諦に透徹し、勝利を希はずして勝利の榮冠を捷ち得るものである。

劍道講話

昭和十年二月五日印刷
昭和十年二月十日發行

定價二圓二十錢

著者　堀田捨次郎

發行者　竹內富子
東京神田區神保町三ノ六

印刷者　堀內文次郎
東京神田三崎町二ノ二

發行所　國文館
東京麹町區九段一ノ二
振替東京六九二八三番
電話九段四〇一三番

〈復　刻〉

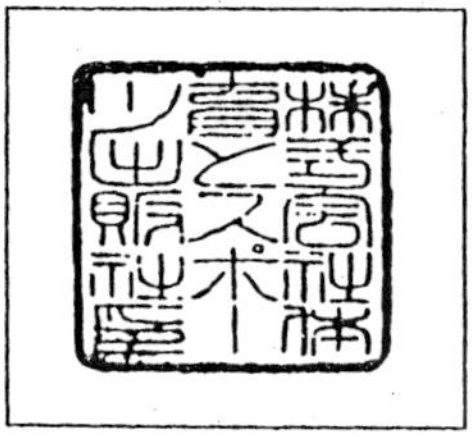

剣道講話（オンデマンド版）

二〇〇二年十一月十日発行

著　者　堀田捨次郎

発行者　橋本雄一

発行所　㈱体育とスポーツ出版社
東京都千代田区神田錦町二－九
電話　（〇三）三二九一－〇九一一
FAX（〇三）三二九三－七七五〇

印刷所　㈱デジタルパブリッシングサービス
東京都新宿区西五軒町一一－一三
電話　（〇三）五二二五－六〇六一

ISBN4-88458-005-2　Printed in Japan　AA999